참역학은
이렇게 쉬운것이다

淸岩 박재현 지음

삼한

■ 책머리에

수학공식이 아무리 어렵다고 해도 1, 2, 3, 4, 5, 6, 7, 8, 9, 10(0)의 10개의 숫자로 이루어졌듯이, 사주(四柱)도 목화토금수(木火土金水)의 음(陰)과 양(陽)으로 만들어졌을 뿐이다.

역학(易學)이란 본래 쉬운 학문임에도 불구하고 일반인들이 접근하기 어려운 것은, 고전 역학자(易學者)들이 주장하는 용신(用神)과 격국(格局)이라는 허상 때문이다. 역학(易學)은 용신(用神)과 격국(格局)을 무시하면 한글만 읽을 줄 안다면 누구든지 정복할 수 있는 학문이다.

사주(四柱)는 단지 음양오행(陰陽五行)의 법칙과 변화일 뿐이고, 용신(用神)과 격국(格局은 사주(四柱)를 풀이하는 한가지 방법에 지나지 않는다. 그런데도 사주(四柱)를 감정하는 방법이 용신(用神)과 격국(格局 외에 없다고 하는 것은, 마치 아직도 달나라에서는 계수나무 밑에서 토끼가 방아를 찧고 있다고 주장하는 것과 같다.

그러므로 용신(用神)과 격국(格局을 완전히 무시해도 100% 정확한 운명을 들여다 볼 수 있으니, 과감하게 용신(用神)과 격국(格局이라는 무거운 옷을 벗어버리기 바란다.

서투른 역술인에게 자신의 운명을 상담하는 것은 장님에게 길을 묻는 것과 같이 위험한 행위다. 이제 이 한권의 책 속에서 자신의 운명과 천직사명, 그리고 희로애락을 만날 수 있으니 잘 활용하여 즐겁고 보람있는 인생이 되길 바란다.

戊寅年 甲寅月 淸岩 박재현

차례 ❶

기초편

차례 ❷

차례 ❸

차례 4

차례 5

차례 6

차례 ❼

감정편

■ 먼저 읽어두어야 할 이야기

역학(易學)을 배울 때 반드시 보아야 할 연해자평(淵海子平), 삼명통회(三命通會), 명리정종(命理正宗) 등을 보면 길신(吉神)도 많고 흉살(凶殺)도 많다. 길신(吉神)만으로 보면 나쁜 사주(四柱)를 타고난 사람이 거의 없고, 흉살(凶殺)만으로 보면 좋은 사주(四柱)로 태어난 사람 또한 거의 없다.

그렇다고 길신(吉神)과 흉살(凶殺)을 종합해 보아도 이것인지 저것인지 종잡을 수 없기는 마찬가지다. 그래서 필자는 실제감정에 있어서 적중률이 아주 높은 신살(神殺)만을 취용하기로 했다. 그외의 신살(神殺)은 무시해도 충분히 정확한 감정을 할 수 있기 때문이다.

그리고 용신(用神)과 격국(格局)에 매달리지 않아도 된다. 수십년간 역학(易學)을 연구한 사람들도 용신(用神)을 잘못 잡는 경우가 종종 있다. 용신론자(用神論者)들에 의하면 용신(用神)없이는 사주를 풀 수 없다고 한다.

그러나 격국(格局)을 잘못 잡으면 용신(用神)은 엉터리가 되기 때문에 정반대의 운명감정이 나온다. 용신(用神)에 대한 설명은 뒤에서 다시 하겠지만 용신법(用神法)만 맹신하면 안된다는 것을 미리 충고해둔다. 그냥 참고삼아 찾아보는 정도면 족하다.

그리고 격국(格局)의 종류는 자그만치 80여만 가지나 된다. 그 많은 격국(格局)을 어느 세월에 다 암기하여 사주(四柱)를 푼다는 말인가? 옛 학자들은 제왕이나 군주 또는 뛰어난 사람들의 사주(四柱)를 놓고 격국(格局)을 찾았는데, 해당되는 것이 없으면 어떻게 해서든지 격국(格局)을 만들어 오늘까지 전해져 온 것이다.

지금도 얼마든지 격국(格局)을 만들어 낼 수는 있다. 그것이 얼마나 정확한가가 문제가 되겠지만 말이다. 그러니 엉터리 격국(格局)을 찾는 것에 시간을 낭비하지 말고, 우주의 조화를 파악할 수 있는 음양오행(陰陽五行)에 대한 공부를 하는 것이 훨씬 더 정확한 운명감정을 할 수 있는 방법이다.

사주팔자(四柱八字)란 음양오행(陰陽五行)에서 발전되어 온 학문이 아니던가. 그러므로 음양오행(陰陽五行)의 법칙과 진리만 정확하게 파악하면 된다는 결론이 나오니 우왕좌왕하는 일이 없기를 바란다.

다음 사항을 명심하고 사주풀이에 임하기 바란다.
첫째, 사주(四柱)는 정확하게 풀이하면 100% 적중한다.
둘째, 어렵게 생각하지 말자.
셋째, 가장 중요한 것은 기초과정이다.

특히 강조하고 싶은 것은 기초과정이다. 건축에서 기초공사가 튼튼하지 못하면 부실공사가 되어 건물이 무너지듯이, 역학(易學)에서도 기초적인 공부가 튼튼하지 못하면 수박 겉핥기식이 되고 말지만, 튼튼하다면 그 다음 과정은 순풍에 돛단듯이 순조로울 것이다.

일부 학자들은 기초를 무시하고 고차원의 학문으로 사주풀이를 하고 있는데, 이제는 버릴 것은 버리고 새로운 것은 과감하게 취하는 용기와 결단력이 필요한 때다.

기초편

❶장. 역학과 과학의 함수관계

1. 역학(易學)은 오진이 없다.

현대의학의 발전은 정말 눈부시다. 뇌이식수술은 물론 동물복제까지 하고 있으니 조물주께서 기절초풍할 일이다. 그러나 이렇게 발전된 의학이 실수하고 있다는 것을 우리는 매스컴을 통해 종종 대할 수 있다. 최첨단 장비를 동원한다 해도 이런 결과가 나오는 것은 현대과학의 한계다.

그러나 사주팔자(四柱八字)만 갖고 그 사람의 모든 것을 알 수 있는 역학(易學)은 절대로 오진이란 있을 수 없다. 일부 역학자(易學者)들은 관상이나 손금, 또는 옷차림이나 행동 등을 참고하여 사주풀이를 한다고 하지만 지금부터는 그런 것은 무시해도 좋다. 다시 말해서 생년월일(生年月日)과 생시(生時)만 갖고도 충분히 운명을 감정할 수 있다.

만물의 자궁은 바로 우주천지요, 그 속에서 생명체들은 위대한 우주의 힘에 의해 태어나고 죽는다. 하찮은 미물에서 만물의 영장이라는 인간까지 대자연의 섭리를 벗어나서 생명을 유지할 수 없다.

태고적부터 인간은 태양과 달과 별을 보면서 미래의 길흉을 점쳐왔고, 태양과 달의 위치에 따라 기(氣)의 흐름을 간과하였다. 기(氣)의 흐름에 의하여 음(陰)과 양(陽)이 나타나고, 오행(五行)의 흐름까지 간과하여 인간의 운명을 알 수 있도록 연구를 거듭하여 오늘에 이르렀다.

기(氣)는 천기(天氣)와 지기(地氣)로 나뉘어진다. 천기(天氣)는 우리가 호흡하고 있는 공기 중에 내포되어 있는 힘을 말하고, 지기(地氣)는 땅 속에서 작용하는 힘을 말한다. 사람은 호흡을 통하여 천기(天氣)를 흡수하고, 땅의 힘을 먹고 자란 음식물을 통하여 지기(地氣)를 섭취하여 생명을 유지하는 것이다.

그리고 기(氣)는 우주의 에너지요, 만물이 살아가는데 필요한 원동력이기 때문에 기(氣)가 넘치면 건강하고, 기(氣)가 약하면 병약해지고, 기(氣)가 없으면 죽게 된다.

그렇다면 기(氣)는 누가 조종하는 것일까?

기(氣)를 처음으로 생성한 것은 우주이지만 기(氣)를 다스리고 움직이는 것은 태양과 달이다. 지구가 태양을 순환하면서 생기는 변화가 봄, 여름, 가을, 겨울이며, 각 기온에 따라 기(氣)의 흐름이 다르다.

이때 지구는 자전하고 달은 지구의 주위를 돌면서 시시각각 기(氣)의 흐름에 변화를 주고 있다. 그중에서도 특히 지구의 육분의 일 밖에 안되는 달은 지구의 주위를 돌면서 썰물과 밀물의 작용으로 바닷물을 이동하게 만들어, 70% 이상이 물로 구성되어 있는 생명체들에게 많은 영향을 주고 있다.

이와같이 태양과 달의 위치에 따라 기(氣)의 흐름에 변화가 생기고, 기압의 차이로 바람이 불고 구름이 이동하며, 기(氣)도 함께 움직여 사계절이 다르고 낮과 밤이 다르며, 하루에도 열두번씩 바뀌는 것이 자연의 이치다. 이때 만물은 기(氣)의 흐름과 밀접한 관계를 갖고, 각각 주어진 삶을 운명으로 받아들이면서 묵묵히 살아가는 것이다.

2. 역학(易學)을 업으로 삼지마라.

지금 역학(易學)을 업으로 삼으려고 이 책을 보고 있는 사람이 있다면 즉시 덮기 바란다. 왜냐하면 철학관이라는 간판을 내거는 순간부터 남의 운명을 담보로 삼는 사기꾼이 되고, 결국은 텅빈 방에 혼자 앉아서 한잔 술에 방황하게 될 것이기 때문이다.

역학(易學)에 입문하는 동기는 대부분 인생살이가 실타래 꼬이듯 꼬여 철학관이라는 곳을 찾고, 지나간 과거를 귀신이 곡할 정도로 알아 맞춘다고 감탄하는데서 시작된다. 이때쯤이면 역술가선생은 역학(易學)을 배우는 것이 어떻겠느냐고 은근히 운을 띄운다. 그러면 십중팔구는 그 역술인의 문하생으로 들어가게 되어 있다. 그 순간부터 험난한 가시밭길이 기다리고 있다는 사실도 모르고……

역학(易學)의 진정한 목적은 인생의 참된 의미를 깨닫고, 우주법칙의 원리에 따라 최선을 다하는 것이지 영리를 목적으로 하는 학문이 되어서는 안된다. 현재 역학(易學)을 업으로 삼고 있는 많은 사람들이 한두번씩은 밑바닥 삶을 체험했음에도 불구하고, 몇푼 더 벌어보려고 특수비법이니 개업까지 책임지고 완성시켜 주겠다느니 하여 애매한 사람들을 끌어들이고 있다.

수십년씩 공부한 사람도 도달하기 힘든데, 어떻게 3개월 동안 배워서 남의 운명을 감정할 수 있다는 말인가? 그러니 결국 감언이설로 혓바닥만 굴리며 사기꾼이나 다름없는 사람이 되고 만다. 이런 사람들은 선생에게 배운대로 써먹기 마련이라, 그 해박한 지식으로 또다른 꾼들을 양성하여 이런 일들이 악순환되고 있는 것이 오늘날 우리나라 역학계(易學界)의 현실이다. 그러니 학문적인 발전은 점점 후퇴하고 일반인들에게 역학(易學)에 대한 불신만 심어주는 결과를 초래한다.

필자는 그 알량한 역학가(易學家)들을 많이 만나 보았으나, 몇명을 제외하고는 아직 초보단계도 넘지 못한 사람들이 훨씬 더 많다. 마지막으로 독자들에게 부탁하고 싶은 것은, 역학(易學)을 업으로 삼아 돈 몇푼에 자기 자신을 파는 부끄러운 일이 없기를 바란다.

3. 창조론과 진화론

우리 인간의 생명은 언제부터 어떻게 생겨 이 세상에 왔을까?

다윈의 진화론이 발표되기 전에는 하늘과 땅, 달과 별, 들짐승과 날짐승 등 인간도 하느님의 창조물이라는 창조론이 거의 이천년 동안 지배해왔다.

그러다 1859년에 와서야 비로서 다윈이 「종의 기원」에서 발표한 진화론이 대두되면서 진화론에 대한 연구가 활발해졌다. 창조론의 근거는 성경이 주축을 이루었으나 잠꼬대같은 허무맹랑한 가설일 뿐 과학적인 증명은 단 한가지도 없다.

그에 비해 진화론의 증명은 어떠한가? 학계에 보고된 바에 의하면 근거자료가 너무 많아 일일히 다 열거할 수 없을 정도라고 한다. 눈에 보이는 것만을 믿고 눈에 보이지 않는 것은 무조건 부정하는 서양의 일부 철학자나 과학자들이, 과학적으로 아무런 근거도 제시하지 못하는 창조론을 옳다고 주장하는 것을 보면 도저히 이해할 수 없다.

그럼 어떻게 해서 생명이 탄생할 수 있었는가를 알아보기 위하여 까마득한 과거로 돌아가보자.

태초, 빅뱅이라는 대폭발로 우주가 생성된 것은 지금으로부터 약 80억년에서 1백 30억년 전이고, 그후 태양에서 지구가 떨어져 나온 것은 약 46억년 전이다. 그로부터 또 30억년에서 36억년이 지나서야 비로서 우주에서는 생명이 꿈틀거리기 시작했다.

대륙에서는 화산폭발이 수없이 일어나 화산재와 용암이 대지를 휩쓸고, 바다는 끓는 물로 파도치고 있었다. 우주에서 날아온 운석이 땅과 바다를 뒤흔들고 공기는 희박하였으며, 수소와 일산화탄소, 암모니아, 메탄 등이 소용돌이치고 있었다. 산소는 거의 없었고 구름사이로 전기의 폭풍이 몰아치고 번개가 땅과 바다를 내리쳤다.

신비하게 그런 상태에서도 지구에서는 생명이 탄생하고 있었던 것이다. 믿기 어려운 일이지만 무(無)에서 유(有)가 창조되는 것을 실험을 통하여 증명되었다. 1950년도 초기에 구 소련의 과학자 스탠리 밀러는 무기물에서 생명체가 생길 수 있다는 그의 가설을 증명하기 위해 다음과 같은 실험을 했다.

밀러는 실험관 내에 당시의 지구모습을 그대로 재현했다. 생명이 탄생하던 그때와 같은 비율로 혼합기체를 넣어 자외선을 쪼이고, 번개를 대신하여 전기불꽃 장치로 전기를 방출했다. 실험을 시작한 지 약 10분 후쯤 투명했던 시험관 벽이 갈색 타르로 덮히기 시작했다. 타르를 분석한 결과 놀랍게도 그 속에는 생명의 핵을 이루는 아미노산과 핵산(DNA)이 들어 있었다.

여기서 주목해야 할 것은 핵산(DNA)은 자신을 복제할 수 있는 능력을 갖고 있다는 것이다. 그 당시만 해도 성경에서 주장하는 하느님이 인간과 만물을 만들었다는 창조론이 유력하던 때라, 밀러의 실험결과는 많은 과학자들에게 큰 충격과 감탄을 주었다.

이 실험 결과로 인하여 인간의 진화론은 더욱더 확실해졌으며, 살아있는 모든 생명체들도 인간과 더불어 진화했다는 것이 명명백백한 사실로 확인되었다. 끓는 바다, 소용돌이치는 대기, 화산재로 뒤덮인 하늘, 그 시련의 무(無)에서 위대한 생명은 장엄하게 탄생한 것이다.

그로부터 약 25억년이 흐른 뒤에 다세포 생명체가 탄생되었다. 파충류가 최초로 등장한 것은 3억 2천만년 전이며, 공룡시대는 2억 2천만년 전이고, 인류의 조상이자 최초의 원인인 오스트랄로피 데쿠스가 나타난 것은 지금으로부터 약 5백만년 전이다. 그후 진화를 거듭하여 마침내 현대의 인류가 탄생한 것이다.

이렇게 우주와 자연을 모태로 태어난 생명체들은 우주와 자연의 변화에 민감하지 않을 수 없으며, 또 그 변화에 따라 탄생되어 기쁨과 슬픔, 만남과 이별, 사랑과 미움, 고통과 질병 등을 겪으며 살다가 죽음을 맞이하여 다시 모태인 우주와 자연의 품으로 돌아가게 된다. 만물의 영장인 인간은 더욱더 우주와 자연의 변화에 민감하기 때문에 우주와 자연을 떠나서는 존재할 수 없다.

4. 역학(易學)은 기(氣)의 과학이다.

근래에 와서 기(氣)가 생활에 접목되기 시작했다. 단전호흡, 기공무술, 기(氣)치료 등 일반인들의 참여가 늘기 시작했고, 눈에 보이지는 않지만 기(氣)의 실체에 대해 많은 공감대를 형성하고 있다.

이와같이 우리 생활 속에 깊이 들어와 있는 기(氣)가 바로 역학(易學)의 근본이다. 인간의 진화과정에서 알 수 있듯이 변화무쌍한 우주를 어머니로 하여 이 세상에 태어난 만물이 우주의 섭리에 따라 살다가 죽는다는 것은 너무나 당연한 이치이고 원리이며, 그 누구도 부정할 수 없는 영원불변의 철칙이다.

변화무쌍한 우주를 만물의 어머니라고 하는데, 우주를 변화무쌍하게 만드는 근본은 바로 비와 구름과 천둥과 번개다. 구름을 움직이고 천둥과 번개가 번쩍이며 비를 오게 만드는 것은 바람이요, 바람을 구성하는 것은 우리가 호흡하고 있는 공기다. 그 공기가 글자 그대로 기(氣)인 것이다.

기(氣) 속에는 여러가지 물질이 포함되어 있고, 물질의 수와 함량에 따라 서로 다른 조화를 이루고 있다. 이 조화가 인간에게 미치는 영향을 연구하고 발전시켜 온 학문이 바로 역학(易學)이다.

기(氣)의 흐름으로 인하여 음(陰)과 양(陽)이 나타나고, 오행(五行)이 나타나 인간의 미래를 알고 대처할 수 있게 된 것이다. 다시 말하면 기(氣)의 작용이 우주에 변화를 가져오고, 그 속에서 인간이 태어났으니 결국은 기(氣)에 의해서 생명체가 탄생했고, 기(氣)의 작용에 따라 생명체에 변화가 생기는 것이다.

그러나 아직 이러한 이치를 과학으로 설명할 방법은 없다. 그것은 비과학적이기 때문이 아니라 과학이 아직 그 단계까지 따라오지 못하기 때문이다. 틀림없는 사실은 우리는 모두 사주팔자(四柱八字) 그대로 살아간다는 것이다. 머지않은 미래에 과학적으로 증명되는 날이 반드시 올 것이라고 확신한다.

5. 왜 생년월일(生年月日)이 운명을 좌우하는가.

사람들은 일이 풀리지 않아 답답할 때 무당이나 철학관을 찾는다. 학문에 정통한 역술인들은 상담자의 출생에서부터 부모형제, 학력, 직업, 성격, 배우자, 결혼, 이혼, 건강, 질병 등 지난 과거를 속속들이 쪽집게처럼 알아맞춘다.

그렇다면 그들은 신인가, 아니면 정말 영통한 도사인가, 천만의 말씀이다. 그들이 알고 있는 것은 단지 생년월일(生年月日)과 생시(生時) 뿐이다. 생년월일(生年月日)과 생시(生時)를 음양오행(陰陽五

行)에 대비시켜, 표출된 네개의 기둥과 여덟글자로 구성된 사주팔자(四柱八字)를 보고 마치 컴퓨터에서 뽑아내는 것 처럼 알아맞추는 것이다.

일반인들은 간혹 과거는 맞지만 미래는 맞지 않는다고 하지만, 이것은 하나만 알고 둘은 모르는 소리다. 왜냐하면 미래가 현재이고, 현재가 바로 과거이므로 과거가 맞으면 미래도 맞는 것이다.

사주팔자(四柱八字)는 곧 생년월일(生年月日)과 생시(生時)로 결정된다. 즉 생일이 사주팔자(四柱八字)고 운명이므로 사람의 길흉이 바로 생일과 직결된다. 그렇다면 생일만 좋으면 되는가. 그야 당연한 말이다. 하루나 한두시간 때로는 몇분의 차이로 인생의 희비가 바뀐다.

여기서 우리는 왜 그렇게 되는가를 알아야 역학(易學)을 이해할 수 있고, 음양오행(陰陽五行)을 발견하여 인간에게 접목시켜 역학(易學)으로 발전시켜온 선현들에게 고마움을 느낄 수 있다.

역학(易學)은 신비의 학문이요, 조물주의 학문이다. 우주태초의 본원은 음(陰)과 양(陽)이 없는 상태, 즉 무극(無極)이었다. 무극(無極)은 태양도 달도 별도 생성되지 않은 암흑의 시대였으며, 아무것도 느낄 수 없는 혼탁의 세계였다. 이런 상태가 수억만년 동안 계속되다가 현대과학의 천문학적 우주창생론인 빅뱅으로 인하여, 태양과 달과 별이 생기고 대우주의 시대가 열리면서 오늘날의 태양계가 형성되었다.

이런 시대에 음(陰)과 양(陽)이 생겨났고, 음(陰)과 양(陽)의 작용에 의해서 만물이 생겨 진화되었고, 특히 사람은 음(陰)과 양(陽)의 영향을 많이 받으며 태어났다.

사람이 출생할 때 갖고 있는 기(氣)가 우주 속에 있는 기(氣)의 지배를 받기 때문에, 지배를 받는 쪽인 사람의 기(氣)는 어머니인 우주의 기(氣)에게 절대적으로 복종할 수 밖에 없다. 사람의 기(氣)는 미약하지만 우주가 포용하고 있는 기(氣)는 무한대에 가깝다. 그러니 약자가 강자를 따를 수 밖에 없고, 자식은 부모를 거역할 수 없는 것이다.

우주의 음양(陰陽)의 기(氣) 속에는 십간십이지(十干十二支)의 기(氣)가 포함되어 있고, 지금 이 순간에도 작용하고 있다. 갑자년(甲子年)에는 갑자(甲子)의 기(氣)가 일년동안 가장 강하게 작용하고, 병자월(丙子月)에는 병(丙)과 자(子)의 기(氣)가 1개월 동안 가장 강하게 작용하고, 을축일(乙丑日)에는 을(乙)과 축(丑)의 기(氣)가 하루동안 가장 강하게 작용하고, 갑신시(甲申時)에는 갑(甲)과 신(申)의 기(氣)가 가장 강하게 작용한다.

이렇게 우주에는 년월일시(年月日時)의 기(氣)만 존재하는 것이 아니라 음양오행(陰陽五行)의 기(氣)가 함께 존재하고 있다. 그러므로 태어나는 순간 년월일시(年月日時)가 음양오행(陰陽五行)의 기(氣)와 강하게 작용하여, 당시의 년월일시(年月日時)가 그 사람의 사주팔자(四柱八字)가 되어 운명으로 결정된다.

제왕절개나 다른 방법으로 출생한다 해도, 이 세상의 기(氣)와 접촉하는 순간에 사주팔자(四柱八字)라는 운명이 결정되는 것은 마찬가지다. 우리는 그렇게 그 운명이 이끄는대로 일생을 살아가는 것이다.

6. 기(氣)의 흐름과 사주팔자(四柱八字)

운명은 실수가 없기 때문에 사주팔자(四柱八字)대로 살지 않는 사람은 하나도 없다. 그렇다면 왜 그렇게 살아가야만 하는가를 생각해보자.

사주팔자(四柱八字)란 태어난 년월일시(年月日時)의 육십갑자(六十甲子)다. 즉 네기둥 여덟글자가 바로 운명을 결정한다. 이 네기둥 여덟글자가 기둥은 기둥대로 글자는 글자대로 각각 성격을 달리하는 기(氣)를 갖고 있고, 서로 작용하여 조상, 부모, 형제, 배우자, 직업, 건강, 질병 등을 나타낸다. 이렇게 네기둥 여덟글자의 기(氣)는 몸과 마음에 공존하며, 죽음에 이르는 순간까지 한순간도 떠나지 않고 그 작용에 의해서 일생을 살아가는 것이다.

어떤 역술가들은 옷을 갈아입듯이 사주팔자(四柱八字)를 바꿀 수 있다고 주장하며 사람들을 현혹시키고 있다. 참으로 어처구니 없는 일이다. 그렇다면 남의 사주팔자(四柱八字)를 걱정할 것이 아니라 자신부터 바꾸어 좀더 멋지고 즐겁게 살면 될텐데 말이다.

그러나 사주팔자(四柱八字)라는 짜여진 각본대로 산다면 의미도 보람도 없는 꼭두각시 인생이 되고 말 것이다. 문제는 꼭 그렇게 되는 것만은 아니라는데 우주법칙의 묘미가 있다.

예를 들면 훌륭한 지도자가 될 수 있는 사주팔자(四柱八字)를 갖고 있는 사람이 있다고 가정했을 때, 스스로 노력하면 훌륭한 지도자가 되어 자신의 명예를 드높일 것이고, 그렇지 않다면 비록 지도자의 사주팔자(四柱八字)를 갖고 태어났다 하더라도 빈천한 인간이 되어 한많은 인생을 마감할 것이다.

인생을 여행으로 비유했을 때, 여행을 떠나면서 지도 한장없이 출발하는 것보다 도로나 마을 등을 파악하고 떠난다면 편안하고 계획적인 여행이 되겠지만, 그렇지 않다면 엉뚱한 곳에서 시간을 낭비하는 결과를 가져온다.

이와 마찬가지로 자신에 대해서 아무런 준비없이 살아가는 것보다 여러가지를 암시하는 사주팔자(四柱八字)를 미리 알고, 인생이라는 긴 여정에 임한다면 훨씬 더 즐겁고 편안한 삶이 될 것이다.

그러나 인간이란 허황된 꿈을 먹고 사는 어리석은 동물인지라, 자신의 그릇을 모르고 제잘난 맛으로 살아간다. 자신을 정확하게 알고 그 안에서 보람과 가치를 찾는 사람만이 진정한 승리자가 될 수 있다.

7. 운명은 실수가 없다.

역학(易學)이란 사주팔자(四柱八字)가 암시하는 운명의 테두리 안에서 올바른 가치관으로 참되고 보람있게 살아가는 방법을 제시하는 학문이다. 운이 좋다고 교만하거나 노력하지 않는다면 행운을 잡을 수 없고, 나쁜운이 올 때는 미리 준비하면서 노력한다면 피해갈 수 있다.

그러나 노력에 따라 길흉이 좌우된다고 생각하면 안된다. 어떤 방법을 동원한다 해도 자신에게 주어진 운명의 사슬에서 완전히 벗어날 수는 없다. 다만 주어진 운명의 테두리 안에서 최선의 방법을 선택해서 그 무게와 질을 향상시켜 모양을 바꿀 뿐이다.

동물이나 곤충도 조직적인 체계 안에서 생활한다. 대표적인 것이 벌과 개미의 세계다. 그중에서도 흰개미의 생활을 보면 여왕개미는 태어나서 죽는 날까지 종족보존을 위하여 계속 알만 낳고, 여왕개미의 몸을 항상 깨끗하게 청소하는 청소개미, 여왕개미에게 먹을 것을 날라다 주는 시녀개미, 여왕개미가 낳은 알을 산란방으로 옮기는 일개미, 외부에서 먹이를 조달하는 일개미, 집을 넓게 확장하고 단장하는 일개미, 적들이 공격해오면 맞서 싸우는 병정개미 등 각각 맡은 직책을 충실하게 이행함으로써 조직이 운영되고, 엄격한 생존경쟁 속에서도 살아남을 수 있는 것이다.

사람도 이와 마찬가지로 각자 나름대로의 타고난 사명이 있으며, 그 사명대로 살아가야 편안하고 행복할 수 있다. 그렇지 않으면 그야말로 인생의 최말단에서 고통과 한숨 속에서 세상과 부모를 원망하며 생을 마감하게 될 것이다. 운명은 실수가 없는 것이다.

❷장. 사주의 구성요소

1. 사주(四柱)란 무엇인가.

사주(四柱)란 사람이 출생한 년월일시(年月日時)를 십간십이지(十干十二支)로 표시한 음양오행(陰陽五行)의 산물이다. 인간은 태초에 아주 미세한 미생물에서 출발하여 십간십이지(十干十二支)의 특성을 골고루 갖추며 오늘날의 모습으로 진화했다.

그리고 태양과 달과 별 등의 조화로 십간십이지(十干十二支)의 기(氣)들이 그날 그날에 따라 각각 작용하여 영향을 준다. 출생한 그 순간의 년월일시(年月日時)가 그것이고, 그것을 우리는 사주(四柱)라고 부르는 것이다.

2. 음양(陰陽)이란 무엇인가.

천지만물 가운데 음(陰)과 양(陽)으로 되어있지 않은 것은 하나도 없다. 음(陰)은 정(靜)과 질(質)이며 숨겨진 것, 고요한 것, 소극적인 것이고, 양(陽)은 동(動)과 기(氣)며 보이는 것, 움직이는 것, 적극적인 것이다.

태양은 밝으므로 양(陽)에 해당하고, 달은 어두우므로 음(陰)에 해당하고, 강물은 흐르는 것이므로 양(陽)에 해당하고, 샘물은 정지되어 있으므로 음(陰)에 해당하고, 남자는 적극적이므로 양(陽)에 해당하고, 여자는 소극적이므로 음(陰)에 해당하고, 산은 높고 크므로 양(陽)에 해당하고, 논과 밭은 낮고 작으므로 음(陰)에 해당한다. 이처럼 음양(陰陽)의 구별은 끝이 없다.

그러나 핵심은 음양(陰陽)의 구별보다 기(氣)와 체(體)에 있다. 양(陽)은 기(氣)이고 음(陰)은 체(體)다. 우주의 공기나 대기는 양(陽)에 속하고, 형체가 있는 만물은 음(陰)에 속한다.

그리고 만물은 기(氣)에서 발생한 기(氣)의 화상으로 흥망성쇠(興亡成衰)와 강약(强弱)은 기(氣)의 왕쇠(旺衰)에 달려있다. 기(氣)가 강하면 크고 강한 힘을 발휘하고, 기(氣)가 허약하면 작은 힘을 발휘할 수 밖에 없다. 따라서 기(氣)는 체(體)를 만나 생명과 물질을 존재하게 하거나 변화시키는 것이기 때문에 기(氣)와 체(體)는 떨어져 있는 두개가 아니라 결합된 하나다.

그러므로 만물에는 반드시 음(陰)이 있는 곳에 양(陽)이 있고, 양(陽)이 있는 곳에 음(陰)이 있어, 음(陰)과 양(陽)이 공존하며 생명을 이어간다. 특히 사람은 음(陰)이 강하면 수동적이며 소극적이고,

양(陽)이 강하면 활동적이고 능동적이 된다. 이렇게 음(陰)과 양(陽)이 한쪽으로만 치우쳐서 조화가 이루어지지 않으면 굴곡과 풍파가 많으며 참된 행복과 성공을 기대하기 어렵다.

3. 오행(五行)이란 무엇인가.

우주에 존재하는 만물을 구성하는 요소는 오행(五行)이며, 오행(五行)이란 목(木), 화(火), 토(土), 금(金), 수(水)를 말한다. 오행(五行)은 비록 형체는 없지만 성격과 기질은 상호작용에 의하여 길흉과 희로애락으로 나타난다. 오행(五行)의 변화와 작용은 사주(四柱)를 연구하는데 있어서 핵심이 되므로 오행(五行)의 근본을 정확하게 파악하는 것이 가장 중요하다.

1. 목(木)의 성격과 특징

목(木)은 글자 그대로 나무를 말하고, 나무가 지니고 있는 성격과 기질에 비교하면 된다.

목(木)은 이제 막 싹이 터서 자라나는 어린나무이고 생명이다. 목(木)은 천진난만하고 애정이 풍부하며, 푸른 하늘처럼 희망에 부풀어 있고 착하다. 그렇게 때문에 자신보다 강하거나 방해하는 것을 만나면 싸우거나 극복할 힘이 없어 그대로 순종한다. 그러나 같은 목(木)이라도 강하게 태어나면 고난과 역경을 딛고 일어서는 의지력이 있다.

그리고 나무는 평소에는 거침없이 뻗어나가지만 장애물에 부딪치면 그대로 방향을 바꾸어 버리는 기질이 있기 때문에, 목(木)에 해당하는 사람은 꿈은 크지만 행동과 실천이 따르지 않아 만사가 시작은 있어도 끝이 없다.

1. 갑목(甲木)

■ 한자리에 오래 머문다.

문화재 보호법으로 지정된 나무들을 보면 200년생에서 400년생이 가장 많다. 이처럼 갑목(甲木)은 한 곳에 오래도록 뿌리를 내린다.

■ 내가 최고라는 기질이 있다.

갑목(甲木)은 큰 나무다. 큰 나무는 높은 곳에서 세상을 내려다 보기 때문에 자신보다 높은 것은 없는 줄 안다. 그래서 자신이 최고라고 여기며 마음대로 행동한다. 그러다 자신보다 더 높은 것이 나타나면 그제서야 굴복한다. 이런 특성이 약자에게는 강하고 강자에게는 약한 모습으로 나타난다.

■ 생활력이 강하고 정이 많다.

나무는 기생하는 곤충이나 새들이 갉아먹고 구멍을 내도 한없이 포용한다. 그러나 생사문제가 대두되면 아무리 단단한 바위라도 뚫고 들어가 뿌리를 내리고 정착한다. 바위틈새에 우뚝 서있는 나무를 많이 보았을 것이다. 이렇게 갑목(甲木)은 평소에는 인자하고 덕이 있지만, 이익이 상반되면 물불을 가리지 않는 비겁한 면도 있다.

■ 추진력이 있다.

나무가지는 쉬지 않고 쭉쭉 뻗어나가지만 정작 움직여야 할 뿌리는 꼼작할 수 없으니 누군가가 옮겨주기를 기다릴 수 밖에 없다. 이처럼 아무리 계획이 많아도 실천에 옮기려면 누군가의 도움이 필요하므로 남에게 의지하려는 의타심이 있다.

■ 자신의 생각대로 하려는 단점이 있다.

큰 나무가 새싹을 돋게 할 때나 가지가 뻗어나갈 때는 거침없듯이, 언제나 자신의 생각대로 하려는 단점이 있다.

2. 을목(乙木)

■ 돌아다니는 것을 좋아한다.

을목(乙木)은 넝쿨나무로 보는 것이 정확하다. 넝쿨은 잠시도 쉬지 않고 땅위를 기어다니며 순을 내밀고 땅 위나 담벼락이나 나무 등을 가리지 않고 타고 다닌다. 그러므로 을목(乙木)에 해당하는 사람의 특성도 그대로 나타나 돌아다니는 것을 좋아한다

■ 남을 이용한다.

을목(乙木)인 넝쿨나무는 혼자서는 높은 곳에 오를 수 없다. 무엇이든지 타고올라가야만 되기 때문에 상대방을 이용하려고 한다. 그러므로 자신도 모르게 이중적인 성격을 갖게 되고, 기회만 주어지면 타고 올라가야 하니 기회주의자다.

■ 잔꾀가 많다.

을목(乙木)인 넝쿨나무는 타고 올라갈 방향과 장소를 물색해야 하므로 잔꾀만 늘게 된다. 그리고 넝쿨나무는 약하기 때문에 자신을 보호하기 위하여 가시를 갖고 있다. 그러므로 부드러움 속에 항상 가시가 숨어 있다.

■ 지배받는 것을 싫어한다.

넝쿨을 큰 바위로 눌러두었다고 가정해보자. 틀림없이 기어나오려고 노력할 것이고, 그렇지 않으면 그 부분은 죽고 바위에 눌리지 않는 부분에서 새순이 돋아나와 힘차게 뻗어나올 것이다. 이와같이 을목(乙木)은 남에게 지배받는 것을 싫어한다.

2. 화(火)의 성격과 특징

뜨거운 불이나 밝은 태양, 그리고 낮 등이 대표적인 화(火)의 상징이다. 한여름 밤에 피워놓은 모닥불은 아름답기 그지없지만, 작은 불씨라도 불이 붙기 시작하면 금방 크게 타올라 우리에게 피해를 준다. 이와같이 불은 화려하고 정열적이고 무엇이든 과감하게 확대하며, 밝은 마음으로 진실을 밝히고 발견하려는 특성이 있다.

그러므로 사주(四柱)에 화(火)가 많은 사람은 성급하고 정열적이며, 결단력이 있고 능동적이다. 또한 진취적이고 용감하며 적극적이다.

1. 병화(丙火)

■ 에너지가 넘쳐 흐른다.

불은 그 자체가 에너지이며, 태양에너지로 만물을 존재하게 한다. 그리고 목적을 추구하기 위해 정열을 아끼지 않는다.

■ 화려하며 분명하다.

태양과 큰 불은 화려하며 주위를 밝게 한다. 밝은 곳에서는 모든 물체들이 잘 보이므로 성격이 밝고 명랑하며, 자기가 하고 싶은 말은 곧 죽어도 해야 되는 분명한 성격이다.

■ 남에게 베풀려고 하는 마음이 있다.

태양은 생명들이 살아갈 수 있도록 묵묵히 빛을 비추어준다. 그러나 화재가 나면 재산은 물론 생명까지 앗아가니 병화(丙火)는 베풀어야 한다. 베풀지 않고 누군가 베풀어주길 기다린다면 화재같은 재난이 발생해 고통을 안겨주기 때문에 무조건 베풀어야 한다.

2. 정화(丁火)

■ 아름답다.

밤하늘의 별들은 얼마나 아름다운가? 아름다운 것을 가지려고 하니 구설수에 휘말리는 경향이 있다.

■ 정열을 마음 속에 간직하고 있다.

정화(丁火)는 작은 불이다. 작은 불은 항상 큰 불이 되고 싶은 꿈을 가슴 속에 간직하고 있다. 또 태울 수 있는 물건이나 기름이 있어야 하므로 남에게 의지하려는 마음이 있다.

3. 토(土)의 성격과 특징

토(土)는 흙을 말한다. 흙은 만물의 어머니이며 보금자리라 위대한 존재다. 그러나 그 자체로는 힘을 발휘할 수 없다. 무엇인가에 의해 만들어져야 한다. 사과나무를 심으면 과수원이 되고, 집을 지으면 집터가 되듯이 토(土)는 피동적이다.

1. 무토(戊土)

■ 움직이는 것을 싫어한다.

무토(戊土)는 큰 산에 비유할 수 있다. 큰 산은 움직일 수 없는 것처럼 무토(戊土)는 움직이는 것을 싫어한다. 또 성격도 큰 산과 같아 넉넉하고 믿음직스러우며 말수가 매우 적다.

■ 속과 겉이 다르다.

산이 계절에 따라 옷을 갈아입고 등산객이 찾아오길 기다리고 있기 때문에 온후하고 아름다워 보이지만, 절벽같이 험한 곳도 있다. 그러므로 무토(戊土)는 겉으로는 아름다워 보이지만, 내면은 거칠고 사려가 깊지 못한 부분도 있다.

2. 기토(己土)

■ 순진하고 소박하다.

기토(己土)는 논과 밭을 말한다. 땅은 거짓말을 하지 않고 뿌린대로 거둔다. 이와같이 기토(己土)는 농부의 마음처럼 거짓이 없다. 정직하고 순진하며 소박하다.

■ 방황, 허영, 단명, 죽음 등을 뜻한다.

기토(己土)는 작은 흙으로 눈에 보이지 않는 먼지를 말한다. 먼지는 바람이 불면 부는대로 이끌려 다니다가 물에 빠져 녹아버리거나, 진흙 속에 파묻혀 본래의 모습을 잃으니 곧 죽음을 의미한다. 그러므로 방황하면서 허영에 들뜨고 언제 죽을지 모르는 운명에 처하게 된다. 그리고 기토(己土)에 해당하는 사람은 엉뚱한 논리를 갖고 있는 경우가 많다.

4. 금(金)의 성격과 특징

금(金)은 쇠를 말한다. 쇠를 불에 달구어 연장이 되면 여러가지 물건을 만들 수 있다. 그러므로 금(金)은 개혁이나 발전을 뜻하며, 쇠는 차기 때문에 성격이 냉정하다.

1. 경금(庚金)

■ 강직하다.

큰 무쇠덩어리로 강직하고 믿음직스러우며 냉정하다.

■ 항상 불안하다.

큰 무쇠덩어리는 그 자체로는 쓸모없기 때문에 언제 뜨거운 용광로에 들어갈지 모른다. 그러므로 경금(庚金)의 성격은 마음의 안정을 찾지 못하고 항상 불안하다. 그러나 이런 결점을 극복하려고 열심히 노력한다.

■ 겁이 많고 야비하다.

큰 무쇠덩어리는 덩치로 한몫 보지만 불에는 아주 약하기 때문에 겁이 많다. 그리고 큰 덩치를 이용하여 상대방을 무자비하게 누르고, 오리발을 내미는 경향이 있다.

2. 신금(辛金)

■ 엄격하고 날카롭다.

신금(辛金)은 경금(庚金)이 용광로에서 제련되어 나온 반지, 칼, 비수 등을 말하며, 특히 비수에 많이 비유한다. 경금(庚金)은 덩치만 갖고 위엄을 보이지만, 신금(辛金)은 비수같은 날카로움으로 상대를 제압하며 다스리려고 한다.

■ 스스로 마음을 다스려야 한다.

신금(辛金)은 날카로운 비수라 살짝 스치기만 해도 베인다. 이렇게 날카로운 비수를 그냥 갖고 있으면 위험하므로, 마음의 도를 닦아 비수의 끝을 무디게 만들어야 더불어 살아갈 수 있다. 만일 비수의 날카로움을 그대로 방치하면 상처투성이의 인생이 될 것이다.

■ 고집스럽고 까다롭다.

쇠를 녹여서 예쁘고 아름다운 물건을 만들려면 세심한 부분까지 신경을 써야 한다. 그러므로 많은 시간과 노력이 필요하기 때문에 까다롭기 그지없다. 그러나 이렇게 한번 제련되면 쉽게 모습을 바꾸지 않으니 고집스럽다.

5. 수(水)의 성격과 특징

물은 소리없이 슬며시 와서 와락 휩쓰는 것이 마치 도둑과 같다. 화(火)가 낮이면 수(水)는 밤이다. 어두운 곳에서 살아남으려면 머리를 써야한다. 그러므로 수(水)는 지혜와 권모술수에 비유한다.

1. 임수(壬水)

■ 권모술수에 능한 사업가다.

임수(壬水)는 흐르고 있는 큰 강물을 뜻한다. 강물은 낮은 곳으로 흐르며, 흐르다 막히면 방향을 바꾼다. 바위나 나무가 가로막고 있어도 문제가 되지 않고, 무엇이든 파헤치고 흘러간다.

부드러운 것보다 강한 것은 없다고 했듯이, 물은 부드러워 보이지만 방해자가 있으면 수단과 방법을 가리지 않는다. 이처럼 임수(壬水)는 거침없이 세상을 헤쳐나가는 용기와 배짱이 있다.

■ 대인관계가 원만하다.

물은 상대방이 느낄 때 쯤이면 이미 스며든지 오래다. 상대방이 느낄 수 없게 은밀하게 처리해 나간다. 바위나 나무가 아무리 튼튼하게 뿌리박고 있다 해도, 물이 조금씩 조금씩 파헤쳐 가다보면 뿌리는 흔들리고 결국은 송두리째 뽑혀버린다. 아무리 철벽같이 보호망을 쳐도 결국은 임수(壬水)에게 어쩔 수 없이 말려들게 된다.

2. 계수(癸水)

■ 온화하고 유순하며 노력형이다.

계수(癸水)는 이슬비에 비유를 한다. 이슬비는 비바람이 몰아칠 때 내리는 비가 아니라 바람없는 고요한 시간에 소리없이 내린다. 이렇게 내린 이슬비는 대지를 적시고 달콤한 감로수가 된다.

■ 안일에 빠져 다된 밥에 재를 뿌리는 경우가 많다.

이슬비는 소나기처럼 짧은 시간에 집중적으로 내리는 것이 아니라 지루할 정도로 오래 내린다. 이슬비는 처음에는 감로수가 되지만, 티끌모아 태산이라고 홍수로 변할 수도 있다. 또 이슬비가 계속 내리면 태양이 뜨지 않기 때문에 씨앗이 썩고 꽃은 떨어져 열매를 맺지 못한다. 이것은 이슬비의 태만한 속성 때문이다.

천간과 지지의 물상법

분류 / 五行	天干	地支	물상
木	甲	寅	큰 나무
	乙	卯	작은 나무, 화초, 넝쿨나무
火	丙	巳	태양, 큰 불
	丁	午	용광로, 별, 반딧불, 촛불, 형광등, 불씨
土	戊	戌	큰 산, 둑, 댐, 마른 흙
	己	丑	작은 흙, 먼지, 논밭, 기름진 땅, 화분의 흙, 습토
金	庚	申	큰 무쇠덩어리, 서리
	辛	酉	제련된 금, 비수, 침, 귀금속
水	壬	亥	호수, 바닷물, 큰 강물
	癸	子	이슬비, 개울물

위의 도표에서 빠진 오행(五行)은 진(辰)과 미(未)다. 진토(辰土)는 술토(戌土)와 같은 흙이지만 습토(濕土)이고, 미토(未土)는 작고 마른 흙이다. 수(水) 중에서 임수(壬水)와 자수(子水)는 맑고 깨끗한 물이고, 계수(癸水)와 해수(亥水)는 흐리고 탁한 물이다.

오행분류표

五行 / 분류	木	火	土	金	水
方向	東	南	中央	西	北
季節	봄	여름	환절기	가을	겨울
五色	푸른색	붉은색	황토색	흰색	검은색
五味	신맛	쓴맛	단맛	매운맛	짠맛
五氣	風	熱	濕	燥	寒
五臟	간, 담	심장, 소장	비장, 위장	폐, 대장	신장, 방광
五常	仁	禮	信	義	智
五意	인정	명랑	후중	냉정	비밀
한글五行	ㄱ, ㅋ	ㄴ, ㄷ, ㄹ, ㅌ	ㅇ, ㅎ	ㅅ, ㅈ, ㅊ	ㅁ, ㅂ, ㅍ
질병	간, 쓸개, 신경, 두통	심장, 소장, 눈병, 고혈압	비장, 위장, 당뇨, 피부	폐, 대장, 뼈, 기관지	신장, 방광, 혈병, 부인병
數理	3, 8	2, 7	5, 10	4, 9	1, 6

지금까지 오행(五行)의 특징과 성격을 살펴보았다. 여기서 주의할 것은 갑목(甲木)을 큰 나무로 표현하는 것은, 갑(甲)이란 글자를 큰 나무로 보라는 뜻이다. 즉 갑(甲)은 큰 나무이므로 큰 나무가 지니고 있는 특성을 갖고 있다. 그러므로 갑목(甲木)이 있는 날에 출생한 사람의 성격과 기질은 큰 나무와 같다. 다른 오행(五行)도 이런 식으로 관계있는 사물에 대응해서 적용하면 된다.

4. 상생(相生)이란 무엇인가.

계절은 봄에서 시작해 여름과 가을, 그리고 겨울로 질서정연하게 순환한다. 봄이 가면 여름이 오고, 여름이 가면 가을이 오고, 가을이 가면 겨울이 오고, 겨울이 가면 다시 봄이 온다.

봄이 여름을 낳으니 목생화(木生火)요, 토(土)는 중앙이다. 사계절의 중앙 즉, 봄, 여름, 가을, 겨울의 중앙인 여름과 가을 사이가 중앙토(中央土)가 된다. 여름이 중앙토(中央土)를 낳으니 화생토(火生土)요, 중앙토(中央土)가 가을을 낳으니 토생금(土生金)이요, 가을이 겨울을 낳으니 금생수(金生水)다.

그리고 수생목(水生木)이란 수(水)에서 목(木)이 발생하는 것이 아니라 겨울이 가고 봄이 온다는 순리와 합법적인 변화를 뜻한다. 자연과 계절의 변화는 언제나 불변이기 때문에 상생(相生)의 법칙은 영원히 지켜지고 반복되는 대자연의 진리다.

1. 목생화(木生火)

나무는 자기 몸을 태워 불을 지핀다. 그러므로 목(木)은 화(火)의 어미요, 화(火)는 목(木)의 자식이다.

2. 화생토(火生土)

불은 타고난 뒤 재를 남기고 재는 다시 흙이 된다. 그러므로 화(火)는 토(土)의 어미요, 토(土)는 화(火)의 자식이다.

3. 토생금(土生金)

흙이 단단하게 굳어 변하면 금(金)이 된다. 그러므로 토(土)는 금(金)의 어미요, 금(金)은 토(土)의 자식이다.

4. 금생수(金生水)

쇳덩어리는 차기 때문에 이슬이 맺힌다. 그러므로 금(金)은 수(水)의 어미요, 수(水)는 금(金)의 자식이다.

5. 수생목(水生木)

물은 수분을 제공하여 나무를 자라게 한다. 그러므로 수(水)는 목(木)의 어미요, 목(木)은 수(水)의 자식이다.

상생(相生)은 자연의 순리대로 진행되므로 발전과 평화와 안정을 뜻한다. 목(木)이 수(水)를 만나면 나무에 꽃이 피니 발전적인 변화가 생기고, 수(水)가 금(金)을 만나면 아기가 어머니를 본 것처럼 다정하고 유익한 지원을 받으니 기쁜소식과 발전이 있고, 목(木)이 화(火)를 만나면 어미가 자식을 낳은 것이니 새로운 발전과 업적이 생기고, 화(火)가 목(木)을 만나면 부모를 만나는 것이니 힘과 용기가 생겨 천하에 이름을 떨치게 된다.

5. 상극(相剋)이란 무엇인가

상생(相生)하는 자연의 순리를 무시하고 강제로 뛰어넘어 충돌과 대결하는 힘을 상극(相剋)이라고 한다. 상극(相剋)은 서로 극하는 것이 아니라 어느 한쪽에서 일방적으로 지배하는 것을 말한다.

예를 들어 화극금(火剋金)이란 화(火)가 토(土)를 거치지 않고 뛰어넘어 금(金)을 강제로 지배하는 것이다. 이때 금(金)이 순순히 복종하는 것이 아니라 있는 힘을 다하여 끝까지 반항하고 싸우다 복종한다. 그러니 화(火)는 막대한 힘을 소비하고 지친다. 힘이 강하면 넘치는 힘을 조절하여 전리품을 얻으니 일거양득이지만, 힘이 약하면 손해를 본다. 상극(相剋)도 상생(相生)과 마찬가지로 영원히 변하지 않는 불멸의 법칙이다.

1. 목극토(木剋土)

나무는 흙이 원하든 원하지 않든 흙 속에 뿌리를 박고 흙을 흩어지게 만든다.

2. 토극수(土剋水)

흙은 물을 흡수할 수도 있고, 둑이 되어 막을 수도 있다.

3. 수극화(水剋火)

물은 불을 꺼버린다.

4. 화극금(火剋金)

불은 금을 녹인다.

5. 금극목(金剋木)

톱으로 나무를 자를 수 있고, 연장을 이용하여 아름다운 공예품을 만들 수도 있다.

6. 십간십이지(十干十二支)

오행(五行)을 음양(陰陽)으로 세분한 것이 십간십이지(十干十二支)다. 음양(陰陽)의 부호는 두가지로 나무처럼 땅 위에 있는 것과 땅 밑에 있는 뿌리가 있다. 땅 위에 있는 것은 하늘로 뻗은 줄기라고 하여 천간(天干)이라 하고, 땅 밑에 있는 것은 땅 밑으로 뻗은 가지라 하여 지지(地支)라고 한다.

천간(天干)은 하늘에 흐르는 기(氣)를 세분한 것이고, 십이지(十二支)는 땅 속에 흐르는 기(氣)를 세분한 것이다. 자연이 하늘과 땅의 조화로 변하듯 사람도 하늘과 땅의 조화로 태어나고 죽는다.

천간(天干)은 갑(甲), 을(乙), 병(丙), 정(丁), 무(戊), 기(己), 경(庚), 신(辛), 임(壬), 계(癸)의 10자와 자(子), 축(丑), 인(寅), 묘(卯), 진(辰), 사(巳), 오(午), 미(未), 신(申), 유(酉), 술(戌), 해(亥)로 모두 22자다. 이 22자는 오행(五行)을 세분한 것으로 단순하게 음양(陰陽)으로 구분한 것이 아니라, 자연의 질서와 법칙을 세밀하게 분류한 만물의 분류법이다.

1. 십간(十干)

십간(十干)이란 갑(甲), 을(乙), 병(丙), 정(丁), 무(戊), 기(己), 경(庚), 신(辛), 임(壬), 계(癸)를 말하며 앞에서 설명했으니 생략한다. (32쪽 참조)

陽干	甲	丙	戊	庚	壬
陰干	乙	丁	己	辛	癸

2. 십이지(十二支)의 종류와 성격

십이지(十二支)란 자(子), 축(丑), 인(寅), 묘(卯), 진(辰), 사(巳), 오(午), 미(未), 신(申), 유(酉), 술(戌), 해(亥)를 말하며, 음양(陰陽)의 구분은 다음과 같다.

陽干	子	寅	辰	午	申	戌
陰干	丑	卯	巳	未	酉	亥

子	丑	寅	卯	辰	巳	午	未	申	酉	戌	亥
쥐	소	범	토끼	용	뱀	말	양	원숭이	닭	개	돼지

지지(地支)는 해당하는 동물의 특성을 그대로 지니고 있다. 사주팔자(四柱八字)에 해당하는 지지(地支) 4개가 서로의 특성을 융화시켜 나타내므로 사주를 파악하는데 매우 중요하다. 운명을 감정할 때 특성을 찾아서 활용하도록 한다.

1. 자(子)

■ 자(子)는 쥐이며 쥐의 특성을 갖고 있다.
■ 명랑하고 활발하며 깔끔하고 사교적이지만 마음이 불안하다.
■ 남보다 뛰어나다고 생각하다가 자기 꾀에 빠지는 경우도 있다.
■ 쥐가 집단생활을 하는 것처럼 사람도 역시 눈치가 빠르고 사회생활에 잘 적응한다.
■ 자식에 대한 사랑이 남다르게 깊으며, 재물도 야금야금 모은다.
■ 밤에 잠을 자지 않는 습관이 있으며 돌아다니는 것을 좋아한다.

2. 축(丑)

■ 축(丑)은 소를 말하며 소의 특성을 갖고 있다.
■ 외유내강의 기질이다.
■ 온순하고 침착하며 부지런하고 건실하다.
■ 명예욕과 의지가 강하지만 미련하고 느리다.
■ 남에게 굽히거나 지는 것을 싫어하지만 상대방을 이해하려고 노력한다.
■ 황소고집이라 남의 말을 잘 듣지 않고, 혼자 잘난 척 하다가 실패하는 경우도 있다.
■ 소는 화가 나면 뿔로 받듯이 성질이 나면 아무도 못말린다.
■ 자신에게 좋은 일인데도 외면하여 성공할 기회를 놓치기도 한다
■ 다리와 어깨가 부실하다.

3. 인(寅)

- 인(寅)은 호랑이며 호랑이의 특성을 갖고 있다.
- 활달하고 의협심이 강하다.
- 우두머리 기질이 있어 리더십과 추진력이 있다.
- 때때로 이기적이고 일확천금을 꿈꾸기도 한다.
- 세속적인 출세나 안정을 무시하고 방황하다 자포자기하는 경우도 있다.
- 예리하고 날카롭지만 무슨 일이든지 생각하지 않고 달려든다.
- 성격이 불같이 급하지만 쉽게 풀린다.

4. 묘(卯)

- 묘(卯)는 토끼를 뜻하고 토끼의 특성을 갖고 있다.
- 토끼는 얌전하고 순해 보이기 때문에 순종하는 타입같지만, 만물 중에서 자기 새끼 물어죽이는 동물은 아마 토끼밖에 없을 것이다.
- 비위에 맞지 않으면 포악해지고 끝장을 보는 독한 부분이 있다.
- 토끼는 적에게 잡혀 먹힐까 두려워 마음이 늘 불안하고 작은 소리만 들려도 신경을 곤두세우며 두리번 거리니, 주위가 산만하고 특히 여자는 우울증에 잘 빠진다.
- 토끼는 잠시도 가만히 있지를 못한다. 쉴새없이 입을 움직이며 자리를 옮기고, 교미를 할 때도 시작인가 싶으면 끝난다.
- 성급하고 속이 좁다.

5. 진(辰)

- 진(辰)은 용이며 용의 특성을 갖고 있다.
- 성격이 매우 강하며 지혜와 재주가 있고, 자존심도 매우 강하다.
- 거칠고 사나운 면이 있어 잘못하면 낭패를 당하기 쉽다.
- 자신의 재주만 믿고 남을 속이려고 하다가 오히려 당한다.
- 변덕이 심하고 남을 무시하며, 한탕주의 기질이 있다.
- 마음은 깊으나 신경질적이고, 냉정할 때는 무자비할 정도로 잔인하며, 여자는 사치스럽고 돈과 유혹에 약하다.

6. 사(巳)

- 사(巳)는 뱀이고 뱀의 특성을 갖고 있다.
- 용감하며 남에게 굽히기를 싫어하고 행동이 매우 민첩하다.
- 사소한 일에도 화를 잘내며 그 화로 인하여 실패할 수도 있다.
- 고상하고 호기심이 많으며 숨은 재주가 많고 두뇌가 명석하다.
- 허영심이 많고 변덕이 심하여 무슨 일이든 싫증을 빨리 느낀다.
- 쾌활하고 명랑하지만 예민하여 방황하기도 한다.

7. 오(午)

- 오(午)는 말이고 말의 특성을 갖고 있다.
- 물과 인연이 깊어 눈물이 많고 음식업과 관계있다.
- 말은 돌아다니는 특성이 있기 때문에 역마살(驛馬殺)로 보며, 여

기저기 떠돌아 다니니 현실도피주의자다.

- 특히 여자는 활동적이기 때문에 앉아서 놀지 못한다.
- 오(午)는 도화살(桃花殺)과 역마살(驛馬殺)에 해당하므로, 남녀 할 것 없이 나다니는 것을 좋아하여 이성관계가 복잡해질 수 있으니 각별히 조심해서 행동해야 한다.

8. 미(未)

- 미(未)는 양이고 양의 특성을 갖고 있다.
- 순하고 고고하며 박애주의자다.
- 유순하면서도 강직한 면을 갖고 있어서 한번 결심하고 마음 먹은 일은 끝까지 밀고 나간다.
- 큰 욕심은 없으나 도도하고 자존심이 매우 강하다.
- 하반신이 마비되거나 다칠 염려가 있으니 주의해야 한다.

9. 신(申)

- 신(申)은 원숭이며 원숭이의 특성을 갖고 있다.
- 매우 사교적이며 말재주가 좋다.
- 자신은 남의 잘못은 용서하지 않으면서 남을 잘 속인다.
- 베풀줄은 모르면서 재물에 대한 욕심은 끝이 없다.
- 속은 좁지만 항상 쾌활하고 즐거운 마음으로 생활한다.
- 겉으로는 솔직하고 담백한 것 같아 친구가 많지만, 속으로는 상대방을 이용하려는 마음 뿐이고, 이익이 없으면 아주 냉정하다.

- 승부근성이 강하여 마음먹은 것을 이루지만 한편으로는 게으르고 태만하여 변화를 싫어한다.
- 환상과 낭만을 멋으로 알며, 오직 자식밖에 모르는 타입이다.
- 임기웅변에 뛰어나고 유머감각도 있다.
- 결단력은 있어 보이나 끝마무리가 좋지 않다.
- 인덕과 실속이 없고 자신의 꾀에 빠지는 수가 많으며, 여자는 신경질적인 성격이다.

10. 유(酉)

- 유(酉)는 닭이며 닭의 특성을 갖고 있다.
- 온순하며 자신의 명예를 소중하게 여긴다.
- 업무를 세밀하고 신속하게 처리하지만 실수를 잘하는 편이다.
- 성격이 매우 급하고 직선적이기 때문에 화가 나면 참지 못한다.
- 비교적 강직하고 용맹스러우나 우둔하다.
- 괴팍하고 고집이 강하지만 처세가 뛰어나 대인관계가 원만하다.
- 허황된 꿈을 꾸다가 실패할 수도 있다.
- 깊이 생각하지 않고 행동하며 성격이 급하고 직선적이기 때문에 손해를 볼 때가 많다.
- 신경이 매우 예민한 편이지만 금방 잊어버린다.
- 자기에게 해를 끼친 사람에게는 반드시 복수한다.

11. 술(戌)

- 술(戌)은 개에 해당하고 개의 특성을 갖고 있다.
- 두뇌가 명석하고 민감하지만 성격이 불같아 참을성이 없다.
- 임기웅변에 능하며 청렴하고 정직하다.
- 비위에 맞지 않으면 아래 위를 모르고 덤비지만 뒤끝이 없다.
- 뚝심있고 책임감이 강하다.
- 잔인할 때는 한없이 잔인한 면이 있다.
- 부모형제와 인연이 약하고 중상모략에 잘 휘말린다.
- 성욕이 강하다.

12. 해(亥)

- 해(亥)는 돼지를 뜻하고 돼지의 특성을 갖고 있다.
- 의협심이 강하고 의리를 소중하게 생각한다.
- 독선적이고 항우고집이라 무슨 일이든지 남의 말을 듣지 않고 혼자 처리하려고 한다.
- 주위는 더러워도 자기 한 몸은 깨끗하게 한다.
- 원도 많고 한도 많으며 고독하다.
- 어려서 잔병을 많이 앓고 하반신이 약하다.

3. 육십갑자(六十甲子)

육십갑자(六十甲子)란 천간(天干)의 양(陽)은 지지(地支)의 양(陽)과, 천간(天干)의 음(陰)은 지지(地支)의 음(陰)과 순서대로 결합하여 각각의 기둥을 이루는 것을 말한다.

그러나 순서대로 결합하다 보면 지지(地支)의 술해(戌亥)가 남는데, 천간(天干)의 글자를 다시 순서대로 결합하면 60번째 이후에는 다시 갑자을축(甲子乙丑)으로 반복된다. 이 숫자가 60개이기 때문에 육십갑자(六十甲子)라고 부르는 것이며, 이 육십갑자(六十甲子)의 기둥이 사주(四柱)가 되고 명리학(命理學)의 기본이 된다.

육십갑자표

甲子	甲戌	甲申	甲午	甲辰	甲寅
乙丑	乙亥	乙酉	乙未	乙巳	乙卯
丙寅	丙子	丙戌	丙申	丙午	丙辰
丁卯	丁丑	丁亥	丁酉	丁未	丁巳
戊辰	戊寅	戊子	戊戌	戊申	戊午
己巳	己卯	己丑	己亥	己酉	己未
庚午	庚辰	庚寅	庚子	庚戌	庚申
辛未	辛巳	辛卯	辛丑	辛亥	辛酉
壬申	壬午	壬辰	壬寅	壬子	壬戌
癸酉	癸未	癸巳	癸卯	癸丑	癸亥

7. 합형충파해(合刑沖破害)

일반적으로 합(合)이 다른 오행(五行)으로 변한다고 알고 있지만, 운명을 감정하다 보면 잘 맞지 않아 혼란스러울 때가 많다. 갑목(甲木)이 기토(己土)를 만나 토(土)로 변한다고 했을 때, 갑목(甲木)이 완전히 변하는 것이 아니라 그 본질은 그대로 남아있기 때문이다.

예를 들어 여자가 결혼을 하면 성씨나 몸이 바뀌지는 않는다. 다만 변하는 것이 있다면 남편과 시댁식구가 생겼다는 것 뿐이다. 이와 마찬가지로 합(合)이란 다른 오행(五行)으로 바뀌는 것이 아니라, 서로 뜻이 통하는 글자끼리 짝을 지어 자식을 낳는 것으로 해석하면 이해하기 쉬울 것이다. 만일 합(合)이 다른 오행(五行)으로 변한다고 생각하면 사주(四柱)를 풀기가 매우 어렵다는 것을 명심하고 다음의 예를 들어보기로 한다.

진(辰)과 유(酉)가 합(合)되면 금(金)이 된다. 진토(辰土)가 유금(酉金)을 만나 금(金)으로 변한다는 것인데, 진토(辰土)는 절대로 변하지 않고 그대로 존재한다. 다만 유금(酉金)과 힘을 합쳐 새로운 금(金)이란 글자를 만들 뿐이다. 물론 진토(辰土)의 기능은 많이 상실된다.

이처럼 천간합(天干合)이나 지지합(地支合)이나 합(合)되는 과정에서 많은 역학자(易學者)들이 혼동을 일으켜 감정을 제대로 못하는 경우가 많다. 다시 강조하면 합(合)은 다른 오행(五行)으로 변하는 것이 아니라, 또 하나의 오행(五行)을 만드는 것이다.

1. 천간합(天干合)

천간합(天干合)은 각각 여섯번째 천간(天干)과 합(合)되어 다른 오행(五行)으로 변하며 뜻은 아래와 같다. 그러나 적중률이 매우 낮아서 이 책에서는 적용하지 않으니 자세한 설명은 생략한다.

■ 갑(甲) + 기(己) = 토(土) → 중정지합(中正之合)
■ 을(乙) + 경(庚) = 금(金) → 인의지합(仁義之合)
■ 병(丙) + 신(辛) = 수(水) → 위엄지합(威嚴之合)
■ 정(丁) + 임(壬) = 목(木) → 인수지합(仁壽之合)
■ 무(戊) + 계(癸) = 화(火) → 무정지합(無情之合)

2. 지지합(地支合)

지지합(地支合)에는 세가지가 있는데 삼합(三合), 방합(方合), 육합(六合)이고 작용은 다음과 같다.

1. 삼합(三合)

木局	金局	火局	水局
亥卯未	巳酉丑	寅午戌	申子辰

삼합(三合)은 지지(地支)의 세 글자가 의기투합하여 하나의 나라(局)를 만드는 것을 말한다. 그러나 둘만 있어도 반합(半合)이라 하여 약한 삼합(三合)으로 본다.

2. 방합(方合)

木局	火局	金局	水局
東	南	西	北
寅卯辰	巳午未	申酉戌	亥子丑

방합(方合)은 한 글자가 반드시 월지(月支)에 있고, 세 글자가 모두 합쳐져야 성립된다. 삼합(三合)과는 다르게 두개만으로는 방합국(方合局)이 될 수 없다.

3. 육합(六合)

土	金	木	水	火
子丑	辰酉	寅亥	巳申	卯戌, 午未

육합(六合)은 천간합(天干合)과 마찬가지로 서로 의기투합하여 힘을 과시하는 것을 말한다.

3. 천간충(天干沖)

甲庚沖	乙辛沖	丙壬沖	丁癸沖	戊甲沖	己乙沖	庚丙沖	辛丁沖	壬戊沖	癸己沖

칠충(七沖)이라 하며, 일곱번째 천간(天干)끼리 충돌하므로 칠살(七殺)이라고도 한다. 양간(陽干)은 양간(陽干)끼리 음간(陰干)은

음간(陰干)끼리 충(沖)한다. 충(沖)이란 말 그대로 부딪친다는 뜻으로 제살(制殺) 중에서 가장 흉한 살로 광폭, 질병, 파산, 이별, 수술, 고독, 손재, 송사, 관재구설 등이 따른다. 종류는 다음과 같고 충(沖)의 작용은 십간론(十干論)에서 다시 설명하기로 한다.

4. 지지충(地支沖)

寅申沖	巳亥沖	子午沖	卯酉沖	辰戌沖	丑未沖

- 인신충(寅申沖) : 애정이 많으나 구설수가 많이 따른다.
- 사해충(巳亥沖) : 쓸데없이 남의 걱정을 잘한다.
- 자오충(子午沖) : 항상 불안하다.
- 묘유충(卯酉沖) : 골육상쟁을 보게 되고 평생 인덕이 없다.
- 진술충(辰戌沖) : 여자는 남자를 해치고 고집으로 망한다.
- 축미충(丑未沖) : 일이 더디고 잘 이루어지지 않는다.

5. 육파(六破)

子酉破	午卯破	巳申破	寅亥破	辰丑破	戌未破

- 파(破)는 부순다는 뜻으로 충(沖)보다는 작용이 약하다. 자유파(子酉破), 진축파(辰丑破), 인해파(寅亥破)는 일반적인 뜻이다.
- 오묘파(午卯破) : 색정, 유흥, 실패 등이 일어난다.
- 사신파(巳申破) : 처음에는 합(合)의 작용으로 시작하나 중간에

불화가 생겨 파산이나 손재 등이 발생한다.

■ 술미파(戌未破) : 골육상쟁, 구설시비, 배신, 질투 등이 생긴다.

6. 육해(六害)

子未害	丑午害	寅巳害	辰卯害	申亥害	酉戌害

해(害)는 오행(五行)의 서로 다른 성격이 나쁘게 작용하는 것을 말하며, 충(沖)과 파(破)는 극단적으로 작용하지만 해살(害殺)은 은근하게 해를 끼친다.

자미(子未)와 축오(丑午)는 원진살(怨嗔殺)의 작용이 더 강하고, 인사(寅巳)는 인사신삼형(寅巳申三刑)의 작용이 더 강하고, 유술(酉戌)은 해살(害殺)보다 원진살(怨嗔殺)에 가까우며, 진묘(辰卯)는 신해(申亥)만이 해살(害殺) 작용을 한다.

7. 삼형살(三刑殺)

삼형살(三刑殺)에는 인사신삼형(寅巳申三刑), 축술미삼형(丑戌未三刑), 자묘삼형(子卯三刑), 진진삼형(辰辰三刑)이 있다. 인사신삼형(寅巳申三刑)이나 축술미삼형(丑戌未三刑)은 두 글자만 만나도 작용한다. 이 살에 해당하면 남을 묶지 않으면 내가 묶이는 형상이므로 판사나 검사, 변호사, 의사, 교육자, 약사 등의 직업으로 나가는 것이 좋다.

1. 인사신삼형(寅巳申三刑) : 지세지형(持勢之刑)

- 권력에 아부하며 세도를 부린다.
- 언행일치가 안되고 불의를 일삼으며 파렴치하다.
- 자신의 힘을 믿고 오만불손하다가 좌절하며, 외롭고 고독하다.
- 노상횡액과 수족부상을 조심해야 한다.

2. 축술미삼형(丑戌未三刑) : 무은지형(無恩之刑)

- 성격이 냉정하고 친구와 은인을 배신한다.
- 알콜중독, 가스중독, 약물중독 등이 따른다.
- 피부나 소화기계통의 질환을 조심해야 한다.

3. 자묘삼형(子卯三刑) : 무례지형(無禮之刑)

- 성격이 난폭하고 예의가 없다.
- 고집이 세고 남의 말을 잘 듣지 않는다.
- 비뇨기계통의 질병을 조심해야 한다.

4. 그외 형살(刑殺) 작용을 하는 것

- 진진(辰辰)은 물이 많기 때문에 형(刑)으로 본다.
- 오오(午午)는 불이 많기 때문에 형(刑)으로 본다.
- 유유(酉酉)는 금이 많기 때문에 형(刑)으로 본다.
- 해해(亥亥)는 물이 많기 때문에 형(刑)으로 본다.

진진(辰辰), 오오(午午), 유유(酉酉), 해해(亥亥)는 해당되는 오행(五行)이 많다는 것 뿐, 작용은 매우 약하니 참고하기 바란다.

❸장. 사주의 구성방법

우주만물은 태양이 없으면 존재할 수 없고, 태양의에너지로 생명을 유지하기 때문에 기후변화에 영향을 받는다. 그러므로 기후의 변화를 알아야 사주(四柱)도 풀이할 수 있다. 일년은 사계절과 12개월로 나뉘어지는데, 그 법칙은 영원불변하며 다음과 같다.

사주(四柱)란 네기둥 여덟글자를 말한다. 년주(年柱)는 출생한 해이고, 월주(月柱)는 출생한 달이고, 일주(日柱)는 출생한 날이고, 시주(時柱)는 출생한 시간이다.

봄	여름	가을	겨울
입춘~입하 전	입하~입추 전	입추~입동 전	입동~입춘 전

월과 절기표

1월(寅)	입춘일에서 경칩일 전까지
2월(卯)	경칩일에서 청명일 전까지
3월(辰)	청명일에서 입하일 전까지
4월(巳)	입하일에서 망종일 전까지
5월(午)	망종일에서 소서일 전까지
6월(未)	소서일에서 입추일 전까지
7월(申)	입추일에서 백로일 전까지
8월(酉)	백로일에서 한로일 전까지
9월(戌)	한로일에서 입동일 전까지
10월(亥)	입동일에서 대설일 전까지
11월(子)	대설일에서 소한일 전까지
12월(丑)	소한일에서 입춘일 전까지

사주의 구성요소

구분 / 사주	기둥	하루	계절	나이	시기	사 물
년	년주	아침	봄	1~15세	유년기	조상, 사회, 직장
월	월주	점심	여름	16~30세	청년기	부모, 형제, 가정
일	일주	저녁	가을	31~45세	장년기	본인, 처
시	시주	밤	겨울	46~60세	노년기	자식

1. 년주(年柱) 정하는 방법

년주(年柱)는 출생한 해의 태세(太歲)를 그대로 적용하면 된다. 예를 들면 을해년(乙亥年)에 태어났으면 을해(乙亥)가 년주(年柱)이고, 병자년(丙子年)에 태어났으면 병자(丙子)가 년주(年柱)가 된다.

일년을 정하는 기준은 입춘부터 그 다음해 입춘까지다. 을해년(乙亥年) 12월 16일 20시에 출생한 사람이라면, 다음해인 병자년(丙子年)의 시작은 입춘인 12월 16일 22시 3분이기 때문에 년주(年柱)는 을해(乙亥)가 된다.

그리고 만일 을해년(乙亥年) 12월 16일 22시 30분에 출생했다면, 입춘이 시작되는 시간인 22시 3분을 지났으므로 다음해의 시작으로 보아, 다음해의 태세(太歲)인 병자(丙子)를 년주(年柱)로 삼는다.

2. 월주(月柱) 정하는 방법

월주(月柱)는 태어난 달의 월건(月建)으로 정하면 된다. 년주(年柱)를 정할 때 입춘을 기준으로 하듯이, 월주(月柱)도 월(月)의 절기를 기준으로 한다.

예를 들면 갑기년(甲己年)이란 태세(太歲)의 천간(天干)이 갑(甲) 또는 기(氣)로 시작되는 해를 말한다. 그러므로 그 해는 1월의 월건(月建)은 병인(丙寅)이고 2월의 월건(月建)은 정묘(丁卯)다.

월간지표

陰曆 \ 節名 \ 年干		甲己年	乙庚年	丙辛年	丁壬年	戊癸年
正月	立春	丙寅	戊寅	庚寅	壬寅	甲寅
二月	驚蟄	丁卯	己卯	辛卯	癸卯	乙卯
三月	清明	戊辰	庚辰	壬辰	甲辰	丙辰
四月	立夏	己巳	辛巳	癸巳	乙巳	丁巳
五月	芒種	庚午	壬午	甲午	丙午	戊午
六月	小暑	辛未	癸未	乙未	丁未	己未
七月	立秋	壬申	甲申	丙申	戊申	庚申
八月	白露	癸酉	乙酉	丁酉	己酉	辛酉
九月	寒露	甲戌	丙戌	戊戌	庚戌	壬戌
十月	立冬	乙亥	丁亥	己亥	辛亥	癸亥
十一月	大雪	丙子	戊子	庚子	壬子	甲子
十二月	小寒	丁丑	己丑	辛丑	癸丑	乙丑

앞에 있는 월간지 조견표를 보는 방법은 다음과 같다. 우선 년간(年干)이 무엇인가를 알아봐야 한다. 예를 들면 년주(年柱)가 경술년(庚戌年)이고 6월이면, 도표 년간(年干)에서 경(庚)이 있는 곳을 찾아보면 둘째 줄에 을경년(乙庚年)이 나온다. 그 을경년(乙庚年)과 왼쪽의 6월이 만나는 곳을 보면 계미(癸未)라고 적혀있을 것이다. 그것이 월건(月建)이다.

그리고 천간(天干)의 합(合)은 월건(月建)과 같다. 그래서 갑(甲)과 기(己), 을(乙)과 경(庚), 병(丙)과 신(辛), 정(丁)과 임(壬), 무(戊)와 계(癸)는 월건(月建)이 같다.

월간지 조견표 없이도 쉽게 찾는 방법은 천간(天干)끼리 합(合)되는 오행(五行)을 생하여 주는 양오행(陽五行)부터 1월(寅)이 시작되는 것이다. 예를 들어 년주(年柱)가 병신년(丙辛年)이면 병(丙)과 신(辛)의 합(合)은 수(水)가 되는데, 수(水)를 생하여 주는 것은 금(金)이고, 금(金)의 양(陽)은 경(庚)이 되니 1월은 경인(庚寅), 2월은 신묘(辛卯), 3월은 임진(壬辰)이 월건(月乾)이 된다. 이렇게 순서대로 붙여 나가다면 월건(月建)을 쉽게 찾을 수 있다.

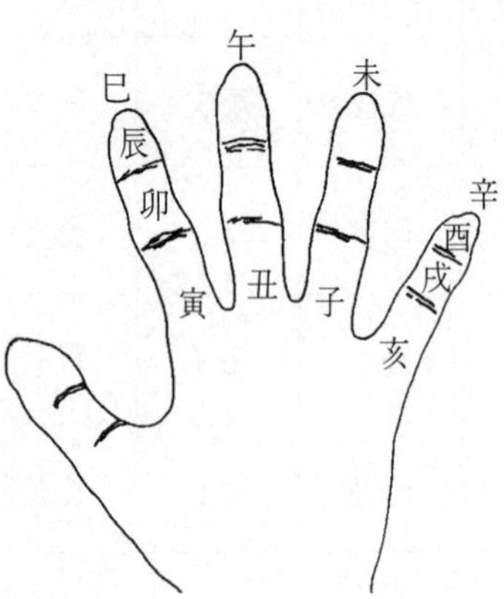

그리고 순서대로 붙여나갈 때 가장 좋은 방법은 왼손을 이용하는 것이다. 지지(地支)의 위치는 변하지 않으며 왼손 엄지 손가락으로 인(寅)에 경(庚), 묘(卯)에 신(辛) 등으로 시계방향으로 짚어가면 쉽게 찾을 수 있다.

시간(時干)을 찾는 방법도 이와 비슷하다. 시간(時干)은 천간(天干)이 합(合)되는 오행(五行)을 극(剋)하는 오행(五行)의 양오행(陽五行)부터 짚어가면 되는데, 월건(月建)은 인월(寅月)부터 시작했지만 시간(時干)은 자시(子時)부터 시작한다.

3. 일주(日柱) 정하는 방법

일주(日柱)는 출생한 날의 일진(日辰)을 말하며, 현재까지 만세력을 보지 않고 알 수 있는 방법은 없다. 만세력에서 출생한 날을 찾아보면 그 날짜 밑에 적혀있는 일진(日辰)이 있는데 그것이 바로 일주(日柱)다.

여기서 주의할 것은 자시(子時)에 출생한 사람의 일주(日柱)는 그 날이 아니라, 다음날의 일진(日辰)이 된다. 왜냐하면 자시(子時)부터 이미 새로운 날이 시작되기 때문이다.

예를 들면 정축년(丁丑年) 2월 1일의 일진(日辰)은 경술(庚戌)이지만, 2월 1일 자시(子時)에 태어났다면 경술(庚戌)이 아니라, 다음날 일진(日辰)인 신해(辛亥)가 일주(日柱)가 된다.

어떤 학자들은 야자시(夜子時)니 정자시(正子時)니 하지만, 자시(子時)부터 새로운 날이 시작되는데 시간은 다음날의 것을 쓰고, 일진(日辰)은 그날 것을 쓴다면 이것은 역학(易學)의 기본을 모르고 하는 소리다.

입춘절에 태세(太歲)가 바뀌는데 만일 야자시(夜子時)의 이론을 따른다면, 태세(太歲)는 바뀌지 않고 월건(月建)만 바뀐다는 결론이 나온다. 그러므로 자시(子時)에 일진(日辰)이 바뀐다는 사실을 받아들이지 않는 것은 어불성설이다. 기(氣)의 흐름이 시(時)부터 바뀌기 때문에 일진(日辰)도 따라서 변하는 것은 당연한 원리며 이치이니, 말도 안되는 엉터리 이론 때문에 혼동하는 일이 없기를 바란다.

4. 시주(時柱) 정하는 방법

사주(四柱)를 정할 때 주의해야 할 점은 우리나라는 현재 일본의 시간을 그대로 적용하고 있다. 정확하게 계산하면 일본보다 32분이 늦다. 그러니 현재의 시간에 32분을 더해야 정확한 시간이 나온다.

그러므로 32분을 더해서 11시 32분부터 자시(子時)가 된다는 것을 잘 이해하고 시간을 정해야 한다. 시주(時柱)는 일간(日干)을 기준으로 찾고, 월주(月柱)를 찾는 방법과 같다. 시지(時支)는 이미 정해져 있기 때문에 시간(時干)만 찾으면 된다.

5. 대운(大運) 정하는 방법

대운(大運)이란 출생한 월(月)을 기준으로 하며 계절의 변화를 말한다. 꽃피는 봄이 지나면 무더운 여름이 오고, 여름이 지나면 낙엽지는 가을이 오고, 가을이 지나면 만물이 잠드는 겨울이 오고, 겨울이 지나면 다시 봄이 오듯이, 인생도 계절이 있으니 그것이 바로 대운(大運)이다.

시간지표

日干 / 時干		甲己日	乙庚日	丙辛日	丁壬日	戊癸日
子時	오후11시 ~오전1시	甲子	丙子	戊子	庚子	壬子
丑時	오전1시 ~오전3시	乙丑	丁丑	己丑	辛丑	癸丑
寅時	오전3시 ~오전5시	丙寅	戊寅	庚寅	壬寅	甲寅
卯時	오전5시 ~오전7시	丁卯	己卯	辛卯	癸卯	乙卯
辰時	오전7시 ~오전9시	戊辰	庚辰	壬辰	甲辰	丙辰
巳時	오전9시 ~오전11시	己巳	辛巳	癸巳	乙巳	丁巳
午時	오전11시 ~오후1시	庚午	壬午	甲午	丙午	戊午
未時	오후1시 ~오후3시	辛未	癸未	乙未	丁未	己未
申時	오후3시 ~오후5시	壬申	甲申	丙申	戊申	庚申
酉時	오후5시 ~오후7시	癸酉	乙酉	丁酉	己酉	辛酉
戌時	오후7시 ~오후9시	甲戌	丙戌	戊戌	庚戌	壬戌
亥時	오후9시 ~오후11시	乙亥	丁亥	己亥	辛亥	癸亥

사주(四柱)는 그 사람의 운명이 어떤가를 아는 기준이 되고, 그 사주(四柱)에 의하여 약속된 운명이 언제 어느 시기에 찾아오는가는 대운(大運)으로 알 수 있다.

사주(四柱)를 자동차나 배에 비유하면, 대운(大運)은 자동차가 달려야할 도로이며 배가 항해하는 바다다. 바다가 맑고 잠잠하면 항해는 순조로울 것이며, 비바람이 몰아치고 파도가 친다면 어려움에 처하게 될 것이다.

이와 마찬가지로 대운(大運)이 좋으면 편안하고, 대운(大運)이 나쁘면 고난과 불행 속에서 일생을 마감하게 된다. 사주(四柱)는 불여대운(不如大運)이라 했으니 사주(四柱)도 중요하지만 대운(大運) 또한 매우 중요하다.

비록 사주(四柱)가 나빠도 대운(大運)이 좋으면 즐거운 인생이 될 수 있고, 사주(四柱)가 아무리 좋아도 대운(大運)이 나쁘면 욕심은 있는데 운이 따라주지 않으니 고생스럽다.

대운(大運)을 정하려면 먼저 출생년의 태세(太歲)의 음양(陰陽)을 알아야 하고, 양남음녀(陽男陰女)를 구분해야 한다. 양(陽)은 남자를 뜻하고 음(陰)은 여자를 뜻한다.

출생년의 태세(太歲)가 양(陽)이면 양남(陽男)은 순행하며 양녀(陽女)는 역행하고, 출생년의 태세(太歲)가 음(陰)이면 음녀(陰女)는 순행하고 음남(陰男)은 역행한다.

다시 말하면 남자는 태세(太歲)가 양년(陽年)이면 순행하고 음년(陰年)이면 역행하며, 여자는 음년(陰年)이면 순행하고 양년(陽年)이면 역행한다.

대운(大運)은 월주(月柱)를 기준으로 하는데 순행이면 월주(月柱)

이후 일위(一位)부터 기록하면 되고, 역행이면 월주(月柱) 전 일위(一位)부터 기록해 나가면 된다.

병자년(丙子年) 임진월(壬辰月)에 출생한 남자는 임진월(壬辰月) 후 일위(一位)부터 순행하므로 계사(癸巳), 갑오(甲午), 을미(乙未), 병신(丙申), 정유(丁酉) 등으로 되고, 여자는 임진월(壬辰月) 전 일위(一位)부터 역행하여 신묘(申卯), 경인(庚寅), 기축(己丑), 무자(戊子) 등으로 된다.

순행은 미래절, 역행은 과거절이라고 하며 대운(大運)은 10년을 주기로 바뀐다. 들어오고 나가는 시기는 대운수(大運數)로 알 수 있다. 대운수(大運數)를 계산하는 방법은 있으나 너무 복잡하므로 만세력에서 찾아서 사용한다.

만세력을 보면 일진(日辰) 밑에 숫자가 있다. 위에 있는 숫자는 남자의 대운수(大運數)이고, 아래있는 숫자는 여자의 대운수(大運數)다. 그리고 숫자 말고 순(旬)이라고 적혀있는 한문이 있는데, 이것은 10대운(大運)을 말하는 것이다.

6. 종합 구성법

사주(四柱)는 년월일시(年月日時)를 오른쪽에서 왼쪽으로 써나가야 한다. 건(乾)은 하늘을 뜻하므로 건명(乾命)은 남자를 말하고, 곤(坤)은 땅을 뜻하므로 곤명(坤命)은 여자를 말한다.

■ 곤명(1997년 2월 28일 9시 23분 출생)

시	일	월	년	60	50	40	30	20	10
甲	丁	甲	丁	庚	己	戊	丁	丙	乙
辰	丑	辰	丑	戌	酉	申	未	午	巳

우선 만세력에서 년주(年柱)와 월주(月柱)와 일주(日柱)를 찾고, 시주(時柱)는 시간지표(69쪽)를 이용한다. 태세(太歲)가 정축(丁丑)이므로 년주(年柱)는 정축(丁丑)이고, 월주(月柱)는 절기가 바뀌는 청명이기 때문에 정확한 시간을 보고 결정한다.

청명의 절입시간(節入時間)이 2시 41분이므로 2월에 태어났어도 청명의 절입시간(節入時間)이 지난 9시 23분이기 때문에 3월의 월건(月建)인 갑진(甲辰)이 월주(月柱)이고, 일주(日柱)는 2월 28일의 일진(日辰)은 정축(丁丑)이니 정축(丁丑)이 일주(日柱)가 된다.

시주(時柱)는 출생시간이 9시 23분으로 사시(巳時)에 해당되는 것 같지만, 현재의 시간을 우리나라 표준시로 고치려면 32분을 더해야 한다. 7시 32분에서 9시 32분까지가 진시(辰時)고, 9시 32분부터 11시 32분까지가 사시(巳時)가 된다.

출생시간이 9시 23분이니 진시(辰時)에 해당되고, 일간(日干)이 정화(丁火)이니 정임일(丁壬日)은 경자시(庚子時)부터 시작된다. 순서대로 짚어보면 갑진시(甲辰時)가 되어 시주(時柱)는 갑진(甲辰)이 된다.

대운(大運)은 여자가 음년(陰年)에 출생했으니 미래절로 월주(月柱) 후 일위(一位)인 을사(乙巳), 병오(丙午), 정미(丁未), 무신(戊

申) 등으로 순행하고, 2월 28일의 일진(日辰)인 정축(丁丑) 아래에 있는 숫자 중 아래숫자가 10이므로 대운수(大運數)는 10이 된다.

■ 건명(1996년 12월 27일 23시 48분 출생)

시	일	월	년		51	41	31	21	11	1
壬	戊	壬	丁		丙	丁	戊	己	庚	辛
子	寅	寅	丑		申	酉	戌	亥	子	丑

년주(年柱)는 태세(太歲)가 병자(丙子)인 것 같지만, 만세력을 자세히 살펴보면 2월 27일이 입춘으로 입절시간(入節時間)이 3시 53분이고, 출생시간은 23시 48분이다. 입절시간(入節時間)이 지났으므로 태세(太歲)는 병자(丙子)가 아니라 다음 태세(太歲)인 정축(丁丑)이 된다.

월주(月柱)도 년주(年柱)와 마찬가지로 출생시간이 입절(入節)을 지났으므로 임인(壬寅)이 되고, 일주(日柱)는 정축(丁丑)인 것 같으나 우리나라 표준시로 보면 3시 32분을 초과하였음으로 정축일(丁丑日)이 아니라, 다음날의 일진(日辰)인 무인일(戊寅日)이 일주(日柱)가 된다.

그리고 시주(時柱)는 자시(子時)이니 무계일(戊癸日)은 임자시(壬子時)부터 시작되므로 임자시(壬子時)가 된다. 대운(大運)은 태세(太歲)가 음년(陰年)이고 남자이므로 과거절이 되고, 대운수(大運數)는 일진(日辰) 밑 위의 숫자인 1이 된다.

7. 지장간(地藏干)

땅 속에 있는 천간(天干)을 지장간(地藏干)이라고 한다. 천간(天干)은 하늘의 기(氣)이고, 지지(地支)는 땅의 기(氣)다. 인간관계는 우선적으로 지장간(地藏干)을 분석해야 된다.

지장간(地藏干)에는 정기(正氣)와 중기(中氣)와 정기(正氣)가 있다. 정기(正氣)는 입절(入節)한 후에도 전월(前月)의 기(氣)가 흐르고 있는 것을 말하고, 중기(中氣)는 정기(正氣)와 정기(正氣)의 중간 기(氣)가 흐르는 것을 말하고, 정기(正氣)는 그 달의 기(氣)가 흐르는 것을 말한다. 일반적으로 정기(正氣)만을 활용하지만 사주(四柱)를 풀이할 때는 정기(正氣), 중기(中氣), 정기(正氣)를 모두 대비해야 잠재되어 있는 운명을 자세하게 알 수 있다. 이것이 바로 지장간(地藏干)의 묘법이다.

그리고 정기(正氣), 중기(中氣), 정기(正氣)를 기간을 정해서 표시하고 있지만 운명을 감정하는데는 별 도움이 되지 않으니 신경쓰지 말고 지장간(地藏干)을 모두 분석해야 한다. 뒤에서 다시 나오지만 지장간(地藏干)을 모르면 사주(四柱)를 세밀하게 풀 수 없다.

寅申巳亥				子午卯酉				辰戌丑未			
	餘氣	中氣	正氣		餘氣	中氣	정기		餘氣	中氣	正氣
寅	戊	丙	甲	子	壬		癸	辰	乙	癸	戊
申	戊	壬	庚	午	丙	己	丁	戌	辛	丁	戊
巳	戊	庚	丙	卯	甲		乙	丑	癸	辛	己
亥	戊	甲	壬	酉	庚		辛	未	丁	乙	己

❹장. 신살의 종류와 작용

1. 건록(建祿)과 암록(暗祿)

日干	甲	乙	丙	丁	戊	己	庚	辛	壬	癸
建祿	寅	卯	巳	午	巳	午	申	酉	亥	子
暗祿	亥	戌	申	未	申	未	巳	辰	寅	丑

건록(建祿)은 정록(正祿) 또는 십간록(十干祿)이라고도 하는데, 의식주의 풍족을 의미하고 관(官)이 임한다고 하여 임관(任官)이라고도 한다. 벼슬에 오른다는 뜻으로 부귀함이 있다.

암록(暗祿)은 건록(建祿)과 육합(六合)하는 지지(地支)로 사주(四柱)에 있으면 항상 재물이 따른다. 이 살이 있으면 재물이 없다가도 생기고, 의외의 귀인을 만나 곤경에서 벗어나며, 남이 모르는 재복이 따르며 인덕이 있다. 일간(日干)을 위주로 살피며 사주(四柱) 어디에 있든 해당된다. 일간(日干)이 병(丙)이고 지지(地支) 어디에 있든지 사(巳)가 있으면 건록(建祿)이 되고, 신(申)이 있으면 암록(暗祿)이 된다.

2. 천을귀인(天乙貴人)

日干	甲	乙	丙	丁	戊	己	庚	辛	壬	癸
天乙貴人	丑未	子申	亥酉	亥酉	丑未	子申	丑未	寅午	巳卯	巳卯

천을귀인(天乙貴人)은 백가지 흉을 물리치고 제거하여 재난이 스스로 물러나며, 만인의 존경을 받게 되는 최고의 길신(吉神)이다. 총명하고 영리하며 주위사람들이 잘 도와준다. 일간(日干)을 위주로 사주(四柱) 어디에 있든 해당된다.

3. 문창귀인(文昌貴人)

日干	甲	乙	丙	丁	戊	己	庚	辛	壬	癸
文昌貴人	巳	午	申	酉	申	酉	亥	子	寅	卯

사주(四柱)에 문창귀인(文昌貴人)이 있으면 총명하고 영리하여 공부를 잘한다. 일간(日干)을 위주로 보며 사주(四柱) 어디에 있든 해당된다.

4. 천덕귀인(天德貴人)과 월덕귀인(月德貴人)

月支	寅	卯	辰	巳	午	未	申	酉	戌	亥	子	丑
天德	丁	辛	壬	辛	亥	甲	癸	寅	丙	乙	巳	庚

月支	寅	卯	辰	巳	午	未	申	酉	戌	亥	子	丑
月德	丙	甲	壬	庚	丙	甲	壬	庚	丙	甲	壬	庚

두가지 모두 길성(吉星)으로 사주(四柱)에 있으면 모든 살을 제거하여 사주(四柱)를 더욱 좋게 만들고, 흉한 사주(四柱)도 흉이 줄어든다. 이 살이 관(官)에 임하면 관운(官運)이 좋고, 인성(印星)에 임하면 부모와 조상덕이 높고, 재성(財星)에 임하면 재물이 풍부하고, 식신(食神)에 임하면 의식주가 좋다. 그러나 형충(刑沖)되면 길조는 사라진다.

월지(月支)를 위주로 보며 천덕귀인(天德貴人)과 간합(干合)하거나 육합(六合)하면 천덕합(天德合)이라 하고, 월덕귀인(月德貴人)과 간합(干合)하면 월덕합(月德合)이라고 한다.

5. 급각살(急脚殺)

월지(月支)를 위주로 보는데 일지(日支)에 있을 때 가장 강하게 작용한다. 이 살이 사주(四柱)에 있으면 떨어지거나 넘어져서 팔다리가 다치고, 살이 왕성하면 소아마비에 걸리거나 절름발이가 되기 쉬우므로 반드시 예방이 필요하다.

月 支	寅卯辰月	巳午未月	辛酉戌月	亥子丑月
急脚殺	亥子	卯未	寅戌	丑辰

6. 고신살(孤神殺)과 과숙살(寡宿殺)

寡宿	方合	孤身	寡宿	方合	孤身
丑	寅卯辰	巳	辰	巳午未	申
未	申酉戌	亥	戌	亥子丑	寅

고신살(孤神殺)과 과숙살(寡宿殺)이 있으면 남녀 모두 독수공방살이라고 하여 배우자로 인하여 고생이 심하고 생사이별한다. 특히 일주(日柱)에 있으면 더욱 강하게 작용한다.

일반적으로 고신살(孤神殺)은 남자에게 해당하고, 과숙살(寡宿殺)은 여자에게 해당하지만 종합해서 보아야 한다. 년지(年支)를 위주로 보는데 방합(方合)의 바로 앞이 과숙살(寡宿殺)이고, 방합(方合)의 바로 뒤가 고신살(孤神殺)이다. 사주(四柱)에 과숙살(寡宿殺)과 화개살(華蓋殺)이 같이 있으면 독신으로 늙거나 중이 될 팔자다.

7. 양인살(羊刃殺)

양인(羊刃)은 글자 그대로 양을 잡는 칼날이다. 순진한 양을 잡는 칼날이니 얼마나 잔인하고 끔찍하겠는가. 양인살(羊刃殺)은 일상생활에서 가장 많이 작용하며 형벌을 맡은 살이다. 강력, 횡폭, 성급

日干	甲	乙	丙	丁	戊	己	庚	辛	壬	癸
羊刃殺	卯	辰	午	未	午	未	酉	戌	子	丑

함 등을 나타내며 사주(四柱)에 이 살이 있으면 파란이 많다. 그러나 드물게 불세출의 괴걸이나 역사적인 열녀, 또는 군인으로 명성을 떨치는 경우도 있다.

양인살(羊刃殺)이 태왕(太旺)하면 성격이 횡폭하고 악사, 타살, 익사, 총사 등을 당한다. 특히 양인살(羊刃殺)이 형충(刑沖)되면 무기에 의한 악사나 타살로 비참하게 죽는 경우가 많다. 그러나 신약(身弱)한 사주(四柱)는 양인살(羊刃殺)이 구세주가 된다.

일간(日干)을 위주로 보며, 사주(四柱)에 이 살이 여러개 있으면 성질이 급하고 안하무인격이다. 관재구설, 극부(剋夫), 극처(剋妻), 타향살이, 큰 수술, 형사, 악사, 타살 등을 당하는 매우 흉한 살이다. 또한 양인살(羊刃殺)은 강렬한 힘을 주므로 그 힘만 믿고 날뛰게 된다. 그러나 불굴의 의지와 기상으로 남에게 지는 것을 싫어하고, 군인이나 경찰 등으로 나가면 좋다.

양인살(羊刃殺)은 편관(偏官)과 인수(印綬)와 함께 있으면 좋다. 편관(偏官)은 장수요 양인(羊刃)은 칼이요 거기에 나를 도와주는 인수(印綬)까지 있으니 생사여탈권의 대권을 잡고 천하를 호령한다.

양인살(羊刃殺)이 형충(刑沖)되면 재물은 없는데 사고가 많이 따른다. 양인살(羊刃殺)이 대운(大運)이나 세운(勢運)에서 충(沖) 또는 합(合)되면 몸에 재해가 생기거나 사고가 발생한다. 여자가 양인살(羊刃殺)이 많으면 음란하고, 일주(日柱)에 양인살(羊刃殺)이 있으면 극부극처(剋夫剋妻)한다.

8. 괴강살

일주(日柱)에 있는 경진(庚辰), 경술(庚戌), 임진(壬辰), 임술(壬戌)은 괴강살이고, 무술(戊戌), 무진(戊辰)도 괴강작용을 하므로 괴강살로 본다. 사주(四柱) 어디에 있어도 괴강살이 되며, 일주(日柱)에 있는 괴강이 가장 강하게 작용한다.

진술(辰戌)은 십이지(十二支) 중 가장 위세와 세력이 강하다. 그러므로 괴강살은 세력이 강할 때는 한없이 강하고, 약할 때는 한없이 약하다. 길흉작용도 마찬가지로 길할 때는 더 길하고, 흉할 때는 더 흉하게 만든다. 괴강살은 이렇게 극과 극을 달리므로 부자가 아니면 찢어지게 가난하지만 인내심이 강하다.

괴강살은 신강(身强)해야 하며 만일 신약(身弱)한 사람에게 있으면 가족들을 달달볶아 못살게 한다. 왜냐하면 괴강살은 활동을 의미하므로 뜻은 높고 할 일은 많은데, 힘이 없어 활동을 못하게 되니 자연 가까이 있는 사람들을 볶아댈 수 밖에 없다.

남자의 사주(四柱)에 괴강살이 있으면 모든 일이 뜻대로 되지 않는 경우도 있지만, 강한 성격과 인내심으로 큰 일을 이루는 사람도 있다. 직업은 경찰이나 수사관, 사법관, 의사 등이 적격이다.

그러나 여자의 사주(四柱)에 있으면 남편에게 납치, 횡사, 구속, 파산 등이 따른다. 또 고집이 세어서 남편을 무시하고 이기려고 하므로 갈등이 많아 결국은 이별하게 된다. 특히 일주(日柱)에 있으면 그 흉함은 말로 표현할 수 없을 정도가 된다.

괴강살은 성격이 강폭하고 맹렬하며 권위와 위엄이 당당하다. 사주(四柱)가 양호하고 일주(日柱)에 괴강살이 있으면 대권을 잡는다.

괴강살이 있는 주(柱)가 형(刑)이나 충(沖)되면 불구자가 되거나 관액이 있을 수 있다. 신강(身强)한데 괴강살이 있으면 재관(財官)이 좋으나, 신약(身弱)하고 괴강살에 재관(財官)이 있으면 재앙이 많고 곤궁하다.

9. 원진살(怨嗔殺)

子見未	丑見午	寅見酉	卯見申	辰見亥	巳見戌

원진살(怨嗔殺)은 주로 부부사이에 풍파를 가져오는 살이다. 이유없이 서로 시기하고 미워하며 권태를 잘 느끼고, 부부생활도 맞지 않는 경향이 있다. 특히 궁합이나 인간관계에 원진살(怨嗔殺)이 끼면 융화되기가 매우 어렵다. 자(子)가 미(未)를 만나거나 미(未)가 자(子)를 만나도 원진살(怨嗔殺)이 되며 사주(四柱) 어디에 있든 해당한다.

10. 귀문관살(鬼門關殺)

子見酉	丑見午	寅見未	卯見申	辰見亥	巳見戌

사주(四柱)에 이 살이 들면 신경쇠약이나 정신이상이 생긴다. 자(子)가 유(酉)를 만나거나 유(酉)가 자(子)를 만나면 귀문관살(鬼門關殺)이 된다. 특히 축오(丑午), 묘신(卯申), 진해(辰亥), 사술(時戌)은 원진살(怨嗔殺)과 함께 작용하기 때문에 더욱 강하다.

11. 고난살(孤鸞殺)

이 살은 여자에게만 해당하는 살이다. 남편이 무능해 생활전선에 뛰어 들거나 남편으로 인하여 평생 고난이 그칠 날이 없다. 갑인일(甲寅日), 을사일(乙巳日), 무신일(戊申日), 신해일(辛亥日)에 태어나면 이 살에 해당한다.

12. 백호대살(白虎大殺)

甲	乙	丙	丁	戊	壬	癸
辰	未	戌	丑	辰	戌	丑

말 그대로 백호에게 물려죽는다는 살이다. 이 살이 사주(四柱)에 있으면 총사, 자살, 횡사, 병사, 객사, 산망사 등이 따르고 피를 토하며 죽는 경우도 있다. 특히 백호대살(白虎大殺)은 해당하는 육신(六神)에게도 작용하는 것이 특징이다. 여자는 부성(夫星)에 이 살이 임하면 남편이 흉사하고, 자성(子星)에 임하면 자식이 흉사하는 등 매우 무서운 살이다.

일간(日干)을 위주로 어느 지지(地支)에 있어도 해당하며 갑진(甲辰), 을미(乙未), 병술(丙戌) 등 기둥 그 자체만으로도 백호대살(白虎大殺)이 된다.

13. 음욕살(淫浴殺)

甲寅日	乙卯日	丁未日	戊戌日	己未日	庚申日	辛卯日	癸丑日

음욕일(淫浴日)에 태어나면 이 살에 해당하는데, 처자식과 인연이 없거나 처자식 때문에 고생한다.

14. 목욕살(沐浴殺)과 홍염살(紅艶殺)

日干	甲	乙	丙	丁	戊	己	庚	辛	壬	癸
沐浴	子	巳	卯	申	卯	申	午	亥	酉	寅
紅艶	午	午	寅	未	辰	辰	戌	酉	子	申

목욕을 하려면 옷을 벗어야 하듯이 섹스도 마찬가지다. 목욕살(沐浴殺)이 있으면 남녀 모두 색정으로 인하여 문제가 발생한다. 그리고 홍염살(紅艶殺)은 남녀 모두 바람을 피운다고 하지만, 이것은 매우 봉건적인 발상이다. 물론 현대에도 바람을 피우는 사람들이 있지만 여성들의 사회참여가 많은 요즘 오히려 활발한 사회활동을 한다고 보는 것이 타당하다. 일간(日干)을 위주로 본다.

15. 십악대패살(十惡大敗殺)

甲	乙	丙	戊	己	庚	辛	壬	癸
辰	巳	申	戌	丑	辰	巳	申	亥

일주(日柱)에 있으면 십악대패살(十惡大敗殺)이 된다. 이 살에 해당하면 인간관계나 재물의 실패가 따른다.

16. 삼재팔난(三災八難)

三災	申子辰	寅午戌	亥卯未	巳酉丑
年支	寅卯辰	申酉戌	巳午未	亥子丑

삼재(三災)는 하늘의 재앙, 사람의 재앙, 땅의 재앙을 말하는 것이고, 팔난(八難)은 인간관계의 어려움을 말한다. 삼재(三災)는 누구에게나 12년에 한번씩 돌아오며, 삼재(三災)가 들면 팔난(八難)을 겪게 된다.

방합(方合)의 첫 글자와 충(沖)되는 자의 삼합(三合)의 띠가 삼재(三災)가 된다. 예를 들어 해자축방합(亥子丑方合)의 해에는 해(亥)와 충(沖)되는 사(巳)의 삼합(三合), 즉 사유축(巳酉丑)의 띠인 뱀띠, 닭띠, 소띠가 삼재(三災)다. 해자축(亥子丑)에서는 해년(亥年)이 들 삼재(三災), 자년(子年) 이 쉴 삼재(三災), 축년(丑年)이 나갈 삼재(三災)다. 년지(年支)를 위주로 본다.

17. 공망(空亡)과 절로공망(截路空亡)

공망(空亡)이란 땅은 있는데 하늘이 없다는 뜻이다. 갑자(甲子)에서 순서대로 진행하다 보면 술(戌)과 해(亥)가 남는데, 이때 술(戌)과 해(亥)는 공망(空亡)이 된다.

공망(空亡)은 땅만 있고 하늘이 없으니 천지가 어둠에 묻힌 암흑의 세계요, 여자는 있어도 남자가 없는 형상이라 꽃을 피울 수 없고 후손을 볼 수 없으니, 사주(四柱)에 공망(空亡)이 있으면 한평생 허송세월한다.

길을 가다가 망망대해를 만났는데 배도 없고, 뒤돌아 가려하니 높은 절벽이 가로막고 있는 형상이 절로공망(截路空亡)이다. 이때 희망과 용기를 잃지말고 배를 구하는 방법을 연구하든지 수영을 배워 고난을 헤쳐나가면 된다. 그러므로 사주(四柱)에서 공망(空亡)은 중요하지 않으니 신경쓰지 않아도 된다.

18. 십이신살(十二神殺)

년지(年支)를 중심으로 보되 일지(日支)를 참고로 한다. 십이신살(十二神殺)은 암기하기가 매우 까다롭다. 다음과 같이 삼합(三合)을 이용하여 간단하게 찾아보는 방법이 있다.

- 삼합(三合)의 첫머리 인(寅)은 지살(地殺)이고,
- 지살(地殺)과 충(沖)되는 신(申)은 역마살(驛馬殺)이고,
- 지살(地殺) 앞에 있는 축(丑)은 천살(天殺)이고,
- 지살(地殺) 뒤에 있는 묘(卯)는 년살(年殺)이다.

- 삼합(三合)의 가운데 있는 오(午)는 장성살(將星殺)이고,
- 장성살(將星殺)과 충(沖)되는 자(子)는 재살(災殺)이고,

십이신살표

十二神殺 \ 年日支	申子辰	巳酉丑	寅午戌	亥卯未
劫 殺	巳	寅	亥	申
災殺, 囚獄殺	午	卯	子	酉
天 殺	未	辰	丑	戌
地 殺	申	巳	寅	亥
年殺, 桃花殺	酉	午	卯	子
月殺, 枯草殺	戌	未	辰	丑
亡身殺	亥	申	巳	寅
將 星	子	酉	午	卯
攀 鞍	丑	戌	未	辰
驛馬殺	寅	亥	申	巳
六害殺	卯	子	酉	午
華蓋殺	辰	丑	戌	未

■ 장성살(將星殺) 앞에 있는 사(巳)는 망신살(亡身殺)이고,
■ 장성살(將星殺) 뒤에 있는 미(未)는 반안살(攀鞍殺)이다.

■ 삼합(三合)의 끝에 있는 술(戌)은 화개살(華蓋殺)이고,
■ 화개살(華蓋殺)과 충(沖)되는 진(辰)은 월살(月殺)이고,
■ 화개살(華蓋殺) 앞에 있는 유(酉)는 육해살(六害殺)이고,
■ 화개살(華蓋殺) 뒤에 있는 해(亥)는 겁살(劫殺)이다.

1. 겁살(劫殺)

겁살(劫殺)은 남에게 정신적으로나 물질적으로 빼앗긴다는 살이다. 도둑을 맞는 일이나 강제로 당하는 일 등이 해당되며 파재, 교통사고, 관재구설, 반항 등이 따른다.

2. 재살(災殺)

감옥에 가는 살로 일명 수옥살(囚獄殺)이라고도 한다. 장성살(將星殺)과 충(沖)하면 재살(災殺)에 해당한다. 명예와 실권을 두고 쟁탈전을 벌이는 형상이므로 납치, 감금, 소송, 구속, 급성질환, 교통사고, 횡사, 혈광사 등이 따른다.

3. 천살(天殺)

천살(天殺)이란 천재지변과 같이 불시에 닥치는 재난으로 슬픔, 죽

음, 관재구설, 수해, 질병 등이 따른다.

4. 지살(地殺)

역마살(驛馬殺)과 작용이 비슷하다. 일이 많고 분주하며 이동과 변화가 심하다. 사주(四柱)에 이 살이 있으면 타향살이를 한다.

5. 년살(年殺)

일명 도화살(桃花殺)이라고도 한다. 이 살에 해당하면 남녀 모두 쾌락만 추구하거나 색정문제로 함정에 빠진다.

6. 월살(月殺)

월살(月殺)이란 창고를 파괴하는 살로 무엇이든지 빠져나간다. 고집살이라고도 하며, 화개살(華蓋殺)과 충(沖)한다. 종교로 인한 문제가 발생한다.

7. 망신살(亡身殺)

말 그대로 망신살이 뻗치는 살로 사업실패, 재물손실, 사기, 도난, 부부 생사이별, 이성으로 인한 망신 등이 발생한다.

8. 장성살(將星殺)

장성(將星)은 장군을 뜻한다. 장군은 자신이 최고라는 생각을 갖고 있기 때문에, 잘난체 하다가 결국 따돌림을 당하고 사람들이 떠나간다. 그러나 이 살이 들면 승진, 권력, 발전 등이 따른다.

9. 반안살(攀鞍殺)

반안(攀鞍)이란 말 위에 있는 안장에 편안하게 앉는다는 뜻이다. 그러므로 이 살이 들면 편안하고 안정되어 만사가 잘 풀린다. 그러나 자칫 잘못하면 말에서 떨어져 낙상할 수도 있다.

10. 역마살(驛馬殺)

지살(地殺)보다 작용은 조금 더 강하지만 비슷하다.

11. 육해살(六害殺)

글자 그대로 여섯가지 해를 당하는 살이다. 사주(四柱)에 이 살이 들면 일생을 신음하거나 절름발이 운으로 흐르며, 대운(大運)이나 세운(勢運)에서 만나면 도난, 관액, 화재 등이 발생한다.

12. 화개살(華蓋殺)

화개살(華蓋殺)이란 진술축미(辰戌丑未)를 말하며 모두 창고에 해당한다. 창고에 가득차 있는 물건을 욕심내다가 수모를 당하게 된다. 또 화개살(華蓋殺)은 신앙을 뜻하기도 하므로 종교와 관계된 일이 발생한다.

❺장. 육신법

사주(四柱)에서 중심은 바로 나(身)이고 나는 일간(日干)이다. 일간(日干)인 나를 중심으로 이 세상에 태어나게 만든 부모가 있고, 나와 동등한 형제와 친구가 있고, 내가 보살펴야할 후손이 있고, 나를 다스리고 지배하는 사람들이 있다.

일간(日干)인 나를 중심으로 가족관계, 대인관계, 사회적 위치, 질병, 건강, 능력, 직업, 행운, 불행 등을 알 수 있도록 역학(易學)의 기본원칙인 음양오행(陰陽五行)을 상생(相生)과 상극(相剋)으로 분류하여 분석하고 해석한 것이 육신법(六神法)이다.

운명은 음양오행(陰陽五行)의 상생상극(相生相剋)에 의해 결정되기 때문에, 상생상극(相生相剋)은 물론 육신법(六神法)을 철저하게 익혀야 한다. 육신(六神)에는 비견(比肩)과 겁재(劫財), 식신(食神)과 상관(傷官), 편재(偏財)와 정재(正財), 편관(偏官)과 정관(正官), 편인(偏印)과 인수(印綬) 등 10가지가 있다.

1. 육신(六神)을 표출하는 방법

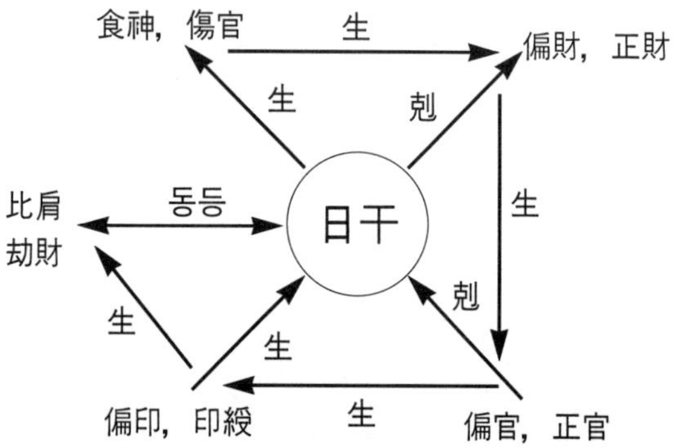

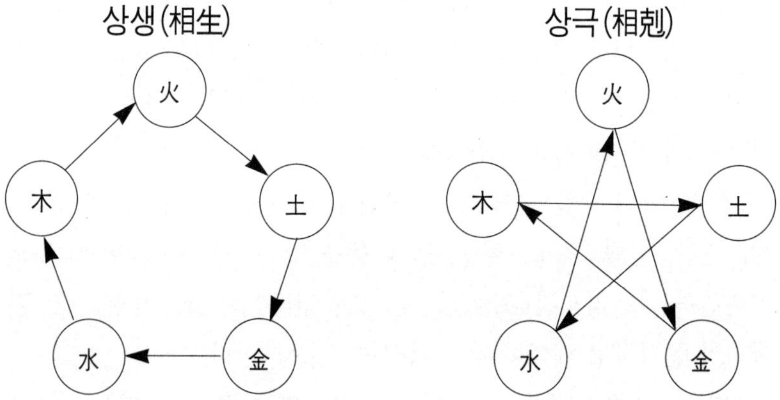

- 비견(比肩) : 일간(日干)과 오행(五行)이 같고 음양(陰陽)도 같은 것.
- 겁재(劫財) : 일간(日干)과 오행(五行)이 같고 음양(陰陽)이 다른 것.
- 식신(食神) : 일간(日干)이 생하고 음양(陰陽)이 같은 것.
- 상관(傷官) : 일간(日干)이 생하고 음양(陰陽)이 다른 것.

- 편재(偏財) : 일간(日干)이 극하고 음양(陰陽)이 같은 것.
- 정재(正財) : 일간(日干)이 극하고 음양(陰陽)이 다른 것.
- 편관(偏官) : 일간(日干)을 극하고 음양(陰陽)이 같은 것.
- 정관(正官) : 일간(日干)을 극하고 음양(陰陽)이 다른 것.
- 편인(偏印) : 일간(日干)을 생하고 음양(陰陽)이 같은 것.
- 인수(印綬) : 일간(日干)을 생하고 음양(陰陽)이 다른 것.

가장 혼동하기 쉬운 부분은 일간(日干)이 생하고, 생을 받고, 극하고, 극을 당하는 부분으로 초보자들만 그런 것이 아니라 일반 역술인들도 겪는 일이다. 그러나 간단하게 정리하면 일간(日干)은 바로 나 자신이니 나를 중심으로 판단하면 된다.

- 나와 같으면 비견겁재(比肩劫財)요,
- 내가 도와주면 식신상관(食神傷官)이요,
- 내가 극하는 상대방은 편재정재(偏財正財)요,
- 나를 도와주면 편인인수(偏印印綬)요,
- 나를 다스리면 편관정관(偏官正官)이다.

지지(地支)에서 육신(六神)을 표출하는 방법은 지장간(地藏干)의 정기(正氣)를 찾아 대비시키면 된다. 그러나 지장간(地藏干)의 정기(正氣)를 일일히 찾아 대조한다는 것은 매우 불편한 일이다. 사오해계(巳午亥癸)만 정기(正氣)를 찾고 나머지는 지지(地支)와 정기(正氣)가 같은 음양(陰陽)이니 그대로 대조해 육신(六神)을 찾는다.

사화(巳火)는 음(陰)이지만 지장간(地藏干)의 정기가 병화(丙火)이

육신표

日干 / 六神	甲日	乙日	丙日	丁日	戊日	己日	庚日	辛日	壬日	癸日
比肩	甲寅	乙卯	丙巳	丁午	戊辰戌	己丑未	庚申	辛酉	壬亥	癸子
劫財	乙卯	甲寅	丁午	丙巳	己丑未	戊辰戌	辛酉	庚申	癸子	壬亥
食神	丙巳	丁午	戊辰戌	己丑未	庚申	辛酉	壬亥	癸子	甲寅	乙卯
傷官	丁午	丙巳	己丑未	戊辰戌	辛酉	庚申	癸子	壬亥	乙卯	甲寅
偏財	戊辰戌	己丑未	庚申	辛酉	壬亥	癸子	甲寅	乙卯	丙巳	丁午
正財	己丑未	戊辰戌	辛酉	庚申	癸子	壬亥	乙卯	甲寅	丁午	丙巳
偏官	庚申	辛酉	壬亥	癸子	甲寅	乙卯	丙巳	丁午	戊辰戌	己丑未
正官	辛酉	庚申	癸子	壬亥	乙卯	甲寅	丁午	丙巳	己丑未	戊辰戌
偏印	壬亥	癸子	甲寅	乙卯	丙巳	丁午	戊辰戌	己丑未	庚申	辛酉
印綬	癸子	壬亥	乙卯	甲寅	丁午	丙巳	己丑未	戊辰戌	辛酉	庚申

기 때문에 양(陽)으로 보고, 오화(午火)는 양(陽)이지만 정기(正氣)가 정화(丁火)이기 때문에 음(陰)으로 본다. 자수(子水)도 마찬가지로 양(陽)이지만 계수(癸水)가 정기정기(正氣)이므로 음(陰)으로 보고, 해수(亥水)는 음(陰)이지만 임수(壬水)가 정기(正氣)이기 때문에 양(陽)으로 본다.

예를 들어 정일간(日干)을 기준으로 각 천간(天干)을 대조하여 육신(六神)을 알아보면 다음과 같다.

- 甲 : 일간(日干)을 생하고 음양(陰陽)이 다르니 인수(印綬)다.
  → 목생화(木生火)
- 乙 : 일간(日干)을 생하고 음양(陰陽)이 같으니 편인(偏印)이다.
  → 목생화(木生火)
- 丙 : 일간(日干)과 오행(五行)이 같고 음양(陰陽)이 다르므로 겁재(劫財)다. → 목생화(木生火)
- 丁 : 일간(日干)과 오행(五行)이 같고 음양(陰陽)이 같으므로 비견(比肩)이다. → 목생화(木生火)
- 戊 : 일간(日干)이 생하고 음양(陰陽)이 다르니 상관(傷官)이다.
  → 화생토(火生土)
- 己 : 일간(日干)이 생하고 음양(陰陽)이 같으니 식신(食神)이다.
  → 화생토(火生土)
- 庚 : 일간(日干)이 극하고 음양(陰陽)이 다르므로 정재(正財)다.
  → 화극금(火剋金)
- 辛 : 일간(日干)이 극하고 음양(陰陽)이 같으므로 편재(偏財)다.
  → 화극금(火剋金)

■ 壬 : 일간(日干)이 극을 당하고 음양(陰陽)이 다르므로 정관(正官)이다. → 수극화(水剋火)

■ 癸 : 일간(日干)이 극을 당하고 음양(陰陽)이 같으므로 편관(偏官)이다. → 수극화(水剋火)

정일간(丁日干)을 기준으로 지지(地支)의 육신(六神)을 알아보면 다음과 같다.

■ 午 : 양(陽)이지만 음(陰)으로 본다고 했으므로 같은 오행(五行)이고, 음양(陰陽)이 같으므로 비견(比肩)이다.

■ 巳 : 음(陰)이지만 양(陽)으로 본다고 했으므로 같은 오행(五行)이고, 음양(陰陽)이 다르므로 겁재(劫財)다.

■ 子 : 양(陽)이지만 음(陰)으로 본다고 했으므로 일간(日干)이 극(剋)을 당하고, 음양(陰陽)이 같으므로 편관(偏官)이다.

■ 亥 : 음(陰)이지만 양(陽)으로 본다고 했으므로 일간(日干)이 극(剋)을 당하고, 음양(陰陽)이 다르므로 정관(正官)이다.

■ 건명(丙辰年 1월 18일 子時生)

시	일	월	년
甲	己	庚	丙
子	亥	寅	辰
정관	|	상관	인수
편재	정재	정관	겁재

■ 곤명(乙巳年 6월 11일 午時生)

시	일	월	년
庚	甲	癸	乙
午	子	未	巳
편관	|	인수	겁재
상관	인수	정재	식신

남자의 일간(日干)은 기토(己土)인데 년간(年干)을 보면 병화(丙火)다. 화(火)는 토(土)를 생하며 음양(陰陽)이 다르므로 인수(印綬)이고, 년지(年支)는 진토(辰土)인데 기토(己土)와 같은 오행(五行)이며 음양(陰陽)이 다르므로 겁재(劫財)다.

월간(月干)은 경금(庚金)인데 토생금(土生金)하므로 내가 생하는 것이며 음양(陰陽)이 다르므로 상관(傷官)이고, 월지(月支)는 인목(寅木)인데 목극토(木剋土)로 내가 당하며 음양(陰陽)이 다르므로 정관(正官)이 된다.

위와 같은 방법으로 순서대로 찾으면 된다. 물론 처음에는 혼동스럽겠지만 육신표(94쪽)을 참고해서 연습하면 충분히 이해할 수 있을 것이다.

육신의 분류와 물상법

六神	남 자	여 자
比肩	형제, 친구, 선배, 경쟁자	자매, 친구, 동서, 남편의 여자
劫財	누이, 이복형제, 사촌, 처의 남자	남자형제, 동서, 남편의 여자
食神	장모, 사위, 손자, 조모, 밥그릇	딸, 조모, 자궁, 유방, 식기, 밥그릇
傷官	조모, 손녀, 조카, 장모	아들, 조모, 자궁, 유방, 식기
偏財	부친, 백부, 첩, 재물, 처남	부친, 시어머니, 백부, 재물
正財	처, 숙부, 재물	시어머니, 숙부, 재물
偏官	아들, 조카	외간남자, 남편의 형제
正官	딸, 질녀, 관직, 직장	남편, 남편의 형제, 관직
偏印	계모, 이모, 조부, 문서	계모, 이모, 조부, 문서
印綬	모친, 장인, 학문, 문서	모친, 사위, 학문, 문서

2. 육신(六神)의 특성

1. 비견(比肩)

비견(比肩)이란 어깨를 나란히 한다는 뜻으로 가정에서는 형제, 사회에서는 친구에 해당한다. 비견(比肩)은 힘을 믿고 기고만장하므로 협동하는 마음이 없고 남의 말을 받아들이지 않는다.

비견(比肩)은 형제로 유산을 같이 나눠가져야 되기 때문에 부담스럽기도 하지만, 외부에서 적이 되는 관살(官殺)이 나를 극할 때는 적을 막아주므로 대단히 좋은 역할을 한다. 다시 말하면 비견(比肩)은 재물이 있으면 재산싸움이 일어나지만, 신약사주(身弱四柱)에게는 힘이 된다는 뜻이다.

비견(比肩)은 극재(剋財)하는 성질이 있다. 재(財)는 부친과 처에 해당하므로 비견(比肩)이 많으면 극부극처(剋父剋妻)한다. 그러므로 남자가 일지(日支)에 비견(比肩)이 놓이면 처와 동등해지므로 처가 말을 잘 듣지 않아 대립과 충동이 일어난다.

한편 여자에게는 비견(比肩)이 남편의 처가 된다. 그러므로 비견(比肩)이 많으면 남편에게 처가 많은 형상이라 남편이 첩을 얻거나 본인이 후처노릇을 한다. 비견(比肩)이나 겁재(劫財)가 많은 사람은 예술인, 개인사업, 샐러리맨 등의 독창적인 직업이 좋다.

2. 겁재(劫財)

비견(比肩)은 움직이지 않는 것이고 겁재(劫財)는 움직이는 것이다. 즉 겁재(劫財)는 활동성을 뜻한다. 겁재(劫財)는 옹고집이라 열심히 노력하지만 손해를 본다. 교만하고 불손하며 투쟁심이 강하고, 때로는 투기와 요행을 바라기도 한다. 겁재(劫財)는 파재(破財)하며 많으면 비견(比肩)처럼 극부극처(剋夫剋妻)한다.

3. 식신(食神)

식신(食神)은 재(財)의 근본으로 옷과 밥그릇에 해당한다. 식신(食神)은 편관(偏官)인 칠살(七殺)을 다스려 나를 보호하기 때문에 수성(壽星)이라고도 한다.

식신(食神)은 생재(生財)하므로 여자관계가 많아 곤욕을 치르기도 한다. 여자에게 식신(食神)이 많으면 호색가이며 과부나 첩이 된다. 식신(食神)이나 상관(傷官)이 형충(刑沖)되면 자궁외 임신이나 제왕절개 수술을 하게 된다.

4. 상관(傷官)

상관(傷官)은 글자 그대로 관(官)을 상하게 하는 것이다. 여자에게 관(官)은 남편이기 때문에 남편이 다치고, 남자에게 관 (官)은 자식이므로 자식이 다친다.

상관(傷官)은 자신을 높히고 남을 우습게 여겨 항상 남을 누르고 올라서려는 기질이 있다. 또 순할 때는 한없이 순하지만 포악해지면 매우 잔인하다. 말은 청산유수이고 머리는 영리하며 예술에 소질이 있어 예술계나 검찰, 안기부 등의 직업에 적합하고, 식상(食傷)은 남에게 베푸는 형상이므로 교육자도 매우 좋다.

그러나 여자가 식상(食傷)이 왕하면 관(官)인 남편을 극하므로 남편과 생사이별하고, 남자가 식상(食傷)이 많으면 역시 관(官)을 극하여 자식이 귀하고 관운(官運)이 없다.

5. 편재(偏財)

편재(偏財)는 투기, 밀수, 도박, 고리대금 등을 뜻하므로 일확천금을 얻지만 금방 파산한다. 즉 금전의 출입이 빈번하다. 신왕사주(身旺四柱)에게 편재(偏財)가 있으면 상업이 적격이고, 남자에게 편재(偏財)가 천간(天干)에만 있으면 술과 여자를 좋아하며, 재물을 가볍게 여기지만 순진하고 인정이 많아 남을 돕는 것을 좋아한다.

신왕사주(身旺四柱)에서 편재(偏財)가 왕성하면 복록이 좋고, 정관(正官)까지 있으면 금상첨화다. 그러나 편재(偏財)가 많으면 편인(偏印)을 극하므로 어머니가 위험하고, 시상편재(時上偏財)에 신왕(身旺)하고 비겁(比劫)이 많으면 대부귀할 명이다.

6. 정재(正財)

정재(正財)는 안정된 수입으로 정당하게 모으는 재물을 뜻하고, 본처에 해당하므로 현모양처를 얻어 복록을 누린다. 그러나 사주(四柱)에 지나치게 많으면 여색으로 인하여 파재(破財)하고, 인수(印綬)인 어머니를 극하므로 어머니를 일찍 잃는다.

이렇게 사주(四柱)의 구성이 나쁘면 아무리 좋은 재물이 있어도 없는 것만 못하다. 일주(日柱)가 약한데 재(財)가 왕하면 재다신약(財多身弱)으로 처에게 가권이 주어지고, 재생관(財生官)하므로 처로 인하여 재난이 생길 수도 있다.

여기에 해당하는 사람은 가정밖에 모르는 타입으로 정직하고 성실하며 세심하다. 그러나 정재(正財)와 편재(偏財)가 혼잡하면 본처

옆에 또 여자가 있으니 애인이 생기고 잘못하면 이혼할 수도 있다. 직업은 안정된 수입이 들어오는 업종을 택하는 것이 좋고, 불규칙한 직업을 선택하면 실패할 확률이 매우 높다.

7. 편관(偏官)

관(官)이란 법칙이나 규칙을 만들어 집행하고 감시하는 기관이다. 정관(正官)은 행정법을 관장하는 기관이고, 편관(偏官)은 형법을 관장하는 기관으로 이해하면 된다. 다시 말하면 정관(正官)은 전통적인 행정공무원으로 보고, 편관(偏官)은 경찰이나 형사로 본다.

경찰은 범죄를 수사하는 과정에서 법을 앞세워 권위를 내세우기도 하고 공포감을 조성해 사건을 처리하지만, 막상 수사가 끝나면 그들을 선도하며 직장을 알선해 주는 등 인정을 베푼다. 이와같은 성격이 편관(偏官)의 특성이다.

요즘은 많이 나아졌지만 얼마전까지만 해도 고문으로 불구가 되거나 죽는 경우가 종종 있었다. 편관(偏官)은 이처럼 나를 치는 것이므로 질병에 시달리고 불구가 되거나 생명을 잃을 수도 있다. 그러나 대성한 사람들 중에는 편관(偏官)이 있는 사주(四柱)가 많다.

직업은 경찰, 군인, 검사, 수사관, 세무공무원 등이 적합하며, 편관(偏官)이 양인살(羊刃殺)이나 괴강살과 함께 있으면 군인으로 공명을 떨친다. 여자가 편관(偏官)이 많으면 남자가 많은 형상으로 결혼을 여러번 하거나 화류계로 나가기 쉽다.

8. 정관(正官)

행정공무원은 법과 질서를 준수하며 모범을 보여야 하듯이 정관(正官)도 이와같은 특성을 갖고 있다. 정관(正官)은 선비스타일로 고지식하지만 착실하고 온화하다.

그러나 사주(四柱)에 정관(正官)이 있다해도 인수(印綬)가 없으면 명리(名利)를 얻기 힘들다. 여자가 정관(正官)만 있는데 재(財)가 있고 형충파해(刑沖破害)가 없으면 남편복이 있지만, 정관(正官)이 형충파해(刑沖破害)되면 빈천한 명이 된다. 직업은 공무원이나 샐러리맨이 좋다.

9. 편인(偏印)

편인(偏印)은 수성(壽星)인 식신(食神)을 극상(剋傷)하므로 도식(倒食)이라고도 한다. 파재, 실권, 질병, 이별, 고독, 색난 등을 의미하므로 사주(四柱)에 편인(偏印)이 많으면 어떤 식으로든 불행이 찾아온다. 또한 편인(偏印)은 권태와 싫증을 빨리 느껴 매사가 용두사미격으로 끝나기 쉽다. 편인(偏印)이 많고 관성(官星)이 없으면 먹고 노는데만 신경쓴다.

인성(印星)은 학문으로 인수(印綬)는 모국어에 해당하고, 편인(偏印)은 외국어에 해당하므로 월지(月支)에 편인(偏印)이 있거나 편인국(偏印局)을 이루면 외국어에 능통하다. 그러나 재(財)가 많으면 인성(印星)을 극하기 때문에 공부와 인연이 없다.

편인(偏印)이 있는 사람이 편인운(偏印運)이 또 오면, 편인(偏印)

은 인장, 증서, 문서 등으로 밥그릇이 없어지는 형상이 되어 수표부도 등 문서상의 문제가 발생한다.

여자가 인성(印星)이 많으면 자식이 귀하다. 인성(印星)은 정신수양에도 해당하므로, 인성(印星)이 있고 관(官)이 없으면 종교가가 되는 경우가 많다. 직업은 학자, 예술가, 의사, 배우, 종교인 등이 좋다.

10. 인수(印綬)

인수(印綬)는 어머니에 해당한다. 어머니가 나를 곱게 입히고 다듬어 주면 흥에 겨워 춤을 추고 노래가 나오듯이 예술성이 있다. 또한 인수(印綬)는 학문에 해당하므로 공부를 많이한 사람은 명예를 중요하게 생각한다. 직업은 교육자, 언론인, 작가, 발명가, 예술가 등이 적합하다.

지금까지 육신(六身)의 종류와 특성에 대해서 살펴보았다. 이 외에도 더 많은 특성이 있지만 이 정도의 개념만 이해하면 충분하다.

❻장. 격국과 용신

1. 십이운성(十二運星)의 종류와 작용

십이운성(十二運星)이란 사람이 태어나서 죽을 때 까지를 12과정으로 나누어, 우주의 순환법칙을 접목시켜 운명에 미치는 영향을 분석하고 대비하는 것이다.

그러므로 천간(天干)이 지지(地支)를 만났을 때 일어나는 왕쇠강약(旺衰强弱)의 현상으로 천간(天干)의 기세를 세밀하게 관찰해야 한다. 어떤 학자들은 적중률이 높다고 하지만 현재는 일부만 활용하고 있으니 참고삼아 알아두기 바란다.

■ 사왕지(四旺地)

가장 강한 기(氣)를 갖고 있으며 제왕(帝旺), 건록(建祿), 관대(冠帶), 목욕(沐浴)이 여기에 해당한다.

■ **사평지(四平地)**

평탄한 과정으로 장생(長生), 양(養), 쇠(衰), 병(病)을 말한다.

■ **사쇠지(四衰地)**

완전히 탈진한 상태로 절(絶), 묘(墓), 사(死), 태(胎)를 말한다.

1. 태(胎) : 중길(中吉)

정자와 난자가 만나 잉태된 상태다. 아직 아무 형태도 갖추지 못한 상태로 운에 있어서도 진전이 없다. 다시 말하면 계획하고 준비하는 단계를 말한다.

2. 양(養) : 길(吉)

잉태된 후 자라고 있는 상태다. 어머니의 뱃 속에서 보호를 받으며 자라고 있으니, 마음이 온순하고 낙천적이어서 어려움에 부딪치면 뒤로 물러서는 경향이 있다.

3. 장생(長生) : 대길(大吉)

주위로부터 축하와 박수를 받으며 세상에 태어난 순간으로 십이운성(十二運星) 중에서도 최고의 길성(吉星)이다. 어려움이 따르지만 좋아진다.

4. 목욕(沐浴) : 중흉(中凶)

태어난 직후 목욕하는 상태다. 목욕은 아기의 기분과 관계없이 이루어지고 고통스럽지만 끝난 후에는 개운하다. 이처럼 길과 흉이 반복해서 나타나므로 성공과 실패가 빈번하다.

5. 관대(冠帶) : 대길(大吉)

목욕을 마친 후 옷을 입고 허리띠를 맨 상태로 깨끗하고 단정하여 남에게 인정받는다. 그동안의 고생은 사라지고 발전을 거듭한다.

6. 건록(建祿) : 대길(大吉)

성장해서 벼슬길에 올라 복록을 쌓아가는 상태다. 이때는 자신감이 생기고 모든 일이 잘 풀려 나날이 번창한다.

7. 제왕(帝旺) : 길(吉)

관(官)에 올라 복록과 세력을 떨치는 상태다. 운에서도 더 이상 바랄 것이 없을 정도로 좋다.

8. 쇠(衰) : 흉(凶)

달도 차면 기울듯이 쇠퇴기에 접어든 상태다. 산전수전 다 겪은 백

십이운성표

日干 / 十二運星	甲日	乙日	丙戊日	丁己日	庚日	辛日	壬日	癸日
絶, 胞	申	酉	亥	子	寅	卯	巳	午
胎	酉	申	子	亥	卯	寅	午	巳
養	戌	未	丑	戌	辰	丑	未	辰
長生	亥	午	寅	酉	巳	子	申	卯
沐浴	子	巳	卯	申	午	亥	酉	寅
冠帶	丑	辰	辰	未	未	戌	戌	丑
建祿 臨官	寅	卯	巳	午	申	酉	亥	子
帝旺	卯	寅	午	巳	酉	申	子	亥
衰	辰	丑	未	辰	戌	未	丑	戌
病	巳	子	申	卯	亥	午	寅	酉
死	午	亥	酉	寅	子	巳	卯	申
墓, 葬	未	戌	戌	丑	丑	辰	辰	未

전노장으로 마음은 있으나 기(氣)가 쇠퇴하여 몸이 따라주지 않으니 용기와 자신감이 없다.

9. 병(病) : 중흉(中凶)

늙어서 병이 든 상태다. 죽음을 기다리는 형상으로 만사가 정상이 아니며, 감상적이고 비관적이다.

10. 사(死) : 대흉(大凶)

죽음을 맞이한 상태다. 호흡과 맥박이 멈췄으니 운에서도 만사가 동결되고 더 이상 아무것도 할 수 없다.

11. 묘(墓) : 대흉(大凶)

무덤 속에 묻힌 상태로 답답하고 허무할 뿐이다.

12. 절(絶) : 대흉(大凶)

완전히 무(無)로 돌아간 상태다. 무(無)에서 유(有)를 얻는다고 하지만 암흑 속에서 무엇을 얻을 수 있다는 말인가.

지금까지 설명한 십이운성(十二運星)은 다음과 같이 적용하는 것이니 참고하기 바란다.

■ 곤명(坤命)

시	일	월	년
辛	甲	壬	壬
未	午	寅	辰
정관	|	편인	편인
정재	상관	비견	편재
묘	사	건록	쇠

일지상관(日支傷官)이 사(死)가 되고, 일지(日支)는 배우자 자리이므로 배우자가 병이 들거나, 아니면 결혼운이 좋지 않거나 매우 허약하다. 왜냐하면 사(死)는 사람이 병들어 죽음을 맞이한 상태이기 때문이다.

일간갑목(日干甲木)은 월지인(月支寅)의 강한 기운을 얻어 신강(身强)해지고, 재물인 편재(偏財)는 쇠(衰)에 해당하고, 정재(正財)는 묘(卯)에 해당하므로 재물복이 없다. 그리고 관성(官星)인 신금(辛金)은 미토(未土) 위에 있어 큰 힘을 받지 못하므로 관운(官運)도 없다.

2. 통근(通根)

통근(通根)이란 뿌리를 내린다는 뜻이다. 그러나 아무 지지(地支)에나 마구잡이로 뿌리를 내릴 수 있는 것은 아니라, 같은 오행(五

天 干	五 行	통근할 수 있는 지지
甲乙	木	寅卯辰亥未
丙丁	火	巳午未寅戌
戊己	土	辰戌丑未寅申巳亥午
庚辛	金	申酉戌巳丑
壬癸	水	亥子丑申辰

行)이 지장간(地藏干)에 있어야 뿌리를 강하고 힘차게 내릴 수 있다. 어떤 학자들은 인성(印星)에도 뿌리를 내린다고 하지만 그 힘은 매우 약하다. 그러므로 같은 오행(五行)에만 뿌리를 내릴 수 있고 작용은 월지(月支)가 가장 강하다.

그리고 통근(通根)은 어느 지지(地支)에서나 같은 오행(五行)만 있으면 가능하지만 충(沖)이나 극(剋)된 지지(地支)에서는 안되고, 통근(通根)하려는 간(干)과 통근(通根)할 수 있는 지지(地支)가 상극(相剋)되면 불가능하다. 이와같이 일간(日干)에서만 하는 것이 아니라 년월일시(年月日時)의 네 천간(天干) 모두 가능하므로, 뿌리를 내린 육신(六神)과 내리지 않은 육신(六神)을 반드시 구별할 줄 알아야 정확한 사주풀이를 할 수 있다.

3. 신강(身强)과 신약(身弱)

신강(身强)과 신약(身弱)은 사주를 풀이하는데 있어서 기초공사가 끝나고 뼈대를 진단하는 과정이다. 뼈대가 튼튼한지 그렇지 않은지를 진단해서 그 위에 올리는 건축물을 계산하는 것과 마찬가지다. 그러므로 신강(身强)과 신약(身弱)을 정확하게 판단해야 그 위에 인생이라는 구조물을 그 사주(四柱)에 맞춰서 멋지고 아름답게 장식할 수 있다.

신강(身强)이란 왕성한 힘과 강력한 지도력으로 다른 육신(六神)들을 제압하고 다스리는 힘을 말한다. 나와 뜻을 같이 하는 비견(比肩)이나 겁재(劫財)가 많거나, 나를 도와주는 편인(偏印)이나 인수(印綬)가 많으면 신강(身强)이 된다.

그리고 신약(身弱)이란 신강(身强)과는 반대로 나와 뜻을 같이하며 도와 주는 것이 다른 육신(六神)보다 적을 때나, 힘은 있는데 나를 제압하는 살성(殺星)인 정관(正官)이나 편관(偏官)이 강하거나, 아니면 나의 힘을 빼앗아가는 식신(食神)이나 상관(傷官)이 많거나 편재(偏財)와 정재(正財)가 많은 경우다.

사주팔자(四柱八字)는 음양(陰陽)과 오행(五行)의 변화와 조화를 보고 운명의 길흉을 판단하기 때문에, 한가지 오행(五行)이 너무 많아도 안되고 어느 오행(五行)이라도 빠지면 안된다. 오행(五行)이 골고루 들어 조화를 이루어야 가장 좋은 사주(四柱)가 된다.

즉 일간(日干)이 너무 강하거나 왕성해도 안되고 너무 쇠약해도 안된다. 일간(日干)이 지나치게 강하면 손재, 손처, 재난 등이 생기고, 지나치게 약하면 질병이나 빈곤 등의 흉운(凶運)을 당한다. 어쨋든 신강(身强)해야 나를 지킬 수 있다. 신약(身弱)하면 재물이 있어도 짊어지고 갈 수 없으니 삶이 고단하고 어렵다.

신강(身强)과 신약(身弱)은 사주풀이의 핵심이 된다. 신강(身强)과 신약(身弱)이 정확해야 나에게 필요한 오행(五行)이 무엇이며, 나를 괴롭히는 오행(五行)이 무엇인지를 찾아 낼 수 있다.

나에게 필요한 오행(五行)이 올 때는 복록이 좋아 재물을 모을 수 있고, 나를 괴롭히는 오행(五行)이 올 때는 온갖 풍파와 재난이 온다. 만일 신강사주(身强四柱)를 신약사주(身弱四柱)로 잘못 파악하면 정반대의 운명감정을 하게 되므로 조목조목 잘 분석해야 한다.

1. 득령(得令)과 실령(失令)

득령(得令)은 일간(日干)이 모체인 월지(月支)에서 기(氣)를 얻었다는 뜻으로, 일간(日干)이 월지장간(月支長干)에서 비견(比肩)이나 겁재(劫財), 또는 편인(偏印)이나 인수(印綬)를 만난 것을 말한다.

월지(月支)는 자궁으로 기(氣)가 다른 지지(地支)보다 3배 정도 더 강하다. 월지(月支)의 기(氣)를 받으면 득령(得令)했다 하고, 그외는 실령(失令)이라 한다. 득령(得令)하면 일간(日干)은 강왕해지고 실령(失令)하면 쇠약해진다.

간혹 실령(失令)과 득령(得令)을 통근(通根)과 혼동하는 경우가 있는데, 실령(失令)과 득령(得令)은 월지(月支)에만 해당하고, 통근(通根)은 어느 지지(地支)에서나 가능하다.

2. 득세(得勢)와 실세(失勢)

득세(得勢)란 비견(比肩), 겁재(劫財), 편인(偏印), 인수(印綬)의 도움을 많이 받아 힘을 얻었다는 뜻이고, 도움이 적은 상태를 실세(失勢)라고 한다. 득세(得勢)하면 일간(日干)이 강왕해지기 때문에 신강사주(身强四柱)가 되고, 실세(失勢)하면 쇠약해지기 때문에 신약사주(身弱四柱)가 된다.

이와같이 통근(通根)도 신강(身强)과 신약(身弱)을 구분하는데 필요하다. 그외에 십이운성법(十二運星法)에 의한 방법도 있지만, 그다지 정확하지 않기 때문에 생략한다.

시	일	월	년
甲	甲	壬	丁
子	戌	寅	未

갑목일간(甲木日干)이 인월(寅月)에 출생했고, 인목(寅木)은 비견(比肩)이므로 일단은 득령(得令)하여 신왕(身旺)하다. 시상(時上)에도 비견(比肩)이 하나 있고, 월간(月干)에는 편인(偏印)이 있고, 시지(時支)에 또 나를 생하여 주는 인수(印綬)가 있으니 매우 왕성한 신강사주(身强四柱)가 되었다.

시	일	월	년
辛	己	庚	甲
未	亥	午	子

기토일간(己土日干)이 오월(午月)에 출생했고, 오화(午火)는 편인(偏印)이므로 일단은 득령(得令)하여 신강(身强)하다. 시지(時支)에 미토비견(未土比肩)이 있어 신강(身强)한 것 같지만, 시상(時上)에 식신(食神)이 있고 월간(月干)에 상관(傷官)이 있어 일간(日干)을

강하게 설기시키고, 일지정재(日支正財)와 년지편재(年支偏財)가 힘을 모아 또 설기시키고, 또 년간갑목(年干甲木)이 강하게 누르니, 비록 월지(月支)에 편인(偏印)이 있어도 설기를 너무 많이 당하여 신강(身强)에서 신약(身弱)으로 돌아섰다.

일반적으로 일간(日干)에서 비견(比肩), 겁재(劫財), 편인(偏印), 인수(印綬)가 사주(四柱)의 반만 차지해도 신강(身强)으로 보지만 세밀하게 분석해서 결정해야 한다. 신강(身强)과 신약(身弱)은 판단할 때 지장간(地藏干)을 보면 혼동스럽기만 하므로 살펴보지 않아도 된다.

신강(身强)과 신약(身弱)을 구별하는 중점은 여덟글자 중 작용이 가장 강한 월지(月支)에 두어야 하고, 천간(天干)보다는 지지(地支)가 작용이 강하다는 것을 명심하면 된다.

그리고 그외에 간합(干合), 육합(六合), 삼합(三合)되어 다른 오행(五行)으로 변하는 것도 참작해야 한다. 그러나 대가(大家)들도 종종 틀리는 경우가 있으니 세심한 주의와 사주(四柱) 전체의 상황을 잘 살펴서 판단해야 한다. 신강(身强)이라고 다 똑같은 신강(身强)이 아니고, 신약(身弱)이라고 다 똑같은 신약(身弱)이 아니다. 신강(身强)과 신약(身弱)이 애매할 때는 지장간(地藏干)을 살펴서 판단한다.

4. 조후(調候)

우주에 존재하는 모든 생명체들이 기후의 조화에 의해 살아가듯이 사주(四柱)도 역시 기후의 조화가 필요하다. 추우면 따뜻하게 해주고 습하면 건조시켜 주어야 하는 것이 조후법(調候法)이다. 그러나 선천운(先天運)에는 잘 맞지만 후천운(後天運)에서는 맞지 않는 경우가 종종 있다. 오행(五行)의 조후(調候)는 다음과 같으니 참고하기 바란다.

- 금(金)과 수(水)는 차갑고,
- 목(木)과 화(火)는 따뜻한데 화(火)는 따뜻하면서도 건조하고,
- 진(辰)과 축(丑)은 습하고,
- 술(戌)과 미(未)는 건조하고,
- 무(戊)와 기(己)는 따뜻함과 차거움의 중간이다.

5. 병약(病藥)

병(病)은 사주(四柱)에서 가장 악역을 맡은 육신(六身)이고, 그 병(病)을 잡아주는 육신(六身)이 약(藥)이다. 사주(四柱)에 병(病)이 없으면 무조건 좋을 것 같지만 병(病)이 있는 사주(四柱)가 약운(藥運)이 오면 크게 발복한다.

6. 정신기(精神氣)

정(精)이란 일간(日干)을 생하여 주는 인성(印星)을 말하고, 신

(神)이란 일간(日干)을 극(剋)하는 편정관(偏正官)을 말하고, 기(氣)는 일간(日干)과 같은 비겁(比劫)을 말한다. 좋은 사주(四柱)는 정신기(精神氣) 중에서 한두가지만 왕성한 것이 아니라, 골고루 충족되어야 힘을 발휘할 수 있다.

7. 유정무정(有情無情)

유정(有情)이란 사주(四柱)에서 육신(六身)이 서로 가까이 있어 협조가 잘 이루어지는 것이고, 무정(無情)은 필요한 육신(六身)이지만 멀리 떨어져 있어 도와줄 수 없는 경우를 말한다.

좋은 사주(四柱)는 희신(喜神)이 가까이 있어 유정(有情)하고, 기신(忌神)은 멀리 떨어져 무정(無情)해야 한다. 만일 희신(喜神)이 멀리 떨어져 무정(無情)하고, 기신(忌神)이 가까이 있어 유정(有情)하다면 만사가 더디고 이루어지기 어렵다.

8. 청탁(淸濁)

청탁(淸濁)은 구별하기가 매우 까다롭기 때문에 각별히 유의해서 살펴야 한다. 사주(四柱)에서 육신(六身)이 서로 협조가 잘 이루어지면 청하다. 그러나 사주(四柱)가 맑고 깨끗하여 매우 좋아도 육신(六身)이 협조가 안되고, 희신(喜神)을 극(剋)하거나 충(沖)하면 탁한 사주(四柱)가 된다. 사주(四柱)가 유정(有情)하고 청(淸)해야 정신기(情神氣)가 잘 이루어져 부귀와 명예를 얻을 수 있다.

9. 통관(通關)

통관(通關)이란 서로 극(剋)하는 두 오행(五行)이 싸우고 있을 때 통하도록 연결시켜 주는 것이다. 그러나 사주(四柱) 내에서는 서로 통관(通關)이 잘 되지만, 들어오는 운에서는 잘 안된다. 특히 통관(通關)해 주는 육신(六神)이 약할 때 이런 현상이 일어난다. 통관(通關)하는 방법은 다음과 같다.

- 재성(財星)과 인성(印星)이 대립하면 관성(官星)이 통관(通關)시킨다.
- 비겁(比劫)과 관성(官星)이 대립하면 인성(印星)이 통관(通關)시킨다.
- 식상(食傷)과 관성(官星)이 대립하면 재성(財星)이 통관(通關)시킨다.
- 식상(食傷)과 인성(印星)이 대립하면 비겁(比劫)이 통관(通關)시킨다.
- 비겁(比劫)과 재성(財星)이 대립하면 식상(食傷)이 통관(通關)시킨다.

10. 격국(格局)

고전파 사주학자(四柱學者)들은 사주(四柱)는 격국(格局)이고, 격국(格局)은 사주(四柱)라는 공식을 앞세워 격국(格局) 위주로 다루고 있다. 격국(格局)을 모르면 사주(四柱)를 말할 수 없고, 용신(用神)을 모르면 사주(四柱)를 감정할 수 없다고 단정하고 있다. 용신

(用神)을 격국(格局)의 꽃이라고 믿는 그들 앞에서 격국(格局)을 모르면서 용신(用神)은 입도 벌릴 수 없기 때문에, 사주(四柱)를 감정하려면 어차피 격국(格局)부터 배워야 한다는 결론이 나온다.

그러나 격국(格局)과 용신(用神)을 공부하기 위해 몇년씩 애쓰지만 결과는 한결같이 오리무중으로 끝나고 만다. 격국(格局)을 배우고도 격국(格局)을 모르겠다는 것이 고전 명리학도(命理學道)들의 솔직한 고백이다.

그렇다면 어째서 격국(格局)은 그토록 어렵기만 한 것인가?

이유는 간단하다. 음양(陰陽)의 조화로 이루어진 격국(格局)의 꽃을, 격국(格局)의 조화로 이루어진 용신(用神)의 꽃으로 잘못 알고 있기 때문이다. 그들도 입으로는 사주(四柱)를 음양오행(陰陽五行)의 조화라고 주장하면서도 실제는 음양오행(陰陽五行)이 아닌 격국(格局)의 눈으로 사주(四柱)를 관찰하니 그런 모순된 결과가 나올 수 밖에 없는 것이다.

진리는 편견으로는 발견할 수 없다. 논리성과 합리성 그리고 실증성을 갖춰야만 성립되고 인정되는 것이다. 사주(四柱)는 처음부터 음양오행(陰陽五行)으로 구성된 오행(五行)의 꽃이기 때문에 음양(陰陽)과 오행(五行)을 올바로 인식해야 한다.

음양(陰陽)과 오행(五行)은 우주와 자연을 구성하고 움직이는 차원 높은 진리다. 그러므로 음양(陰陽)과 오행(五行)의 진리를 모르고 사주(四柱)를 말한다는 것은 잠꼬대같은 소리다. 그러나 기초적인 격국(格局)은 반드시 익혀두어야 한다.

1. 종격(從格)

종격(從格)은 나를 버리고 강한 것을 따라가서 의지하는 것으로 종왕격(從旺格), 종강격(從强格), 종아격(從我格), 종재격(從財格), 종관격(從官格) 등이 있다.

1. 종왕격(從旺格)

일간(日干)이 득령(得令)하며 인성(印星)이 적고 비겁(比劫)이 많은 것을 말하며, 극(剋)하는 것이 없어야 한다. 인성운(印星運)과 비겁운(比劫運)과 식상운(食傷運)은 희신(喜神)이고, 관성운(官星運)과 재성운(財星運)은 기신(忌神)이다.

2. 종강격(從强格)

일간(日干)이 득령(得令)하여 비겁(比劫)이 적고 인성(印星)이 많은 것을 말하며, 극(剋)하는 것이 없어야 한다. 관성운(官星運)과 인성운(印星運)과 비겁운(比劫運)은 희신(喜神)에 해당하며, 재성운(財星運)과 식상운(食傷運)은 기신(忌神)이 된다.

3. 종아격(從我格)

일간(日干)이 인성(印星)이나 비겁(比劫)이 없어 약하고 식상(食傷)이 많은 것을 말하며, 극(剋)하는 것이 없어야 한다. 강한 것을 강하게 하면 더욱 좋으니, 식상(食傷)이 최고의 희신(喜神)이고 다음이 재성(財星)이다. 비겁운(比劫運), 인성운(印星運), 관성운(官星運)은 기신(忌神)이다.

4. 종재격(從財格)

일간(日干)이 인성(印星)이나 비겁(比劫)이 없어 약하고 재(財)가 많은 것을 말하며, 극(剋)하는 것이 없어야 한다. 희신(喜神)은 재성운(財星運)이 가장 좋고 그 다음은 식상운(食傷運)과 관성운(官星運)이 좋다. 비겁운(比劫運)과 인성운(印星運)은 기신(忌神)이다.

5. 종관격(從官格)

일간(日干)이 인성(印星)이나 비겁(比劫)이 없어 약하고, 관(官)이 많으며 극(剋)하는 것이 없어야 한다. 관성(官星)이 많으므로 대귀인격이다. 정관(正官)이 많으면 더욱 좋고, 편관(偏官)이 많으면 종살격(從殺格)이라고도 한다. 관성운(官星運)과 재성운(財星運)이 희신(喜神)이고, 인성운(印星運)과 비겁운(比劫運)과 식상운(食傷運)은 기신(忌神)이다.

2. 전왕격(轉旺格)

전왕격(轉旺格)은 일행득기격(一行得氣格)이라고도 하며, 일간(日干)을 중심으로 한가지 오행(五行)으로 되어 있는 것을 말한다.

1. 곡직인수격(曲直仁壽格)

갑을일간(甲乙日干)이 지지(地支)에 삼합목국(三合木局)이나 동방합(東方合)을 이루고, 금(金)이 없는 경우를 말한다. 성격은 인자하고 교육이나 사회사업 분야로 나가면 크게 명성을 얻을 수 있다.

2. 염상격(炎上格)

병정일간(丙丁日干)이 지지(地支)에 삼합국(三合局)이나 남방합(南方合)을 이루어야 하고, 수(水)가 없고 월지(月支)에 합(合)된 글자가 하나는 있어야 한다.

여기에 해당하면 성격이 불같아 마음의 변화가 심하지만 예의는 반듯하다. 문화사업이나 법조계나 불과 관계된 사업을 하면 크게 명성을 얻을 수 있다. 그러나 수운(水運)이 강하게 들어오면 죽음을 맞는 경우도 있다.

3. 가색격(稼穡格)

무기일간(戊己日干)이 지지(地支)에 진술축미(辰戌丑未)가 3개 이상 있고, 이중에서 하나라도 월지(月支)에 있어야 하며 목(木)이 없어야 한다. 부동산과 관계된 사업이나 법학계로 나가면 명성을 얻을 수 있다.

4. 종혁격(從革格)

경신일간(庚神日干)이 지지(地支)에 삼합금국(三合金局)이나 서방합(西方合)을 이루고, 화(火)가 없으며 월지(月支)에 합(合)된 글자가 하나는 있어야 한다. 통이 크고 의리가 있어 혁명적이며 두려움이 없다. 검찰, 군인, 법관 등 금(金)과 관련된 직업으로 나가면 명성을 얻을 수 있다.

5. 윤하격(潤下格)

임계일간(壬癸日干)이 지지(地支)에 삼합수국(三合水局)이나 북방

합(北方合)을 이루었고, 토(土)가 없으며 월지(月支)에 합(合)된 글자가 하나는 있어야 한다. 영리하고 지혜로우며 남을 돕는 것을 좋아한다. 숫자나 물과 관계된 직업으로 나가면 명성을 얻을 수 있다.

3. 그외의 잡격

1. 시상정관격(時上正官格)

생시(生時)의 간(干)에 정관(正官)이 일위(一位)있는 것을 말한다. 재성(財星)이나 인성(印星)이 있어 생왕하면 귀한 명이 된다. 남자는 똑똑한 자식을 두고 여자는 훌륭한 남편을 만난다.

2. 시상편관격(時上偏官格)

시상(時上)에서 편관(偏官)이 일위(一位)있는 것을 말한다. 신강(身强)해야 하며 양인살(羊刃殺)을 만나거나 형충(刑沖)되어도 상관없다. 정치가, 군인, 사법관 등으로 나가면 명성을 얻을 수 있다.

3. 시상편재격(時上偏財格)

시상(時上)에 편재(偏財)가 일위(一位)있는 것을 말한다. 재성(財星)이 또 있고 비겁(比劫)이 많으며 형충(刑沖)되면 파격(破格)이다. 사주(四柱)의 구성이 양호하면 부와 명예를 동시에 얻을 수 있는 대부귀의 명이다. 정관운(正官運)과 인수운(印綬運)을 만나면 길하고, 비견(比肩), 겁재(劫財), 양인살(羊刃殺), 형충(刑沖) 등이 오면 흉하다.

4. 합화격(合化格)

일간(日干)이 시간(時干)이나 월간(月干)과 간합(干合)하여 변하고, 월지(月支)에 간합(干合)하여 생성된 오행(五行)이 있거나 삼합(三合)된 오행(五行)이 있어야 성립된다.

일간(日干)이 의지할데가 있으면 합(合)이 안된다. 지지(地支)에 합(合)된 오행(五行)이 많으면 화신유려(化神遺餘)라고 하여, 부귀한 명으로 위대한 지도자나 통치자가 될 수 있다. 지지(地支)에 합화(合化)된 오행(五行)이 적을 때는 화신부족(化神不足)이라고 한다. 운에서 생조하고 운에서 생조하는 것이 가장 좋다.

화신(化神)을 극하는 운이 가장 큰 흉이다. 합화격(合化格)은 자세하게 파악해야 알 수 있다. 운명을 감정하다 보면 약 10%정도가 합화격(合化格)을 갖추고 있는데, 그 적중률이 매우 낮아서 일반적인 감정으로 보는 경우가 더 많다는 것을 참고로 말해둔다.

11. 용신(用神)

고전파들이 사주(四柱)에서 찾는 백만불짜리 황금은 용신(用神)이다. 이들은 판에 박은듯이 격국(格局)과 용신(用神)을 위주로 하는 이론을 주장하고 있다.

격국(格局)과 용신(用神)을 제대로 연구하자면 많은 시간이 필요하지만 그렇다고 완성되는 것도 아니다. 이론이 분분하고 갑론을박(甲論乙薄)으로 귀에 걸면 귀걸이 코에 걸면 코걸이식으로 다루는 것이 대부분이라, 초보자들은 물론이고 수십년씩 공부하고도 감정을 하지 못하여 어리둥절하게 하는 일이 태반이다. 모든 사주(四柱)의 격식이 격국(格局)과 용신(用神)을 골자로 삼은지라, 용신(用神)을 모르고서는 대운(大運)이든 세운(勢運)이든 살필 수가 없으니 무슨 짓을 하든 용신(用神) 잡는 법을 알아야 한다.

그러나 몇년씩 애써서 용신법(用神法)을 익히고, 감정에 임하지만 그때부터 헤매기 시작한다. 사주(四柱)가 한눈에 분석되어 감별되지 않고 고작 용신(用神)을 도와주는 운은 좋고, 용신(用神)을 충극(沖剋)하는 운은 나쁘다는 것을 알 뿐이다. 운이 좋다 나쁘다라는 추상적인 결론으로는 운명을 감정할 수 없다. 적어도 언제 무엇이 어떻게 발생하고 변하며, 현 시점은 어떤 상태인가를 속시원하게 알 수 있어야 한다.

그러한 감정원리는 격국(格局)이나 용신(用神)에 있는 것이 아니고, 십간십이지(十干十二支)의 특성과 변화의 법칙에서만 발견될 수 있다. 신사주(新四柱)가 격국(格局)과 용신(用神)을 떠나서 간지(干支)의 특성과 작용에 역점을 두고 중점적으로 다루는 까닭은 바로 여기에 있다.

간단하게 예를 들면 일간(日干)이 강하면 관성(官星)을 용신(用神)으로 잡는다. 그러나 배부른 놈을 힘으로 누른다고 되는 것이 아니다. 배부른 놈은 식상(食傷)이란 운동장으로 끌어내어 운동을 시켜야 소화가 되는 것이다. 이것이 용신법(用神法) 중에서 잘못된 부분 중의 하나다.

그러니 이제부터 용신(用神)에 대한 미련은 버리자. 용신(用神)에 집착하면 할수록 감정은 어려워진다. 용신법(用神法)을 익히는데 들이는 시간을 음양오행(陰陽五行)의 무궁한 조화를 분석하는데 활용해야 한다. 어차피 용신(用神)이란 사주(四柱)에 필요한 오행(五行)의 하나일 뿐이고, 사주(四柱)는 음양오행(陰陽五行)에 의해 구성되었기 때문이다.

필자가 알고 있는 대부분의 역술인들은 용신을 위주로 사주를 풀이하는데, 그들의 한결같은 이야기는 용신을 잡기 어렵다는 것이고, 용신을 잡아도 적중률 70%가 최고로 잘 본다는 것이다. 그러나 70%의 적중률로 타인의 운명을 감정해서는 안된다. 왜냐하면 맞지 않는 30%, 즉 10명이 상담을 했다면 7명은 제길로 갈 수 있으나 30%에 해당하는 3명은 운명을 반대 방향으로 돌려 놓을 수가 있기 때문이다. 실제로 그 30% 때문에 전 재산을 파산하고 암흑속을 헤매는 사람이 많다.

필자는 안타까운 마음에 그 역술인들을 만나보았으나 자신들의 용신론만 내세우며 정당화하는 모습에 더욱더 가슴이 아팠다. 실생활에 맞지 않는 학문, 특히 사람의 운명을 감정하는 학문이 100%가 아닌 70% 정도의 적중률이라면 그 학문은 학문이 아니라 쓸모없는 이론에 불과한 것이다. 적중률이 낮은 이론이나 학문은 과감하게 버릴 줄 아는 자만이 현명한 지혜를 가진 사람이다. 버려야 되는 것을 알면서도 버리지 않는다면 자만과 교만에 빠진 어리석은 사람이다.

필자는 과감하게 말하고 싶다. 100%가 아니라 70% 정도의 적중률이라면 전문 역술인으로서 자격이 부족하다고. 양심있는 역술인이라면 타인의 운명을 인생의 밑바닥으로 내몰기 전에 하루속히 100%의 적중률로 학문을 끌어올리거나 과감하게 직업을 바꾸어야 할 것이다. 만약 계속해서 타인의 운명을 나쁜운으로 유도한다면 천벌을 면하기 어려울 것이다. 타인을 고통 속으로 내몰면서 자신의 배를 채우는 것을 신이 보고만 있겠는가.

사람의 운명을 연구하는 사람들이 명심해야 할 것은 고전파 학자들이 주장하는 용신론으로 타인의 운명을 잘못 감정하면 그 사람도 역시 천벌을 면하기 어려울 것이니, 학문에 자신이 없으면 타인의 운명을 들여다보지 말아야 한다. 그래서 역학을 업으로 삼는다는 것은 자신의 인생은 물론 가족의 인생, 후손들의 인생까지도 담보로 하는 것이다.

독자 여러분들만이라도 절대로 용신을 믿지 말고, 용신론자들과는 대화도 하지 말라고 부탁드리고 싶다. 그들과 대화를 나누다 보면 용신론에 휘말리어 용신론에 의한 사주풀이가 되기 쉬우니까.

적용편

❶장. 음양오행의 세밀한 분석

1. 오행(五行)의 세분화

1. 목(木)의 세분화

목(木)은 동방의 태양이 빛의 날개를 펴면서 발생하는 양(陽)의 기(氣)에서 생성된다. 목(木)은 기(氣)의 형상으로 대기운동이 가속화되면 열이 발생하고, 반대로 운동이 둔화되거나 조화를 상실하면 한냉해지고 바람이 일듯이, 기(氣)가 왕성하면 건강과 체력이 왕성하고, 반대로 기(氣)가 쇠약하고 음양(陰陽)이 조화를 상실하면 중화를 잃어 대기의 압력을 받아 운동장애를 심하게 일으킨다.

신체의 일부가 마비되거나 불구가 되는 경우가 많다. 이를 중풍이라고 하는데 이는 모두가 목기(木氣)의 지나친 상해나 설기, 또는 압박에서 발생하는 기(氣)의 이상현상이다. 화(火)가 너무 많아서 목기(木氣)의 설기가 지나치게 심하거나, 수(水)가 너무 많아 목기(木氣)의 운동이 지나치게 침체되어 압박을 받거나, 금(金)이 많아 목기(木氣)를 지나치게 손상시키면 목기(木氣)는 힘을 잃고 풍기(風氣)로 바뀐다.

1. 강목(强木)

인묘월(寅卯月)의 갑을목(甲乙木)으로 목기(木氣)가 가장 왕성하면 강목(强木)이 된다. 토(土)를 만나면 뿌리를 박고 경작하여 재(財)를 생성하니 성공하고, 금(金)을 만나면 목공을 얻은 재목처럼 가공되어 유능한 인재가 된다.

그러나 화(火)를 만나면 천하장사가 어머니의 젖꼭지를 물고 있는 형상이라 만사가 지체되고 기회를 얻지 못하여 실패하고, 목(木)을 만나면 주인이 둘이니 대립하여 불화하거나 반목한다.

2. 약목(弱木)

실령(失令)하여 의지할데가 없거나, 득령(得令)했지만 식상(食傷)이나 재관(財官)이 지나치게 많으면 약목(弱木)이 된다. 목기(木氣)가 허약한데 수(水)를 만나면 힘이 솟고 윗사람의 도움으로 성공하며, 목(木)을 만나면 친구와 동기간의 부축을 받아 편안하다.

그러나 토(土)를 만나면 환자가 농사가 짓는 형상이니 욕심 때문에 사기를 당해 손재하며, 화(火)를 만나면 허기진 사람이 달리는 형상이니 병이 생기고, 금(金)을 만나면 노약자가 채찍을 맞으며 절벽을 오르는 격이니 병이 더 깊어져 생명이 위태롭다.

3. 부목(浮木)

수(水)가 많고 목(木)이 가벼우면 부목(浮木)이 된다. 토(土)를 만나면 침수되어 착지하니 기름진 땅과 더불어 재물을 모은다. 그러나 금수(金水)를 만나면 정처없이 표류해 타향에서 떠돌거나, 사고무친으로 극처극자(剋妻剋子)하거나 물에 빠져 죽기 쉬우며, 목(木)을 만나면 떠내려 가는 부목(浮木)이 합세되어 더욱 물결이 사나워지고, 화(火)를 만나면 숨을 돌릴 수는 있으나 수극화(水剋火)하여 불이 꺼지니 무용지물이다.

4. 분목(焚木)

화(火)가 많고 수(水)가 없으면 분목(焚木)이 된다. 수(水)를 만나면 화(火)를 다스리니 생기를 회복하여 성공한다. 그러나 토(土)를 만나면 불을 끄니 한숨은 돌리나 흙이 가뭄에 말라버리고, 목(木)을 만나면 화기(火氣)가 충천하니 재난이 더욱 겹치고, 금(金)을 만나면 화(火)를 분산시켜서 재난은 면하지만 몸을 상하기 쉽다.

5. 절목(折木)

토(土)가 많고 수(水)가 없으면 목(木)이 부러져 절목(折木)이 된다. 수(水)를 만나면 생기를 얻어 기름진 땅이 되어 경작할 수 있으니 재물을 모으고, 목(木)을 만나면 힘을 모아 토(土)를 경작하니 소득이 있고 소원을 이룬다.

그러나 화(火)를 만나면 땅이 굳어 말라버리고 목(木)을 설기하니 기진맥진하여 수명이 줄며, 금(金)을 만나면 약한 나무가 도끼를 만난 것처럼 생명이 위태롭다.

6. 단목(斷木)

금(金)이 많으면 목(木)이 잘린다. 수(水)를 만나면 금기(金氣)를 받아 회생시키니 뜻하지 않는 구제의 손길로 병이 완쾌되어 힘차게 발전하고, 화(火)를 만나면 금(金)을 다스려 병을 낫게 하며 이름을 떨치고, 목(木)을 만나면 적지에서 동지를 만난 것처럼 지원을 얻어 출세한다.

그러나 수(水)가 없으면 허약한 몸으로 무리하여 병이 악화되기 쉽고, 토(土)를 만나면 호랑이에게 날개를 단 것처럼 손재를 당하고 몸을 상하기 쉽다.

7. 춘목(春木)

왕한 목(木)이니 화(火)로 설기하여 성장시키고 수(水)로 양분을 공급하며, 토(土)에 뿌리를 내리고 금(金)으로 다듬어주면 천하일품이다. 그러나 토(土)가 두꺼우면 화(火)가 무력해 성장할 수 없으니 싫어한다. 을목(乙木)은 신금(辛金)을 싫어한다.

8. 하목(夏木)

수(水)를 공급해서 갈증을 해갈시키되 옥토(玉土)로 만들면 좋고, 금(金)을 사용해서 가꾸며 수분의 낭비를 막으면 더욱 좋다. 그러나 토(土)가 많으면 수분을 흡수해 목(木)은 갈증에 시달리고, 금(金)이 많으면 목(木)이 상하니 질병, 상해, 실패 등의 재난이 많으며, 목(木)이 많으면 수분을 나누어 먹어야 하니 크게 성장하기 어렵다.

9. 추목(秋木)

가을의 성숙한 목(木)이니 많을수록 가격이 좋고 다각적으로 유용하게 발전한다. 초가을에는 아직 덜 자란 상태이므로 수토(水土)로 성장하게 하고, 가을이 깊어지면 금(金)으로 벌목하고, 늦가을에는 부패를 방지할 수 있는 화(火)가 있으면 더욱 좋다. 그러나 토(土)가 많으면 재다신약(財多身弱)이 되어 욕심을 부리다 손재를 당하기 쉽다.

10. 동목(冬木)

화(火)로 따뜻하게 보살피고 토(土)로 수분을 없애며, 금(金)으로 벌목하여 다듬으면 유능한 인재가 된다. 그러나 동목(冬木)은 수(水)가 있으면 얼거나 썩기 때문에 능력을 발휘할 수 없다.

2. 화(火)의 세분화

화(火)는 태양에 속하며, 남방(南方)의 양(陽)이 쌓여 열이 지나치면 화(火)가 발생한다.

1. 강화(强火)

득령(得令)하고 화(火)가 많은 것을 강화(强火)라고 한다. 토(土)로 재능을 살리면 훌륭한 인재가 되고, 금(金)으로 화(火)를 설기시키면 크게 발전하고, 수(水)로 화(火)를 다스리면 맡은바 책임을 다한다. 그러나 목화(木火)가 더 있으면 불길이 치솟아 모든 것을 태워버려 쓸데없는 재만 남는다.

2. 약화(弱火)

실령(失令)하고 인성(印星)이나 비겁(比劫)이 없거나, 득령(得令)해도 식상(食傷)과 재관(財官)이 많으면 약화(弱火)가 된다. 목화(木火)가 도와주면 크게 성장하지만, 토금수(土金水)로 설기하거나 제화(制化)하면 힘없는 사람에게 짐을 지게 하는 형상이라 아무일도 할 수 없다.

3. 치화(熾火)

강화(强火)에 목(木)이 많아 불길이 치솟는 것이 치화(熾火)다. 금(金)으로 목(木)을 제거하여 기름을 없애면 크게 발전하고, 토수(土水)가 함께 설기하면 재능을 발휘한다.

그러나 수(水)는 수생목(水生木)하여 오히려 화근이 되고, 토(土)로만 설기시키려고 하면 토(土)는 말라서 초토화(焦土化)되므로 무용지물이 된다.

4. 회화(晦火)

토(土)가 많으면 화기(火氣)를 너무 많이 소모해 불이 꺼지므로 회화(晦火)가 된다. 목(木)으로 토(土)를 다스리고 불에 기름을 부어주면 불은 다시 회생하게 되고, 금(金)으로 토(土)를 설기시켜도 화(火)에게는 많은 도움이 된다. 그러나 수(水)로 불을 끄면 생명이 위태롭고, 만일 금(金)이 수(水)를 돕는다면 그 재난은 배가 된다.

5. 식화(熄火)

금(金)이 많으면 화(火)가 금(金)을 감당할 수 없어 오히려 식는다. 재다신약(財多身弱)이니 재물에 눈이 멀어 일확천금만 노리다가 실패한다. 기름인 목(木)으로 도와주고 금기(金氣)를 분산시키면 회생한다.

그러나 토(土)로 화(火)를 설기시키고 금(金)을 도와주는 것을 싫어하기 때문에 화(火)가 와서 힘을 합쳐 다스리는 것을 좋아한다.

6. 춘화(春火)

봄은 나무이니 목생화(木生火)하여 왕성하다. 금(金)을 만나면 재물을 모으며 이름을 떨치고, 수(水)가 있으면 수생목(水生木)이나 목생화(木生火)하여 좋다.

그러나 수(水)가 지나치게 많으면 나무가 습해져서 기름구실을 못하니 되는 일이 없고, 화(火)가 많으면 불길이 지나치게 타올라 감정이 움직이기 쉽고, 토(土)가 많으면 회화(晦火)되어 만사가 막히니 어렵다.

7. 하화(夏火)

여름의 태양이 수천만리를 비추니 권위를 만방에 펼치게 된다. 금(金)을 만나면 실력을 최대한 발휘하여 유능한 인재가 되고, 토수(土水)가 함께 있으면 곡식을 생산하고, 토(土)만 있으면 토(土)가 흩어지니 무용지물이 된다.

8. 추화(秋火)

가을은 금(金)이 왕하니 화(火)로 제련하여 금은보석을 만들어 내므로 매우 좋고, 가을의 화(火)는 약하니 목(木)으로 생조해주면 크게 발전하지만, 토(土)가 많으면 화기(火氣)을 빼앗고 금(金)을 생조하니 무능하여 아무것도 이룰 수 없고, 수(水)를 만나면 불이 꺼지니 생명이 위태롭다. 그리고 금(金)이 많으면 화(火)는 약해지고 금(金)만 강해지므로 상해나 수술 등 몸에 상처를 입기 쉽다.

9. 동화(冬火)

겨울은 수(水)가 왕하니 화(火)는 힘을 쓸 수 없다. 목(木)으로 설기하고 화(火)를 도와주면 다시 회생하며, 토(土)로 수(水)를 다스리면 화(火)는 생기를 찾을 수 있다. 그러나 금(金)을 만나면 금생수(金生水)하여 수(水)를 더욱 강하게 하므로 화(火)는 반드시 재난을 당한다.

3. 토(土)의 세분화

토(土)는 중앙이고 사방에 자리잡고 있으며 개성이 없다.

1. 강토(强土)

토(土)가 득령(得令)하거나 비겁(比劫)이 많으면 강토(强土)가 된다. 수목(水木)으로 옥토(玉土)를 만들어 경작하면 크게 발복하고, 금(金)으로 설기하면 재능을 최대한 발휘한다. 그러나 화(火)를 만나면 흙이 말라버려 무능해지기 때문에 만사가 막힌다.

2. 약토(弱土)

토(土)가 실령(失令)하고 인성(印星)이나 비겁(比劫)이 없으면 약토(弱土)가 된다. 화(火)가 생조해주면 좋으나 수(水)가 많으면 욕심으로 패가망신하고, 금(金)이나 목(木)이 있으면 병든 환자가 달리는 형상이니 고단하다.

3. 초토(焦土)

화(火)가 많으면 초토(焦土)가 된다. 수(水)로 화(火)를 다스리면 생기가 생겨 발전한다. 그러나 목생화(木生火)나 화생토(火生土)하면 더욱 초토화(焦土化)되어 대흉한 명이 되고, 금(金)으로 설기하면 좋으나 수(水)가 없으면 노력의 댓가는 없고, 토(土)를 만나면 더욱더 막힌다.

4. 변토(變土)

금(金)이 많아서 설기가 심하면 토(土)가 무너져 형태가 이그러진다. 화(火)로 금(金)을 다스리고 토(土)를 도와주면 생기를 되찾아 발복하고, 수(水)를 만나면 금(金)을 설기하고 윤토(尹土)하니 전화위복이 된다. 그러나 목(木)을 만나면 토(土)를 극(剋)하니 더욱 이그러지고, 토(土)를 만나면 금(金)을 생조하니 손실이 크다.

5. 경토(傾土)

목(木)이 많으면 흙이 심하게 파헤쳐져 형체가 기울어진다. 금(金)으로 목(木)을 다스리면 명성을 떨치고, 화(火)로 목(木)을 설기하고 토(土)를 생조하면 최대한 실력을 발휘하여 성공한다. 그러나 수목(水木)을 만나면 목(木)을 도와 재난이 겹친다.

6. 류토(流土)

토(土)는 수(水)가 많으면 물에 휩쓸려 떠내려간다. 토(土)로 수(水)를 다스리고 힘을 합치면 생기를 되찾고, 화(火)로 수(水)를 설기하고 토(土)를 생조하면 좋다. 그러나 금(金)으로 생조하는 것을 싫어하고, 목(木)으로 설기하면 설기하는 것보다 극토당하는 것이 더 심각하여 오히려 재난을 당한다.

7. 춘토(春土)

봄은 목왕절(木旺節)이므로 토(土)는 허약하고 무력하다. 화(火)로 통관(通關)하면 좋고, 토(土)로 힘을 합쳐도 좋으며, 금(金)으로 목(木)을 다스리면 병이 없어진다. 그러나 수목(水木)이 있으면 토(土)는 무너져 아무것도 이룰 수 없다.

8. 하토(夏土)

너무 뜨거우므로 수(水)로 화(火)를 다스리고 금(金)으로 수(水)를 생조하면 좋다. 화(火)를 만나면 초토화(焦土化)되어 만사불성이고, 목(木)을 만나면 오히려 화(火)를 생조하니 토(土)가 크게 상한다. 그러나 수(水)가 있으면 옥토(玉土)가 되어 목(木)이 극하는 것을 오히려 기뻐하고 수화(水火)가 없어도 목(木)으로 경작하면 좋다.

9. 추토(秋土)

가을은 금(金)이 왕하고 토(土)는 힘이 없으니 화(火)로 생조하고 연금하는 것을 기뻐하고, 목(木)으로 금(金)을 설기하고 경작하면 좋지만, 금(金)이나 수(水)가 설토하면 일생이 무력해진다.

10. 동토(冬土)

겨울은 수(水)가 왕하고 추우므로 토(土)가 얼어붙어 화(火)를 만나면 생기를 얻어 발복하고, 목(木)을 만나면 토(土)를 개발하여 이름을 떨치며, 토(土)가 와서 힘을 합치면 용기를 내어 활동할 수 있으니 좋다.

그러나 금(金)을 만나면 수(水)를 생조하니 한기를 더해 꺼려하고, 수(水)를 더욱 꽁꽁 얼어붙게 만들어 만사가 불성이고 수명도 짧다.

4. 금(金)의 세분화

1. 강금(强金)

금(金)이 득령(得令)하거나 인성(印星)이나 비겁(比劫)이 많으면 강금(强金)이 된다. 목(木)을 만나면 재능을 최대한 발휘하여 명성을 얻고, 화(火)를 만나면 보석으로 제련되어 대발복하고, 수(水)를 만나면 수재가 되어 유능해진다.

그러나 토(土)를 만나면 금(金)을 생조하므로 가족만 늘어 가난해지고, 금(金)을 만나면 농토는 없는데 농부만 모여드니 한가한 사람이 되어 무위도식하게 된다.

2. 약금(弱金)

실령(失令)하거나 득령(得令)해도 식상(食傷)과 재관(財官)이 지나치게 많으면 약금(弱金)이 된다. 토(土)로 도와주면 생기를 얻어 발복하고, 금(金)을 만나면 용기를 얻어 발전한다.

그러나 목화(木火)를 만나면 환자가 짐을 지고 달리는 형상이라 질병과 손재가 심하고, 수(水)를 만나면 출혈이 심해져서 무능하고 무력한 겁쟁이가 된다.

3. 매금(埋金)

토(土)가 많으면 금(金)은 묻힌다. 목(木)으로 흙을 파헤쳐 금(金)을 구하면 금(金)은 빛을 볼 수 있고, 수(水)로 토(土)의 힘을 설기시켜도 좋고, 금(金)으로 설기하면 다른 사람의 도움으로 성공한다. 그러나 화(火)를 만나면 화생토(火生土)하므로 더욱더 묻혀버리고, 토(土)를 만나면 산 넘어 산이니 고난에서 벗어나기 힘들다.

4. 침금(沈金)

수(水)가 많으면 금(金)은 물 속으로 가라앉는다. 토(土)로 물을 막아주면 기뻐하고, 목(木)으로 설기하는 것도 좋으며, 화(火)를 만나면 물을 증발시키고 금(金)을 따뜻하게 하므로 반갑다. 그러나 금(金)을 만나면 금생수(金生水)하여 더 깊이 잠기고, 수(水)를 만나면 출혈이 더욱 심해지니 무력한 사람이 된다.

5. 흠금(欠金)

목(木)이 많으면 금(金)이 찌그러진다. 큰 나무를 연약한 낫이나 톱으로 자르면 이빨이 빠지듯이 오히려 금(金)이 맥을 못쓴다. 토(土)가 와서 토생금(土生金)하면 생기를 찾고, 화(火)가 와서 연금하고 설기함을 기뻐하고, 금(金)이 와서 목(木)을 다스리고 힘을 합치면 용기백배하여 출세한다. 그러나 수목(水木)이 와서 목(木)을 생조하면 흉신이 날개를 단 것 같아 재난이 겹쳐 무용지물이 된다.

6. 용금(熔金)

화(火)가 많으면 금(金)이 녹기 때문에 무력해진다. 수(水)가 와서 화(火)를 다스리면 이름을 떨치고, 토(土)로 화(火)를 설기하고 금(金)을 생조하면 귀인의 도움으로 출세한다. 그러나 목(木)이나 화(火)를 만나면 강한 화(火)를 돕는 격이라, 적은 많은데 힘이 없어 가난에서 벗어나기 힘들다.

7. 춘금(春金)

목(木)이 왕하고 금(金)은 힘이 없으니 재왕신약(財旺身弱)하다. 정화(丁火)로 연금하면 강금(强金)이 되어 크게 발전하고, 토(土)로 생조하면 금상첨화다.

그러나 금(金)으로 힘을 모을 수 있다면 좋지만 봄의 금(金)은 힘이 없으니 별 도움이 되지 않는다. 수(水)를 만나면 수생목(水生木)하고 금(金)을 설기시키니 금(金)은 더욱 무력해지고, 목(木)을 만나면 환자가 짐을 지는 형상이라 질병과 손재가 발생한다.

8. 하금(夏金)

화(火)가 왕하니 금(金)이 녹는다. 토(土)로 화(火)를 설기하고 토생금(土生金)하는 것이 좋고, 금(金)을 만나면 연금에 의한 재화(財貨)가 늘어나니 발복하고, 수(水)를 만나면 화(火)를 다스리고 금(金)을 도와주니 이름을 떨치고, 토(土)를 겸하면 생금(生金)하니 편안하다.

그러나 목(木)이 생화(生火)하면 금(金)이 견딜 수 없듯이 질병과 상해를 입기 쉽고, 토(土)가 많으면 금(金)이 묻히게 되므로 재능을 발휘할 기회가 없다.

9. 추금(秋金)

가을은 금(金)의 계절이니 화(火)를 얻어 연금되면 크게 발전하여 명성을 드높히고, 목(木)을 만나면 능수능란하여 큰 공을 세우며, 수(水)를 만나면 재능을 아낌없이 발휘한다. 그러나 토금(土金)이 와서 금(金)이 더 강해지면 힘은 있으나 기회를 얻지 못하기 때문에 무용지물이 된다.

10. 동금(冬金)

겨울은 수(水)가 왕하므로 토(土)로 다스리고, 화생토(火生土)하거나 토생금(土生金)하여 크게 발전한다. 그러나 화(火)가 없고 목(木)이 많으면 금(金)이 무딘데 재(財)가 많으니 결단력이 없어 기회를 놓치고, 평생을 노력해도 공은 없으며 재물 때문에 고생이 많고, 수(水)가 많으면 침금(沈金)되니 평생 두각을 나타내기 어려워 그늘 속에서 살아야 하며, 금(金)이 많으면 한냉한 쇠가 덩어리지니 무용지물이 된다.

5. 수(水)의 세분화

북방(北方)의 음(陰)이 쌓이고 극대하여 한이 생기고 한의 화상으로 생긴 것이 수(水)다. 겉은 어둡지만 속은 밝다.

1. 강수(强水)

수(水)가 득령(得令)하고 비겁(比劫)과 인성(印星)이 많으면 강수(强水)가 된다. 화(火)가 있으면 재물을 얻으니 좋고, 토(土)로 다스리면 자기 분수를 알고 행동하여 명성을 얻고, 목(木)을 만나면 재능을 최대한으로 발휘한다. 그러나 금(金)을 만나면 만사가 순조롭지 못하고, 수(水)를 만나면 대인관계가 좋지 않다.

2. 약수(弱水)

수(水)가 실령(失令)하고 비겁(比劫)과 인수(印綬)가 없거나 득령(得令)해도 식상(食傷)이나 재관(財官)이 지나치게 많으면 약수(弱水)가 된다. 금(金)으로 생조하면 귀인의 도움으로 성공하고, 수(水)로 도와주면 꼬였던 일도 풀려 나간다.

그러나 목(木)을 만나면 출혈이 심해 만사가 불성이고, 화(火)를 만나면 재물에 욕심을 부리다가 크게 손해를 보며, 토(土)를 만나면 손재하거나 상해하고 잘못하면 생명까지 위험하다.

3. 체수(滯水)

금(金)이 많으면 수(水)가 흐르지 못하고 막힌다. 화(火)로 금(金)을 다스리면 건강해지고 발전하며, 수(水)가 와서 도와주면 금(金)의 강한 힘으로 일어나 앞으로 나갈 수 있고, 목(木)이 와서 금기(金氣)를 분산시키면 숨통이 열린다. 그러나 토(土)로 금(金)을 도와주면 병은 중하고 약은 없으니 곤란하다.

4. 축수(縮水)

목(木)이 많으면 수(水)가 마른다. 금(金)으로 목(木)을 다스리고 금생수(金生水)하면 귀인의 도움으로 발전하고, 화(火)로 목(木)을 설기하면 건강해진다.

그러나 수(水)로 목(木)을 도와주면 목(木)이 더욱 강해지기 때문에 병은 점점더 깊어져 완쾌하기가 힘들다. 토(土)를 만나면 목(木)을 설기하니 이름이 나고 병을 고치지만, 분수를 지키지 않으면 문제가 생긴다.

5. 만수(滿水)

화(火)가 많으면 물이 끓는다. 금(金)으로 수(水)를 돕고 화(火)를 분산시키면 재물을 모으며 명성도 얻고, 수(水)를 만나면 힘모아 재물을 관리하니 좋다. 그러나 목(木)을 만나면 화(火)를 더욱 강하게 만드니 만사불성이고, 토(土)를 만나면 병은 중하고 돈은 나가기 때문에 크게 고생한다.

6. 오수(傲水)

토(土)가 많으면 수(水)가 흙탕물이 된다. 목(木)으로 토(土)를 다스리면 명성을 떨치고, 금(金)으로 수(水)를 생조하고 토(土)를 설기하면 크게 출세한다.

그러나 수(水)를 만나면 토수(土水)가 서로 싸워 만사가 불화하고 불성된다. 화(火)가 와서 토(土)를 생조하면 토(土)가 날개를 달게 되니 더욱더 곤궁에 빠져 생명까지 위태롭다.

7. 춘수(春水)

토(土)로 댐을 만들어 수(水)를 이용하면 필요한 인재가 되고, 목(木)으로 설기하면 총명하며, 금(金)으로 생수하면 좋으나 반드시 화(火)가 함께 있어야 좋다.

그러나 아직도 찬바람이 불고 있으니 수금(水金)이 많으면 불리하고, 화(火)가 많으면 재다신약(財多身弱)이니 욕심만 생기고 실속은 없으며, 목(木)이 많으면 힘이 부족하니 만사불성이고, 토(土)가 많으면 모든 것이 막혀 애를 먹는다.

8. 하수(夏水)

여름은 화(火)의 계절이라 재왕(財旺)하다. 수(水)는 힘이 부족하니 금(金)으로 생수하고 화(火)를 설기시키면 좋고, 수(水)의 도움을 받으면 동기간의 도움으로 재물을 모을 수 있다.

그러나 목(木)을 만나면 목생화(木生火)로 화(火)가 더욱 왕해지므로 힘들고 파산하게 된다. 화(火)를 만나면 재물 때문에 고통을 당하고, 토(土)를 만나면 손재하고 병이 생긴다.

9. 추수(秋水)

가을은 금(金)의 계절이고 수(水)에게는 인성(印星)의 계절이므로 다재다능하다. 화(火)를 만나면 재물을 모으며 크게 발전하고, 목(木)을 만나면 재능을 발휘하여 이름을 얻어 번영하고, 금(金)을 만나면 물이 더욱 맑아 귀하게 된다.

그러나 토(土)를 만나면 탁한 물이 되어 만사가 막히고, 수(水)를 만나면 물이 범람하므로 속성속패한다.

10. 동수(冬水)

겨울의 한기를 화(火)로 녹여주면 생기가 왕성하여 발복하고, 목(木)으로 유통시키면 재능을 발휘하여 출세하며, 토(土)로 다스리면 분수를 지키니 편안하다. 그러나 금수(金水)를 만나면 더욱 한기가 심해져 불모지로 만사불성이고, 토(土)가 많으면 수토(水土)가 서로 싸우므로 윗사람을 배반하고 은혜를 원수로 갚는다.

2. 오행(五行)의 왕쇠(旺衰)변칙

고전명리학에서는 상생(相生)과 상극(相剋)이 고정되어 있지만 반대의 경우가 많다. 금생수(金生水)가 아니라 수생금(水生金)이 되고, 화생토(火生土)가 아니라 토생화(土生火)가 되고, 목생화(木生火)가 아니라 화생목(火生木)이 되고, 수생목(水生木)이 아니라 목생수(木生水)가 되고, 토생금(土生金)이 아니라 금생토(金生土)가 되는 것이다.

사주(四柱)는 상생상극(相生相剋)과 왕쇠강약(旺衰强弱)을 기준으로 감정하는 생극제화(生剋制化)의 조화이기 때문에 구체적인 사실을 철저하게 분석하고 연구해야 한다.

1. 재생신(財生身)

1. 목생화(木生火) → 금생화(金生火)

목(木)이 지나치게 많으면 불이 잘 타지 않고 꺼져버린다. 이때 금

(金)으로 목(木)을 다스려 장작으로 만든다면 잘 타게 될 것이다. 이때는 목생화(木生火)가 아니라 금생화(金生火)가 된다.

2. 화생토(火生土) → 수생토(水生土)

화(火)가 많으면 초토(焦土)가 되어 타버린다. 비라도 내려 불길을 막으면 토(土)는 다시 회생하여 원래의 기능을 찾는다. 이때 화생토(火生土)가 아니라 수생토(水生土)가 된다.

3. 토생금(土生金) → 목생금(木生金)

토(土)가 많으면 금(金)은 흙 속에 묻혀 빛을 발휘할 수 없다. 재성(財星)인 목(木)으로 흙을 파헤쳐 주면 금(金)은 숨을 쉴 수 있어 생기를 찾는다. 이때 토생금(土生金)이 아니라 목생금(木生金)이다.

4. 금생수(金生水) → 화생수(火生水)

금(金)이 많으면 수(水)는 막힌다. 돌더미로 물길을 막으면 조금씩 새나갈 뿐이다. 수(水)의 재성(財星)인 화(火)로 금(金)을 녹여 다스리면 물은 다시 흐르고 본래의 모습을 찾는다. 이때 금생수(金生水)가 아니라 화생수(火生水)가 된다.

5. 수생목(水生木) → 토생목(土生木)

물이 많으면 나무는 부목(浮木)이 되어 물 위를 떠다니게 된다. 토(土)로 물을 다스리고 목(木)의 뿌리를 토(土)에 정착시키면 목(木)은 생기를 찾는다. 이때 수생목(水生木)이 아니라 토생목(土生木)이 된다.

2. 역생법(逆生法)

1. 목생화(木生火) → 화생목(火生木)

목(木)은 금(金)이 많으면 잘린다. 화(火)로 금(金)을 녹여 다스리면 목(木)은 회생한다. 또 겨울의 목(木)은 꽁꽁 얼게 되는데 화(火)가 와서 추위를 몰아내고 몸을 따뜻하게 해준다. 이때는 목생화(木生火)가 아니라 화생목(火生木)이 된다.

2. 화생토(火生土) → 토생화(土生火)

수(水)가 많으면 화(火)는 꺼진다. 토(土)가 와서 수(水)를 제압하면 화(火)는 다시 살아난다. 이때는 화생토(火生土)가 아니라 토생화(土生火)가 된다.

3. 토생금(土生金) → 금생토(金生土)

목(木)이 많으면 토(土)는 흩어진다. 금(金)이 와서 목(木)을 제압하면 토(土)는 회생한다. 이때는 토생금(土生金)이 아니라 금생토(金生土)가 된다.

4. 금생수(金生水) → 수생금(水生金)

화(火)가 많으면 금(金)은 녹아버린다. 수(水)가 와서 화(火)를 조절하면 금(金)은 회생한다. 이때는 금생수(金生水)가 아니라 수생금(水生金)이 된다.

5. 수생목(水生木) → 목생수(木生水)

토(土)가 많으면 수(水)는 흙으로 흡수된다. 목(木)이 와서 흙을 흩어지게 만들면 수(水)는 다시 숨을 쉬고 활동할 수 있다. 이때는 수생목(水生木)이 아니라 목생수(木生水)가 된다.

3. 역극법(逆剋法)

1. 목극토(木剋土) → 토극목(土剋木)

목극토(木剋土)는 춘목(春木)이 왕할 때 할 수 있다. 토왕절(土旺節)에는 목(木)은 쇠하고 토(土)는 왕하니 약한 목(木)은 강한 토(土)를 다스릴 수 없어 오히려 토(土)의 지배를 받는다.

2. 화극금(火剋金) → 금극화(金剋火)

화왕절(火旺節)에는 금(金)을 다스릴 수 있으나, 금왕절(金旺節)에는 화(火)가 미약하고 금(金)은 힘이 흘러 넘치므로 왕성한 금(金)이 화(火)를 다스릴 수 있다.

3. 토극수(土剋水) → 수극토(水剋土)

진술축미월(辰戌丑未月)의 토(土)는 왕하여 수(水)를 다스릴 수 있지만, 겨울에는 토(土)가 힘이 없고 수(水)는 제 계절을 만난 격이라 수(水)는 약한 토(土)를 다스릴 수 있다.

4. 금극목(金剋木) → 목극금(木剋金)

가을의 금(金)은 목(木)을 다스릴 수 있지만, 봄에는 금(金)이 힘이 없으므로 봄의 왕성한 목(木)이 오히려 약한 금(金)을 다스린다.

5. 수극화(水剋火) → 화극수(火剋水)

겨울인 해자축월(亥子丑月)에는 수(水)가 왕하여 화(火)를 다스릴 수 있지만, 화왕절(火旺節)인 여름에는 수(水)가 힘이 없기 때문에 오히려 화(火)의 지배를 받게 된다.

3. 오행(五行)의 왕쇠강약(旺衰强弱)과 절기

1. 목(木)

인묘진월(寅卯辰月)이 가장 왕성하다. 사오미월(巳午未月)은 화(火)의 계절이라 목(木)이 화(火)에게 설기되어 약하고, 신유술(申酉戌)은 금(金)의 계절이라 목(木)은 가장 쇠약해진다. 해자축월(亥子丑月)은 추운 겨울이지만 수생목(水生木)하므로 왕성하다.

2. 화(火)

여름에 가장 왕성하다. 가을에는 쇠약하며 겨울에는 가장 쇠약해진다. 그러나 봄에는 목생화(木生火)하여 왕성하다.

3. 토(土)

진술축미월(辰戌丑未月)에 가장 왕성하고, 여름에도 화생토(火生土)하여 왕성하다. 그러나 가을과 겨울에는 토생금(土生金)이나 토극수(土剋水)하므로 힘이 설기되어 약하고, 봄에는 목극토(木剋土)를 당하여 가장 쇠약하다.

4. 금(金)

가을에 가장 왕성하고, 진술축미월(辰戌丑未月)에는 토생금(土生金)하여 왕성하다. 그러나 겨울과 봄에는 금생수(金生水)나 금극목(金剋木)하여 기(氣)가 빠지니 쇠약하며, 여름에는 화극금(火剋金)을 당하여 가장 쇠약해진다.

5. 수(水)

겨울에 가장 왕성하고, 가을에도 금생수(金生水)하여 왕성하다. 그러나 봄과 여름에는 수생목(水生木)이나 수극화(水剋火)하여 기(氣)가 빠지므로 쇠약하고, 진술축미월(辰戌丑未月)에는 토극수(土剋水)를 당하니 가장 쇠약해진다.

6. 식상(食傷)이 많으면 인성(印星)과 재(財)로 보호한다.

1. 목생화(木生火)

목생화(木生火)에서 식상(食傷)은 화(火)가 되는데, 화(火)가 많으면 목(木)은 힘을 못쓴다. 이때는 목(木)의 인성(印星)인 수(水)로 화(火)를 제압하든지, 아니면 재성(財星)인 토(土)를 써서 화(火)의 기운을 설기하면 화기(火氣)가 줄어 목(木)이 다시 살아날 수 있다.

2. 화생토(火生土)

화생토(火生土)에서는 토(土)가 식상(食傷)인데, 많으면 화(火)는 아주 쇠약해진다. 이때 화(火)의 인성(印星)인 목(木)으로 토(土)를 제압하든지, 금(金)으로 토기(土氣)를 설기하면 화(火)가 회생한다.

3. 토생금(土生金)

토생금(土生金)에서는 금(金)이 식상(食傷)인데, 많으면 토(土)는 아주 쇠약해진다. 이때는 토(土)의 인성(印星)인 화(火)를 써서 금(金)을 녹이든지, 아니면 토(土)의 재성(財星)인 수(水)로 금(金)을 설기시켜야 토(土)가 회생할 수 있다.

4. 금생수(金生水)

금생수(金生水)에서는 수(水)가 식상(食傷)인데, 너무 많으면 금(金)이 아주 쇠약해진다. 이때 금(金)의 인성토(印星土)로 수(水)를 제압하든지, 금(金)의 재성(財星)인 목(木)으로 수(水)를 설기하면 토(土)가 회생할 수 있다.

5. 수생목(水生木)

수생목(水生木)에서는 목(木)이 식상(食傷)인데, 너무 많으면 수(水)가 말라버린다. 이때는 수(水)의 인성(印星)인 금(金)으로 목(木)을 제압하든지, 수(水)의 재성(財星)인 화(火)로 목(木)을 설기하면 수(水)가 회생할 수 있다.

7. 재(財)가 많으면 인성(印星)으로 보호한다.

1. 목극토(木剋土)

목극토(木剋土)하지만 토(土)가 왕하면 목(木)이 부러진다. 이때는 목(木)의 인성(印星)인 수(水)로 목(木)을 도와주고, 토(土)의 기운을 빼야 된다.

2. 화극금(火剋金)

화극금(火剋金)하지만 금(金)이 많으면 화(火)가 꺼진다. 이때는 목(木)으로 화(火)를 생하여주고, 금(金)을 설기시키면 화(火)가 살아난다.

3. 금극목(金剋木)

금극목(金剋木)하지만 목(木)이 많으면 도끼는 이빨이 빠져 무뎌진다. 이때는 금(金)의 인성토(印星土)로 금(金)을 생하여 주고, 목(木)을 설기시키면 금(金)이 회생한다.

4. 수극화(水剋火)

수극화(水剋火)하지만 화(火)가 많으면 물이 증발된다. 이때는 수(水)의 인성(印星)인 금(金)으로 수(水)를 생하고, 화(火)를 설기시키면 수(水)가 회생한다.

8. 신(身)과 재(財)가 비슷하면 인성(印星)을 쓴다.

나(身)와 재성(財星)이 비슷하면 서로 싸우고, 재성(財星)이 오면 내가 지게 되므로 파산이나 손재가 따른다. 이럴 때는 힘을 길러야 재성(財星)을 감당할 수 있으니 도와주는 인성(印星)이 필요하다.

금극목(金剋木)하는데 금(金)과 목(木)이 비슷하면 서로 싸운다. 앞에서 설명했듯이 목(木)이 극을 당할 때 그냥 당하는 것이 아니라, 끝까지 버티다가 굴복하기 때문에 금(金)도 힘을 다 써버려 기진맥진한 상태다.

금(金)과 목(木)이 비슷해서 서로 싸우면 객이 주인에게 달려드는 형상이므로, 주인인 나를 도와주는 인성(印星)이 필요하고 인성(印星)이 있으면 객을 이길 수 있다. 신(身)이 재(財)를 마음대로 다룰 수 있어야 재물이 모이고 마음도 편안하다. 재(財)가 나와 비슷하면 감당하기 힘들기 때문에 고단하고 정신적인 갈등이 생긴다.

사주(四柱)란 자연의 이치이기 때문에 우리가 생활하는 모습을 그대로를 적용해야지 과장되거나 추상적이면 안된다. 예를 들어 집안에 돈이 많다고 가정했을 때, 돈을 마음대로 움직일 수 있는 힘이 있으면 금고에 넣든지 은행에 예금을 할 텐데, 돈이 무거워 움직일 수 없으면 그냥 방치할 수 밖에 없어 불안하다. 이와같은 원리로 금극목(金剋木)일 때 금(金)은 나 자신이므로 나를 강하게 해주는 인성(印星)인 토(土)가 필요한 것이다.

❷장. 십간론

십간(十干)이란 하늘을 말하며, 하늘은 우주를 안고 있는 무한대의 공간이다. 하늘의 조화에 의해 우주는 변하고, 우주의 변화 속에 만물이 태어나 하늘의 천기(天氣)를 호흡하고, 땅의 지기(地氣)를 섭취하면서 생명을 유지하는 것이다.

땅은 묵묵히 있지만 하늘은 쉴새없이 변하므로 우주의 변화를 알아야 작용을 알고, 사람의 운명을 알 수 있다. 이러한 변화와 작용을 알 수 있는 것이 갑(甲), 을(乙), 병(丙), 정(丁), 무(戊), 기(己), 경(庚), 신(辛), 임(壬), 계(癸)로 구성된 천간(天干)이고, 천간(天干)이 선천운(先天運)을 좌우한다고 해도 과언이 아니다.

물론 지지(地支)인 십이지(十二支)도 중요하지만 먼저 하늘의 이치를 알아야 한다. 그러므로 십간십이지(十干十二支)의 철저한 분석과 이해가 사주(四柱)를 감정하는 최선의 길이다.

1. 갑목(甲木)

1. 갑(甲)과 갑(甲)

갑목(甲木)이 갑목(甲木)을 만나면 큰 나무가 두 그루 서있는 형상이다. 서로 견제하기 때문에 경쟁력은 강하지만 수분을 빼앗기므로 좋아하지 않는다. 그러나 신약사주(身弱四柱)나 경금(庚金), 병정화(丙丁火), 무토(戊土)가 많으면 힘이 부족하기 때문에 필요로 한다.

2. 갑(甲)과 을(乙)

갑목(甲木)이 을목(乙木)을 만나면 갑목(甲木)은 을목(乙木)을 경계하고 미워한다. 갑목(甲木)은 을목(乙木)을 강하게 할 수 있지만, 을목(乙木)은 갑목(甲木)을 강하게 하지 못하고 일방적으로 수분만 빼앗아가니 갑목(甲木)에게는 손실만 있을 뿐 이득이 없다.

재(財)가 많아도 을목(乙木)은 갑목(甲木)에게 힘이 되지 못한다. 그러나 경금칠살(庚金七殺)이 기신(忌神)이 되어 갑목(甲木)을 공격하면, 을목(乙木)이 간합(干合)해서 경금(庚金)을 묶어주므로 이때는 갑목(甲木)이 을목(乙木)을 좋아한다.

3. 갑(甲)과 병(丙)

갑목(甲木)이 병화(丙火)를 만나면 갑목(甲木)은 태양에너지를 이용하여 탄소동화작용을 하듯이, 자신의 재능을 최대한 발휘할 수 있어 재물을 풍부하게 생산할 수 있다. 특히 사주(四柱)에 병화(丙火)가 있으면 병처(丙妻)인 경금칠살(庚金七殺)이 얼씬도 못하므로 무병장수한다. 근면하고 성실하며 공무원 중에 많다.

4. 갑(甲)과 정(丁)

갑목(甲木)이 정화(丁火)를 만나면 갑목(甲木)은 정화(丁火)를 생하기 때문에 정화(丁火)는 덕을 보지만, 갑목(甲木)은 힘만 소모될 뿐 아무 이익이 없다. 작은 불로 온실을 장만하고 생물을 기르는 것은 까다롭고 경비가 많이 들지만 결과는 작은 것과 같은 이치다. 다만 가을과 겨울의 추울 때는 위축되기 때문에 작은 촛불이라도 소중하므로 조금은 반가워한다.

5. 갑(甲)과 무(戊)

갑목(甲木)이 무토(戊土)를 만나면 무토(戊土)는 건조한 흙으로 겨울에는 보온작용을 하므로 갑목(甲木)이 좋아하지만, 수분이 고갈된 건조기에는 싫어한다. 갑목(甲木)은 항상 수분을 흡수해야 하므로 수기(水氣)가 있는 습토(濕土)는 필요하지만 건토(乾土)는 아무런 도움이 되지 않는다.

6. 갑(甲)과 기(己)

갑목(甲木)이 기토(己土)를 만나면 기토(己土)는 기름진 땅이라 영양이 풍부하여 갑목(甲木)이 좋아한다. 그러나 기토(己土)는 갑목(甲木)에게 봉사할 뿐 아무 이득이 없다. 기토(己土) 위에 계수(癸水)가 내리고 병화(丙火) 태양이 뜨면 금상첨화다.

7. 갑(甲)과 경(庚)

갑목(甲木)은 경금(庚金)을 만나야 활동할 수 있지만 정화(丁火)가 연금해주는 것을 조건으로 한다. 정화(丁火)가 없으면 큰 쇳덩어리로 짖이기는 형상이므로 갑목(甲木)은 상처만 날 뿐 아무 소용이 없다. 그러나 정화(丁火)가 있어도 경금(庚金)이 많거나 신금(辛金)과 관살혼잡(官殺混雜)되면 역부족이므로 평생 쫓기는 몸이 되어 고생이 많다.

8. 갑(甲)과 신(辛)

갑목(甲木)이 신금(辛金)을 만나면 신금(辛金)은 갑목(甲木)에게 쐐기역할을 한다. 갑목(甲木)의 몸에 신금(辛金)이 쐐기가 되어 박혀있는 형상이라 갑목(甲木)은 신경이 예민해져 신경성질환이 생긴다. 여자는 신금(辛金)이 정관(正官)이므로 남편 때문에 정신적인 갈등을 겪고 이혼할 수도 있다.

또 신금(辛金)은 태양인 병화(丙火)를 간합(干合)하여 수(水)로 묶어버리니, 갑목(甲木)은 평생 햇빛구경을 못한다. 그러므로 재능이 있어도 발표할 기회가 없어 마음만 답답하다. 신금(辛金)이 있으면 갑목(甲木)은 무용지물이 되기 쉽다.

9. 갑(甲)과 임(壬)

갑목(甲木)이 임수(壬水)를 만나면 물은 생기의 근원이라 좋아한다. 그러나 임수(壬水)는 흐르는 물이라 섭취하려면 움직여야 하기 때문에 고달프고, 임수(壬水)가 많으면 강물이 넘치는 형상이므로 부목(浮木)이 되어 떠돌게 되니 임수(壬水)가 많은 것을 싫어한다.

10. 갑(甲)과 계(癸)

계수(癸水)는 천생수(天生水)로 가만히 앉아서도 섭취할 수 있으니 인덕이 많아 귀인의 도움으로 유능한 인재가 될 수 있다. 그러나 계수(癸水)가 많으면 소나기가 오는데 병화(丙火)인 태양이 뜨지 않아 오랜 장마에 뿌리가 썩는다. 공부는 많이 했기 때문에 지식은 풍부하나 재능을 발휘할 기회가 없고, 이상은 높으나 현실이 따라주지 않는다.

2. 을목(乙木)

1. 을(乙)과 갑(甲)

을목(乙木)은 넝쿨나무로 물이 필요하지만 지나치게 많은 것은 두려워한다. 갑목(甲木)을 만나면 의지해서 물을 흡수하고 높은 곳으로 올라갈 수 있으니 떠내려갈 염려가 없다. 또 높은 곳에서 세상을 내려다 볼 수 있으니 어려울 때는 구원의 손길이 있으며 뜻밖의 도움으로 출세한다.

2. 을(乙)과 을(乙)

을목(乙木)이 을목(乙木)을 만나면 넝쿨나무가 서로 엉킨 형상이라 백해무익하다.

3. 을(乙)과 병(丙)

을목(乙木)이 병화(丙火)를 만나면 곱게 성장하여 재능을 발휘하며 영화를 누린다. 여름에는 갈수기라 병화(丙火)를 두려워 하지만, 계수(癸水)가 있으면 중화를 이루어 좋아한다.

4. 을(乙)과 정(丁)

을목(乙木)이 정화(丁火)를 만나면 을목(乙木)은 정화(丁火)로 설기하므로 흉격이 된다. 병화(丙火)는 태양에너지이기 때문에 편안하게 에너지를 섭취하지만, 정화(丁火)는 석유불로 온도를 조절해야 하므로 비싼 댓가만 지불할 뿐 공이 적다.

5. 을(乙)과 무(戊)

을목(乙木)이 무토(戊土)를 만나면 화초가 화분을 만난 격이다. 높고 튼튼한 자리에 정착했으니 수(水)가 많아도 걱정이 없고, 추위가 와도 걱정이 없는 것과 마찬가지여서 편안하고 안정된 생활을 누릴 수 있다. 그러나 여름에 갈수기가 되면 무토(戊土)는 흩어지므로 불리하다.

6. 을(乙)과 기(己)

을목(乙木)이 기토(己土)를 만나면 화초가 기름진 화단을 만난 격이다. 기토(己土)가 있는데 계수(癸水)가 촉촉히 땅을 적셔주고, 병화(丙火)인 태양이 햇빛을 비추어주면 금상첨화가 되어 부귀영화를 누린다.

7. 을(乙)과 경(庚)

을목(乙木)이 경금(庚金)을 만나면 엄격한 아버지 밑에서 자라는 소녀처럼 자유가 없다. 그러나 병정화(丙丁火)를 만나면 자유를 얻고, 만개하여 결실을 맺으니 영화롭다.

8. 을(乙)과 신(辛)

을목(乙木)이 신금(辛金)을 만나면 넝쿨나무가 가위를 만난 격이다. 평생 기를 못피고 언제 가위에 잘릴지 몰라 위험하다. 병정화(丙丁火)가 있으면 신금(辛金)을 제압하여 편안하게 살 수 있지만, 그렇지 않으면 몸을 다치고 생명까지도 위험에 빠져 아주 흉하다.

9. 을(乙)과 임(壬)

을목(乙木)이 임수(壬水)를 만나면 연못 위에 아름답게 핀 한송이 연꽃과 같아 귀한 운으로 흐른다. 그러나 겨울에는 임수(壬水)가 을목(乙木)을 한냉하게 만들기 때문에 불안하고, 임수(壬水)가 많으면 부목(浮木)이 되므로 임수(壬水)가 많은 것은 질색이다.

10. 을(乙)과 계(癸)

을목(乙木)이 계수(癸水)를 만나면 화초가 단비를 만난 격이다. 하늘의 은혜가 두텁고 평생 물 걱정을 하지 않아도 된다. 그러나 가을과 겨울은 계수(癸水)가 눈이나 서리로 변하므로 두려워한다. 계수(癸水)가 많으면 장마가 되므로 쓸모없다. 이때 기토(己土)가 있으면 뿌리는 내릴 수 있으니 썩을 염려는 하지 않아도 된다.

3. 병화(丙火)

1. 병(丙)과 갑(甲)

병화(丙火)가 갑목(甲木)을 만나면 햇빛이 큰 나무 가지에 가린 격이다. 갑목(甲木)은 햇빛으로 생기를 얻는데 병화(丙火)는 답답할 뿐이다. 갑목(甲木)을 일방적으로 도와주므로 얻는 것은 없고 손해만 본다.

2. 병(丙)과 을(乙)

병화(丙火)가 을목(乙木)을 만나면 태양이 화초에게 에너지만 공급해주는 격이다. 갈수기에 을목(乙木)을 만나면 갈증만 더해지므로 병화(丙火)는 애만 쓰고, 을목(乙木)에게 공없는 소리를 듣는 것처럼 무슨 일이든지 아무리 노력해도 결과가 좋지 못하다.

3. 병(丙)과 병(丙)

병화(丙火)가 병화(丙火)를 만나면 태양이 두개인 격이 되어 반드시 주권싸움이 벌어진다. 겨울에는 병화(丙火)가 허약해 좋지만 여름에는 두개의 태양이 만물을 태워버리니 불리하다.

4. 병(丙)과 정(丁)

병화(丙火)가 정화(丁火)를 만나면 극하기 때문에 백해무익하다. 경신금(庚申金)이나 갑목(甲木)이 많을 경우에는 정화(丁火)가 좋지만 그 외에는 쓸모없다.

5. 병(丙)과 무(戊)

병화(丙火)가 무토(戊土)를 만나면 넓은 광야에 태양이 비치는 격이니 얼마나 아름다운가. 재능을 발휘하고 소원성취 하지만 신약(身弱)하면 설기가 두려우므로 무토(戊土)가 많은 것을 싫어한다.

겨울 병화(丙火)는 임계수(壬癸水)를 두려워 하는데 무토(戊土)가 제거하여 주는 것을 좋아한다. 그러나 여름은 화(火)가 많은데 무토(戊土)를 만나면 생물이 고갈되어 죽는다.

6. 병(丙)과 기(己)

병화(丙火)가 기토(己土)를 만나면 옥토(玉土)에 태양이 비치는 격이니 지상낙원이다. 두뇌가 비상하며 자부심도 강한 대부귀의 사주(四柱)다. 그러나 가을이 지나면 농사철이 지났으므로 태양을 비추는 것은 시간을 낭비하는 쓸데없는 일이 된다.

7. 병(丙)과 경(庚)

병화(丙火)가 경금(庚金)을 만나면 태양이 서리를 녹이는 격이다. 경금(庚金)은 빛을 잃고 병화(丙火)는 설기되므로 노력해도 공이 없고 오히려 손실만 가져온다. 그러나 가을 이후의 태양은 경금(庚金)을 따뜻하게 할 뿐 제압하지는 못한다.

8. 병(丙)과 신(辛)

병화(丙火)가 신금(辛金)을 만나면 태양은 과일이 결실을 맺도록 도와주고, 썩는 것을 막아주므로 노력한 만큼 보람도 크다.

9. 병(丙)과 임(壬)

병화(丙火)가 임수(壬水)를 만나면 잔잔한 호수에 태양이 비치는 격이니 찬란하고 아름답다. 이처럼 병화(丙火)가 임수(壬水)를 만나면 재능을 최대한 발휘하여 명성과 권세를 천하에 떨친다. 병화(丙火)와 임수(壬水)는 수극화(水剋火)가 일어나지 않고, 오히려 병화(丙火)가 임수(壬水)를 조절한다. 어떻게 강물인 임수(壬水)가 하늘로 올라가서 태양인 병화(丙火)를 극하겠는가. 절대로 수극화(水剋火) 작용이 일어나지 않는다.

10. 병(丙)과 계(癸)

병화(丙火)가 계수(癸水)를 만나면 철천지 원수사이가 된다. 태양인 병화(丙火)를 비와 먹구름이 가리고 있으니 아무리 노력해도 공이 없어 답답하고 억울하다. 그러므로 태양의 권위에 도전하는 계수(癸水)를 만나면, 맑은 날 먹구름이 끼고 비가 내리는 것처럼 만사가 어긋나고 손실이 크다.

4. 정화(丁火)

1. 정(丁)과 갑(甲)

정화(丁火)가 갑목(甲木)을 만나면 생기가 충천하여 재능을 최대한 발휘하여 명성을 떨치게 된다. 그러나 갑목(甲木)이 인묘진월(寅卯

辰月)의 생목(生木)이거나, 갑목(甲木)이 많으면 불이 잘 붙지않듯이 애만 쓸 뿐 공이 없다.

2. 정(丁)과 을(乙)

정화(丁火)가 을목(乙木)을 만나면 보지않는 것만 못하다.

3. 정(丁)과 병(丙)

정화(丁火)가 병화(丙火)를 만나면 대낮에 달이 뜬 격이니, 빛을 잃어 무시당하고 재능을 발휘할 수 없다. 아무리 노력하고 몸부림쳐도 소용없고, 억울한 누명을 써도 할말이 없다. 정화(丁火)와 병화(丙火)는 서로 강하게 해주는 작용이 전혀 없다. 궁합도 좋지 않고 형제나 친구에게도 배신당한다.

4. 정(丁)과 정(丁)

정화(丁火)가 정화(丁火)를 만나면 촛불을 두개 켜둔 격이니, 겉으로는 아름다워 보이지만 기름이 빨리 소모되므로 수명이 단축되고, 만사가 수포로 돌아가기 쉽다.

5. 정(丁)과 무(戊)

정화(丁火)가 무토(戊土)를 만나면 불씨가 화로를 얻은 격이다. 화로는 화기(火氣)를 오래 보존하듯이 재능을 오랫동안 발휘한다. 특히 계수(癸水)는 정화(丁火)의 원수지만, 무토(戊土)가 무계합(戊癸合)하여 묶어주므로 건강에도 별 지장이 없다.

6. 정(丁)과 기(己)

정화(丁火)가 기토(己土)를 만나면 습토(濕土)에 등불을 비치는 격이니 에너지만 소모되고 공이 없다. 기토(己土)가 계수(癸水)를 충극(沖剋)하여 제거해 줄 것 같지만, 기토(己土)와 계수(癸水)는 서로 섞여 습기를 만들어 제살(制殺)이 불가능하고 조살당한다.

7. 정(丁)과 경(庚)

정화(丁火)가 경금(庚金)을 만나면 용광로가 금은보석을 만드는 격이니 재능을 최대한 발휘한다. 그러나 경금(庚金)도 많으면 불을 꺼지게 하므로 노력은 하지만 헛수고가 되고, 욕심 때문에 큰 재난을 불러올 수도 있다.

8. 정(丁)과 신(辛)

정화(丁火)가 신금(辛金)을 만나면 금은보석을 용광로에 다시 넣어 녹이는 격이니, 다된 밥에 재를 뿌리는 것과 같다. 재물이 모이면 흩어지고 투자를 하면 손해가 생긴다. 시작은 있지만 성사되는 일이 없다.

9. 정(丁)과 임(壬)

정화(丁火)가 임수(壬水)를 만나면 별이 맑은 호수에 비치는 격이다. 총명하고 다정하지만 지나치게 낭만적인 성격과 주색으로 패가망신할 수 있다. 가을의 정화(丁火)는 가을의 정서에 따라 움직이므로 남녀간에 색정이 무르익어 문제가 발생한다.

10. 정(丁)과 계(癸)

정화(丁火)가 계수(癸水)를 만나면 꽃이 피기도 전에 서리를 만난 격이니, 노력만 할 뿐 이루어지는 것이 없고, 평생을 불안과 초조 속에서 각박하게 살아간다. 시비와 갈등 속에 마음이 편할 날이 없고, 정신적 고통과 안질 등으로 시련이 많다.

5. 무토(戊土)

1. 무(戊)와 갑(甲)

무토(戊土)가 갑목(甲木)을 만나면 서로 극(剋)하지만 작용력은 작다. 무토(戊土)에 수기(水氣)가 없으면 흙이 흩어지는 형상이 되어 정신이 흩어지고 몸이 고단하며, 무토(戊土)가 강하고 수기(水氣)가 있으면 갑목(甲木)을 경작하여 만금을 얻으므로 권위와 명성을 떨치게 된다.

2. 무(戊)와 을(乙)

무토(戊土)가 을목(乙木)을 만나면 화분에 화초를 가꾸는 것처럼 공이 나타나고 보람을 느낀다. 그러나 목(木)은 반드시 수기(水氣)가 있어야 하므로 사주(四柱)에 수(水)가 없으면 공이 없다. 무토(戊土)가 을목(乙木)을 극(剋)한다.

3. 무(戊)와 병(丙)

무토(戊土)가 병화(丙火)를 만나면 생기를 얻어 재능을 발휘한다. 토(土)는 태양과 물을 먹고 사는 것이니 무토(戊土)는 반드시 사주(四柱)에 물이 있어야 한다.

특히 병화(丙火)가 있는데 물이 없으면 무토(戊土)는 초토화(焦土化)되어 만물이 죽으니 만사를 실패한다. 임수(壬水)와 갑목(甲木)이 있으면 금상첨화다. 왜냐하면 무토(戊土)로 임수(壬水)를 막아 댐을 만들고, 그 둑에다 나무를 심고 태양이 비치니 청평호수같은 멋진 유원지가 되기 때문이다.

4. 무(戊)와 정(丁)

무토(戊土)가 정화(丁火)를 만나면 화로에 불을 담은 격이니, 무토(戊土)로서는 일방적으로 봉사만 할 뿐 정화(丁火)의 도움을 받지 못한다. 무토(戊土)에 수(水)가 없으면 정화(丁火)를 두려워 하고, 갑목(甲木)이 기신(忌神)이면 설기하여 화생토(火生土)하니 좋다.

경신금(庚辛金)이 많으면 정화(丁火)가 다스려주므로 매우 유용하게 된다.

5. 무(戊)와 무(戊)

무토(戊土)가 무토(戊土)를 만나면 신약(身弱)일 때는 도움이 되지만, 목(木)이나 금(金)이 없으면 첩첩산중이니 만사가 이루어지지 않는다.

6. 무(戊)와 기(己)

무토(戊土)가 기토(己土)를 만나면 둑이 농토를 지키는 격이니 일방적인 봉사가 되지만, 신약(身弱)하면 기토(己土)가 필요하다.

7. 무(戊)와 경(庚)

무토(戊土)가 경금(庚金)을 만나 강해지면 재능을 발휘하여 만금을 모을 수 있지만, 토수(土水)가 있어야 한다. 그러나 무토(戊土)가 약하면 설기되는 것을 싫어하고, 경금(庚金)은 병의 근원이기 때문에 매우 꺼린다.

8. 무(戊)와 신(辛)

무토(戊土)가 신금(辛金)을 만나 강해지면 재능을 최대한 발휘한다. 그러나 무토(戊土)가 약하거나 물이 없으면 무너진다. 특히 대운(大運)에서 만나면 크게 패한다.

9. 무(戊)와 임(壬)

무토(戊土)가 임수(壬水)를 만나면 둑이 강물을 막아 호수를 만드는 격이다. 성실하고 근면하여 소원을 이루고, 재능을 마음껏 발휘할 수 있다. 그러나 신약(身弱)하면 강물에 휩쓸려 무너지니 평생 멍에와 짐을 벗기 힘들다.

10. 무(戊)와 계(癸)

무토(戊土)가 계수(癸水)를 만나면 태산에 비가 내리는 격이고, 을목(乙木)과 병화(丙火)가 있으면 금상첨화다. 그러나 가을과 겨울에는 계수(癸水)가 눈과 서리가 되어 한냉하니 만물이 얼어붙는다.

6. 기토(己土)

1. 기(己)와 갑(甲)

기토(己土)가 갑목(甲木)을 만나면 갑기간합(甲己干合)이 되어 꽉 묶인 격이니, 기토(己土)는 힘을 못쓰고 정신이 흩어진다. 수분이 없으면 기토(己土)가 갑을목(甲乙木)을 두려워 하고, 수분이 있으면 갑을목(甲乙木)을 생해준다.

신강(身强)하면 갑목(甲木)이 기토(己土)를 소통하여 다스려주므로 생기가 넘치고, 정직과 성실로 명성을 얻는다. 신약(身弱)하거나 갑을목(甲乙木)이 혼잡하거나, 아니면 갑목(甲木)이 많으면 환자가 짐을 지고 있는 형상이라 빈천한 인생이 된다.

2. 기(己)와 을(乙)

기토(己土)가 을목(乙木)을 만나면 화단에 꽃이 핀 격이니, 재능을 충분히 발휘하여 명성을 얻는다. 그러나 목(木)이 지나치게 많으면 수분의 소모가 많아 영양부족이 된다.

3. 기(己)와 병(丙)

기토(己土)가 병화(丙火)를 만나면 천적관계가 된다. 태양을 얻은 옥토(玉土)인 것 같지만 병화(丙火)가 기토(己土)의 수분을 말려버리니, 재능이 있어도 발휘할 수 없다. 그러나 이때 수(水)가 와서 수분을 보충시켜 주면 성공할 수 있다.

4. 기(己)와 정(丁)

기토(己土)가 정화(丁火)를 만나면 아무 도움이 되지 않아 쓸모가 없다. 여름에는 수분을 말려 더욱 싫어하고, 갑목(甲木)이 기신(忌神)이면 정화(丁火)가 설기하고 화생토(火生土)하므로 매우 좋다.

5. 기(己)와 무(戊)

기토(己土)가 무토(戊土)를 만나면 농토가 성곽을 두른 격이다. 홍수의 염려가 없고 귀인의 도움을 받아 평생 어려움이 없다. 그러나 지지(地支)에 물이 없거나 토(土)만 많이 있으면 황무지로 변하게 되므로 쓸모없다.

6. 기(己)와 기(己)

기토(己土)가 기토(己土)를 만나면 연약해지므로 싫어한다. 수목(水木)이 있으면 크게 성공하여 명성을 얻지만, 수목(水木)이 없으면 재능이 있으나 쓸모없고, 만사에 경쟁자와 장애물이 나타난다.

7. 기(己)와 경(庚)

기토(己土)가 경금(庚金)을 만나면 광산에서 황금을 캐는 격이다. 신강(身强)하고 정화(丁火)가 있으면 천하의 재물을 주름잡는다. 신약(身弱)하면 환자가 출혈하는 형상이라 이상만 높고, 기토(己土)가 경금운(庚金運)을 만나면 크게 발복한다.

8. 기(己)와 신(辛)

기토(己土)가 신금(辛金)을 만나면 습토(濕土)에 묻혀있는 금은보석과 같아 슬프고 답답하다.

9. 기(己)와 임(壬)

기토(己土)가 임수(壬水)를 만나면 흙과 물이 섞여서 흙탕물이 되는 격이니, 성공할 마당에서 의외의 재난을 만나 크게 패하며, 매사가 노력은 많이 하지만 공이 없다. 혈액도 탁해져 암이나 고혈압, 이름모를 질병으로 신음하게 된다. 기토(己土)에게 임수(壬水)는 백해무익하다.

10. 기(己)와 계(癸)

기토(己土)가 계수(癸水)를 만나면 옥토(玉土)에 비가 와서 좋을 것 같지만, 기토(己土)는 수분을 갖고 있기 때문에 좋아하지 않는다. 여기서는 토극수(土剋水)가 아니라 수극토(水剋土) 작용이 일어난다. 그러므로 오히려 계수(癸水)가 기토(己土)를 이용하게 되어 생명이 위태롭다. 왜냐하면 계수(癸水)가 기토(己土)를 자꾸 씻어내기 때문이다.

7. 경금(庚金)

1. 경(庚)과 갑(甲)

경금(庚金)이 갑목(甲木)을 만나면, 경금(庚金)은 갑목(甲木)을 능숙하게 다룬다. 여기에 정화(丁火)까지 있으면 금상첨화로 수완이 뛰어나 큰 재물을 모을 수 있다.

그러나 춘목(春木)은 왕하고 춘금(春金)은 약하니 목(木)이 오히려 금(金)을 농락한다. 경(庚)은 살기요 갑목(甲木)은 생기이므로, 경금(庚金)과 갑목(甲木)이 부딪치면 갑목(甲木)은 생기를 잃고 경금(庚金)은 정기를 소모하게 된다.

2. 경(庚)과 을(乙)

경금(庚金)이 을목(乙木)을 만나면 경금(庚金)이 을목(乙木)에게 간합(干合)으로 꽁꽁 묶여 끌려다니는 격이다. 을목(乙木)은 정재(正財)이니 월급을 받기 위해 직장생활을 충실하게 한다.

3. 경(庚)과 병(丙)

경금(庚金)이 병화(丙火)를 만나면 태양빛에 서리가 녹는 격이니, 힘을 못쓰고 공든 탑이 하루아침에 무너진다. 모든 일이 성사되기 직전에 불의의 재난과 강압에 의해 실패하고, 여자는 남편을 못살게 군다.

4. 경(庚)과 정(丁)

경금(庚金)이 정화(丁火)를 만나면 쇳덩어리가 제련되어 금은보석이 되는 격이니, 귀인의 도움으로 재능을 발휘하여 명성을 떨친다.

5. 경(庚)과 무(戊)

경금(庚金)이 무토(戊土)를 만났을 때 신약(身弱)하면 매우 좋아한다. 토(土)가 많으면 금(金)이 묻히니 빛을 잃고, 재능을 발휘할 기회를 잡지 못한다.

6. 경(庚)과 기(己)

경금(庚金)이 기토(己土)를 만나면 안정되고 평범하다. 귀인의 도움으로 봉직생활을 하여 명성을 얻지만, 기토(己土)가 많으면 경금(庚金)이 묻히게 되므로 무용지물이 된다.

7. 경(庚)과 경(庚)

경금(庚金)이 경금(庚金)을 만나면 양손에 칼을 든 격이다. 과격하여 몸에 상처를 입기 쉬우며 정화(丁火)가 없으면 고철덩어리로 무용지물이 되고, 재능은 많아도 기회를 얻지 못한다.

8. 경(庚)과 신(辛)

경금(庚金)이 신금(辛金)을 만나면 군인이 칼을 차고 총을 잡은 격이다. 권위가 있고 늠름하지만 처와 재물이 온전하기 힘들다. 군인으로 나가면 출세하고, 정치에 야망을 품지만 살상이 일어나기 쉬우니 덕을 쌓아야 한다.

9. 경(庚)과 임(壬)

경금(庚金)이 임수(壬水)를 만나면 그릇이 적어 큰 뜻이 없다. 경금(庚金)이 임수(壬水)를 생하는 작용은 약하지만, 임수(壬水)가 경금(庚金)을 설기하는 힘은 매우 크다. 신강(身强)하면 재능을 발휘하지만 수(水)가 많으면 금(金)이 물에 잠겨 오히려 무용지물이다.

10. 경(庚)과 계(癸)

경금(庚金)이 계수(癸水)를 만나면 빗물이 떨어지는 격이니, 칼이 녹슬어 무용지물이 된다. 아무리 재능이 있고 학식이 높아도 평생 불평불만이 떠나지 않는다. 비록 가난하고 되는 일이 없지만 자신의 욕심을 버리면 큰 인물이 될 수도 있다.

8. 신금(辛金)

1. 신(辛)과 갑(甲)

신금(辛金)이 갑목(甲木)을 만나면 낫으로 거목을 찍는 격이 되어 애를 쓰지만 공이 없다. 샐러리맨이 적격이고 큰 성공은 어렵다.

2. 신(辛)과 을(乙)

신금(辛金)이 을목(乙木)을 만나면 가위로 꽃을 자르는 형상이라

온몸이 찢어지는 고통을 당한다. 수단은 있으나 성공하기 힘들고 살생하는 것을 쉽게 생각한다. 신왕(身旺)하고 재(財)가 적으면 도끼로 닭을 잡는 것처럼 노력은 많이 하지만 공이 적고, 신금(辛金)은 과일이고 어린 화초이므로 아직 피지도 못한 어린나무에 열매가 달리는 것을 기다리는 것처럼 서두르다 실패를 당한다.

3. 신(辛)과 병(丙)

신금(辛金)이 병화(丙火)를 만나면 금은보석이 태양에 반짝이는 격이다. 좋은 후원자를 만나 실력을 키워 목적을 달성하지만 큰 발전은 기대하기 어렵다. 그러나 군인으로 나가면 출세할 수도 있다.

4. 신(辛)과 정(丁)

신금(辛金)이 정화(丁火)를 만나면 공들여 만든 금은보석을 다시 불에 넣어 녹이는 격이다. 평생 애를 쓰지만 성공하기 힘들고 성격은 급하기가 백호와 같다.

5. 신(辛)과 무(戊)

신금(辛金)이 무토(戊土)를 만나면 보석이 진열장을 만난 격이니, 본래의 기능을 최대한 발휘하여 이름을 높히고 안정된 생활을 한다. 특히 문서운이 좋다. 그러나 토(土)가 많으면 흙 속에 묻히므로 훌륭한 재능을 갖고도 기회를 만나지 못해 무위도식한다.

6. 신(辛)과 기(己)

신금(辛金)이 기토(己土)를 만나면 안정되어 편안하지만, 습토(濕土)를 싫어하므로 오히려 퇴보한다. 신금일간(辛金日干)인 남자가 기토(己土)가 있는 여자를 만나면 죽은 뒤에 이름을 떨친다.

7. 신(辛)과 경(庚)

신금(辛金)이 경금(庚金)을 만나면 극을 당하여 재산을 나누어야 하므로 쓸모없다. 그러나 갑목(甲木)이 많으면 경금(庚金)이 도와주므로 크게 이롭다.

8. 신(辛)과 신(辛)

신금(辛金)이 신금(辛金)을 만나면 같은 보석끼리 섞여있는 형상이니 무해무덕하다. 그러나 재물이 생기면 쟁탈전이 벌어지므로 손실이 크다.

9. 신(辛)과 임(壬)

신금(辛金)이 임수(壬水)를 만나면 파도에 시달리던 진주가 세월의 고통 속에서 옥이 되는 형상이다. 시련과 고통의 세월이 가고나면 재능을 최대한 발휘할 수 있다. 그러나 임수(壬水)가 많으면 설기가 심하여 물 속에 잠기기 쉬우므로 병약하고 풍파를 일으킨다.

10. 신(辛)과 계(癸)

신금(辛金)이 계수(癸水)를 만나면 칼날에 비를 뿌리듯 백해무익하고, 재능이 감소하여 손실이 적지 않다. 그리고 정화(丁火)가 와서 나를 칠 때는 계수(癸水)가 충신이 되지만 그때 뿐이다.

9. 임수(壬水)

1. 임(壬)과 갑(甲)

임수(壬水)가 갑목(甲木)을 만나면 안정되어 편안하지만 실속이 없다. 이미 다 자란 나무에 물을 주는 격으로 혼자서 애만 쓸뿐 공덕이 없다. 다만 갈수기인 여름에는 갑목(甲木)이 목이 타므로 급수공덕이 있다.

2. 임(壬)과 을(乙)

임수(壬水)는 을목(乙木)을 생하지만 극할 때도 있다. 화초에 물을 주면 꽃이 반기고 성장한다. 을목(乙木)만 덕을 보지만 사주(四柱)에 있으면 기쁨과 소득을 함께 얻는다. 사주(四柱)가 잘 조화되어 있으면 한평생을 편안하고 행복하게 살아간다.

3. 임(壬)과 병(丙)

임수(壬水)가 병화(丙火)를 만나면 서로 상생(相生)하므로 매우 좋다. 임수(壬水)는 정력이요 병(丙)은 정신이니, 정신과 육체가 합심하여 천하에 명성을 떨친다.

4. 임(壬)과 정(丁)

임수(壬水)가 정화(丁火)를 만나면 여자가 씩씩한 남자를 만난 격이니 정에 얽매이기 쉽다. 임수(壬水)는 흐르는 물이요 정(丁)은 꽃이다. 꽃을 따라 물이 가고 물을 따라 꽃이 가니 서로 춘정을 느끼게 된다.

5. 임(壬)과 무(戊)

임수(壬水)가 무토(戊土)를 만나면 강물이 둑을 만나 호수를 이루고 배를 띄우는 형상이다. 능력을 마음껏 발휘하여 권위를 천하에 떨친다.

6. 임(壬)과 기(己)

임수(壬水)가 기토(己土)를 만나면 남자는 하관 말단직으로 흐르고, 여자는 남자 때문에 피눈물을 흘린다. 깨끗한 강물이 습토(濕土)를 만나 흙탕물로 변하게 되므로 뜻하지 않는 재난으로 크게 패하고, 혈관병을 조심해야 한다.

7. 임(壬)과 경(庚)

임수(壬水)가 경금(庚金)을 만나면 더욱 차가워져 생기가 줄어들고 만물이 흩어진다. 그러나 여름에는 경금(庚金)이 샘물역할을 하므로 허약한 임수(壬水)의 생기를 강화시켜 준다.

8. 임(壬)과 신(辛)

임수(壬水)가 신금(辛金)을 만나면 진주처럼 아름다운 보석을 갈고 닦아 윤기를 더해주는 격이다. 공이 크지만 신금(辛金)이 모두 차지하고 임수(壬水)는 일방적으로 봉사할 뿐이다.

그러나 여름처럼 임수(壬水)가 허약할 때는 신금(辛金)이 큰 도움을 준다. 대운(大運)에서 신금(辛金)을 만나면 인수(印綬)가 된다. 인수(印綬)는 학문과 문서에 해당하므로 공부를 잘하고 문서를 잡는 일이 생긴다.

9. 임(壬)과 임(壬)

임수(壬水)가 임수(壬水)를 만나면 강과 강이 합류되어 거센 큰 강을 이루는 형상이다. 댐이 있거나 재물이 풍부하면 성공하지만, 그렇지 않으면 평생을 강물처럼 떠돌게 되며 처자식 또한 부실하다.

10. 임(壬)과 계(癸)

임수(壬水)가 계수(癸水)를 만나면 바람의 원조가 된다. 남녀 모두 사주(四柱)에 있거나 운에서 만나면 바람을 피운다. 강물 위로 비를 내리니 귀인이 사방에서 나타난다. 그러나 가을과 겨울에는 서리와 눈으로 변하므로 만물이 얼어붙고 돈을 모으려고 몸부림쳐도 헛수고가 될 뿐이다.

10. 계수(癸水)

1. 계(癸)와 갑(甲)

계수(癸水)가 갑목(甲木)을 만나면 총명하고 다재다능하지만, 계수(癸水)는 갑목(甲木)에게 흡수되어 도와줄 뿐이니 실속이 없다.

2. 계(癸)와 을(乙)

계수(癸水)가 을목(乙木)을 만나면 화초에 비를 내려 적셔주는 격이니, 생기발랄하고 재능을 발휘한다. 그러나 계수(癸水)는 을목(乙木)을 위해 생기를 주므로 노력은 있어도 공이 없다.

3. 계(癸)와 병(丙)

계수(癸水)가 병화(丙火)를 만나면 구름이 끼고 비가 오기 때문에 태양은 힘을 발휘할 수 없다. 기회가 와도 잡지 못하고 중도에서 좌절하므로 가난을 면할 길이 없지만, 살신성인하면 큰 인물이 될 수도 있다.

4. 계(癸)와 정(丁)

계수(癸水)가 정화(丁火)를 만나면 숯불에 비를 뿌리는 격이니 손실이 있을 뿐이다. 계수(癸水)는 천수(天水)요 정(丁)은 정신의 불꽃이니 스스로 정신적인 고통을 자초한다. 특히 가을과 겨울에는 희신(喜神)인 정화(丁火)를 눌러 하는 일마다 손해가 심하다.

5. 계(癸)와 무(戊)

계수(癸水)가 무토(戊土)를 만나면 태산 위로 비를 내리는 격이다. 산은 아무리 비를 내려주어도 커진다거나 기뻐하지 않으니 봉사를 하고도 보람이 없다. 항상 정에 대한 아쉬움이 크고, 오다가다 만난 사람이라도 남녀노소를 가리지 않고 따른다.

6. 계(癸)와 기(己)

계수(癸水)가 기토(己土)를 만나면 여자는 바람이 나고, 기토(己土)는 살이 찌며 계수(癸水)는 허약해진다. 애를 쓰지만 오히려 피해를 입는다.

7. 계(癸)와 경(庚)

계수(癸水)가 경금(庚金)을 만나면 경금(庚金)은 녹슬고, 비는 비대로 손실을 보니 아무리 노력해도 이루어지는 일이 없다. 가난하지만 자부심이 강하고 대운(大運)에서 만나면 큰 손재가 따른다.

8. 계(癸)와 신(辛)

계수(癸水)가 신금(辛金)을 만나면 다 익은 과일에 비를 내려 썩게 만드는 격으로 공도 보람도 없다. 그러나 인덕은 없지만 문서운은 좋다.

9. 계(癸)와 임(壬)

계수(癸水)가 임수(壬水)를 만나면 강물에 비를 내리는 격이다. 강해지는 것은 강물일 뿐 계수(癸水)는 보람이 없다. 성격은 폭발적이지만 상부상조하는 정신이 있다. 임수운(壬水運)에서 문서착오로 손실을 보게 된다.

10. 계(癸)와 계(癸)

계수(癸水)가 계수(癸水)를 만나면 비가 비를 만나 소나기로 변하는 격으로 비록 힘은 강해져도 쓸모없다. 수(水)는 만물을 성장시키는 것이 본분이기 때문에 목(木)이 없으면 재능을 살리지 못하고 공도 없다. 가을과 겨울에는 한냉하게 만드니 목(木)은 계수(癸水)를 싫어한다. 계수(癸水)와 계수(癸水)는 서로 무관하고, 사주(四柱)에 계수(癸水)가 많으면 사기에 사기를 친다.

❸장. 사주와 질병

사주(四柱)는 천기(天氣)의 흐름인데 천기(天氣)의 명을 받은 사람이 생명을 유지하기 위해서는 지기(地氣)인 음식물을 섭취해야 한다. 예를 들어 사주(四柱)에 금(金)이 부족하다면 폐나 대장이 허약하다.

그러나 폐와 대장을 건강하게 해주는 음식을 섭취하고, 건강관리를 잘하면 나쁜 운의 기(氣)가 와서 폐와 대장에 침범해도 이미 건강하여 충분히 감당할 수 있는 상태이기 때문에 영향을 받지 않게 될 것이다. 이렇게 사주(四柱)를 통하여 신체의 오장육부 중에 부족한 부분을 지기(地氣)로 보강시켜서 건강하게 살고자 하는 것이 오행(五行)의 중화(中和)다.

여기서 주의해야 할 것은 운명 뿐이 아니고 체질도 우주의 기(氣) 작용에 의해 형성되고 태어난다는 사실이다. 이렇게 사주(四柱)와 질병과는 불가분의 관계를 갖고 있어 질병은 오행(五行)의 부족과

천간과 지지의 물상법

	상태	질 병 의 종 류
甲	虛	현기증, 편두통, 눈의 충혈
	實	담석증, 좌골신경통, 빈혈, 담낭염
乙	虛	간질, 빈혈, 정신병, 뇌혈전
	實	두통, 간염, 간경화, 신경과민, 동맥경화, 알콜중독
丙	虛	변비, 호흡곤란, 고혈압
	實	생리불순, 소화불량, 신경쇠약
丁	虛	심장허약, 저혈압, 난시, 난청, 잦은 소변
	實	변비, 호흡곤란, 동맥경화, 심장판막증, 갈증이 심함.
戊	虛	소화불량, 위경련, 급성위염
	實	위궤양, 위하수, 위암
己	虛	소화불량, 위산과다, 변비, 설사, 허약증
	實	위경련, 피부병, 관절염
庚	虛	혈변, 치질
	實	장염, 변비, 장폐쇠
辛	虛	폐결핵, 신경과민, 갑상선
	實	기관지, 편두통
壬	虛	부인병(자궁내막염, 생식기질환 등), 고환염, 치질
	實	방광염, 요도염, 좌골신경통
癸	虛	골수염, 관절염, 요통, 신경통, 정력감퇴, 중풍
	實	신장염, 신결석, 부인병

지나침에서 발생한다. 오행(五行) 중 어느 것이 없거나 있더라도 조화되지 않으면 허약하고, 형충극(刑沖剋)되면 그 오행(五行)에 해당하는 오장육부가 발병하고, 오행(五行)이 한쪽으로 치우치면 지나친 오행(五行)의 오장육부에 병이 발생하고, 오행(五行)이 골고루 있고 중화가 잘되면 무병장수하고, 한쪽으로 편중되거나 허약하면 질병이 항상 떠나지 않는다.

허(虛)하다는 것은 오행(五行)이 없거나 부족한 경우를 말하고, 실(實)하다는 것은 지나치게 많은 것을 말한다. 사주(四柱)에서 어느 오행(五行)이 허(虛)하거나 실(實)하면 다음과 같은 질병이 찾아온다. 앞에 나오는 도표는 사주(四柱) 전체에 대한 질병을 구분한 것이다. (43쪽 오행분류표에서 오장과 질병 참조)

1. 목일간(木日干)

- 수(水)가 없으면 혈액과 관계있는 질병에 걸리기 쉽다.
- 금(金)과 목(木)이 서로 싸우면 풍병이나 골절상을 입는다.
- 태왕(太旺)하거나 태약(太弱)하면 간장병에 걸리기 쉽다.
- 금(金)이 많으면 신경통, 두통, 신경쇠약 등에 걸리기 쉽다.
- 금토(金土)가 태왕(太旺)하면 간장이 약하다.
- 신약일간(身弱日干)이 형충(刑沖)을 당하면 간암수술을 받는다.
- 화(火)가 왕성하면 천식으로 고생한다.
- 인묘진사월생(寅卯辰巳月生)은 와사풍(입이 돌아가는 병)을 조심해야 한다.

- 하월생(夏月生)이 수(水)가 부족하여 목기(木氣)가 마르면 장님이 될 확률이 높다.
- 추월생(秋月生)은 두통이나 편도선염으로 고생한다.
- 동월생(冬月生)은 중풍, 주독, 체증 등에 잘 걸리고 코가 자주 막힌다.
- 을목(乙木)이 신금(辛金)에게 극(剋)되면 담이 약하다.
- 갑술생(甲戌生)이나 을축생(乙丑生)이 추월(秋月)에 출생했는데 재살(財殺)을 만나면 장님이 될 수 있다.

2. 화일간(火日干)

- 화(火)가 많고 수(水)가 적으면 조갈증에 시달리고, 당뇨병을 조심해야 한다.
- 화(火)가 많고 금(金)이 적으면 화상을 입기 쉽다.
- 신약(身弱)하면 신경쇠약에 걸리기 쉽다.
- 태약(太弱)하면 중풍에 걸리기 쉽다.
- 화기(火氣)가 부족하면 심장병을 조심해야 한다.
- 수(水)가 많으면 시력이 약해지고 현기증이 생긴다.
- 목화(木火)가 태왕(太旺)하면 심장병으로 고생한다.
- 금수(金水)가 왕하면 심장이 약하고 야맹증에 걸리기 쉽다.
- 춘하월생(春夏月生)은 신경질이 심하고, 신경통과 부인병을 조심해야 한다.
- 정일생(丁日生)이 목국(木局)을 만나면 열병을 앓다가 휴유증으로 벙어리가 되기 쉽다.

3. 토일간(土日干)

- 토(土)가 많아 금(金)이 묻히면 호흡기질환을 앓기 쉽다.
- 신약(身弱)한데 형충(刑沖)을 만나면 위장수술을 받게 된다.
- 일간(日干)이 건조하면 피부병이나 두드러기 등이 생긴다.
- 신약(身弱)한데 충(沖)이 있으면 위암을 조심해야 한다.

4. 금일간(金日干)

- 금수(金水)가 부실하면 신장이나 경락에 이상이 생긴다.
- 금(金)과 목(木)이 서로 싸우면 풍병이나 골절상을 입는다.
- 화토(火土)가 왕하면 폐병이나 해수병이 생긴다.
- 목화(木火)가 왕하면 대장, 고혈압 등을 조심해야 한다.
- 인묘하월생(寅卯夏月生)의 여자는 월경이 불순하다.
- 춘동월생(春冬月生)의 여자는 대하증이 생긴다.
- 해자축일생(亥子丑日生)은 중풍, 주독, 체증을 조심해야 한다.

5. 수일간(水日干)

- 금수(金水)가 부실하면 신장이나 경락에 이상이 온다.
- 신약(身弱)하면 치질이나 당뇨병이 생긴다.
- 화토(火土)가 많으면 치질, 자궁병, 신장병 등이 생긴다.

- 태왕(太旺)한데 정사(丁巳)가 있으면 시력이 약해진다.
- 춘동월생(春冬月生)이 일간(日干)이 한냉하고 화(火)가 없으면 풍질을 조심해야 한다.

❹장. 사주와 직업

1. 천직사명은 있다.

천직사명이란 생물체의 모태인 우주가 인간에게 부여한 명령이다. 누구는 농민이 되어 만인에게 식량을 제공하고, 누구는 건축가가 되어 주택을 제공하고, 누구는 교육자가 되어 지식과 학문을 가르치고, 누구는 의사가 되어 질병에 시달리는 환자를 치료하도록 명령하는 것이다.

태어날 때부터 빈천한 사람은 하나도 없다. 다만 자신의 천직사명을 모르거나 욕심 때문에 스스로 화약을 짊어지고 불 속으로 뛰어들기 때문에 빈천한 인생으로 전락하는 것이다. 아프리카 흑인들이 아무리 씻고 씻어도 백인이 될 수 없고, 호박꽃이 아무리 노력해도 장미가 될 수 없는 것처럼 천직사명은 자연의 법칙이요 우주의 철칙이다.

호박꽃이 자신의 천직사명을 알고 최선을 다하여 크고 탐스러운 호박을 영글게 한다면, 농민들은 그 호박을 수확하여 이익을 얻게 되므로 다음해에도 호박씨를 심게될테니 종족을 보존할 수 있지만, 장미가 되겠다는 망상에 사로잡혀 호박을 영글게 하지 못하면 농부는 호박꽃을 뿌리째 뽑아 버릴 것이다.

인간도 예외일 수는 없다. 만물의 영장인 인간은 이처럼 바보같은 일을 하지 말아야 한다. 이러한 천직사명을 인간들에게 깨닫게 해주고 밝고 희망찬 길로 인도하는 학문이 바로 역학(易學)이요, 음양오행(陰陽五行)의 법칙이다. 자신의 천직사명을 모르거나 욕망 때문에 멋대로 살아간다면 그의 인생은 가시밭길이 될 것이다.

명리학(命理學)에 있어서 직업의 선택은 사주팔자(四柱八字)의 상호작용에 의해 정해진다. 직업을 선택하는데 있어서 가장 중요한 것은 자신의 그릇인 능력과 재능을 알아야 하고, 그릇을 알려면 사주(四柱) 전체를 철저하게 분석해야 한다. 우선 신강(身强)과 신약(身弱)을 알아야 하고, 어느 육신(六身)이 왕성한가를 알아서 활용해야 한다.

예를 들어 사주(四柱)에 관성(官星)이 미약하고 재성(財星)과 인성(印星)이 없으며 식상(食傷)이 왕하면, 관성(官星)은 힘이 없어 능력을 발휘할 수 없다. 이런 사람은 관운(官運)이 전혀없기 때문에 일시적인 운으로 관직에 오르더라도 틀림없이 도중하차 한다. 그러나 그때는 이미 나이가 많아 직업을 바꾸기에는 많은 어려움이 따른다. 그러므로 자신의 그릇을 미리 알고 적성에 맞는 직업을 선택해야 한다.

적성에 맞는 직업이란 사주(四柱)에서 필요한 길신오행(吉神五行)에 해당하는 직업을 말한다. 목오행(木五行)이 길신(吉神)이면 목오행(木五行)과 관계있는 직업을 가져야 되고, 화오행(火五行)이 길신(吉神)이면 화오행(火五行)과 관계있는 직업을 선택해야 한다. 그렇지 않다면 평생 실패가 계속될 뿐 성공하지 못한다.

여기서 중요한 것은 육신법(六身法)에 의한 분석이다. 왜냐하면 한 가지 오행(五行) 중에도 해당되는 직업이 수도 없이 많기 때문이다. 어느 것을 선택하느냐는 육신(六身)에서 왕한가 약한가를 살피고, 감당하고 제압할 수 있는가를 판단해서 정한다.

예를 들면 목오행(木五行)이 길신(吉神)이고 일간(日干)이 왕성하며 식상(食傷)이 있으면, 식상(食傷)은 재능을 발휘하는 곳이 된다. 그래서 목(木)은 나무요 나무로 만든 것 중에는 책이 포함되고, 책을 갖고 재능을 발휘하는 곳이라면 교단이기 때문에 교육자가 적성에 맞는 것이 된다. 이때 사주(四柱)에 편인(偏印)이 있으면, 편인(偏印)은 외국어에 해당하므로 외국어 교사가 최고의 적성에 맞는 직업이 되는 것이다.

만물의 영장인 인간은 나이가 어리거나 배우지 않았더라도 자신의 적성에 맞는 분야를 좋아하고 관심을 갖는 능력을 갖고 있다. 그러나 일부 부모들은 자신의 욕심 때문에 부모가 원하는 방향으로 가길 원하며 강요하고 있다.

이것은 아주 위험한 일이다. 부모는 자식의 능력과 재능을 파악해서 적성에 맞는 것을 선택하도록 도와주는 것이 부모가 할일이고 자식을 위한 일이다. 다음은 지금까지 내려오는 육신(六身)에 맞는 직업론을 서술한다.

2. 육신(六身)으로 보는 직업

1. 비겁(比劫)

- 비겁(比劫)이 지나치게 왕하면 의사, 철학가, 기능공 등이 좋다.
- 자유업이 좋으며 동업은 금물이다.
- 월지(月支)에 양인살(羊刃殺)과 재관(財官)이 왕하면 법관으로 나가는 것이 좋다.

2. 식상(食傷)

- 상관(傷官)이 왕하면 흥행업이나 예술가가 좋다.
- 식상(食傷)이 왕하고 재성(財星)이 있으면 상업으로 성공한다.
- 식상(食傷)이 있고 인성(印星)이 왕하면 배우, 가수, 소설가, 서예가, 화가 등 예술방면으로 나가면 성공한다.
- 신왕(身旺)하고 식신(食神)이 많으면 교육자가 좋다.

3. 재성(財星)

- 신왕재약(身旺財弱)이면 공업계통이 좋다.
- 신약(身弱)한데 재관(財官)이 왕하면 금융계통이 좋다.
- 재다신약(財多身弱)은 투기성이 있는 사업은 금물이다.
- 정재(正財)가 하나밖에 없으면 샐러리맨이 좋다.
- 편재(偏財)가 왕하면 장사를 하는 것이 좋다.

- 신왕(身旺)한데 재성(財星)이 편관(偏官)을 생하면 법조계로 나가는 것이 좋다.
- 재(財)가 역마살(驛馬殺)이나 지살(地殺)이면 양재, 양품, 제화점, 양말, 운수업 등이 좋다.

4. 인성(印星)

- 인수(印綬)가 길신(吉神)이면 언론, 문예, 학계, 생산직이 좋다.
- 인성(印星)이 왕하면 외국어에 능통하다.
- 편인(偏印)이 길신(吉神)이면 편업으로 성공하며, 의사, 기술자, 철학, 예술방면으로 나가는 것이 좋다.
- 인수(印綬)와 화개살(華蓋殺)이 같이 있으면 미술가나 서예가로 성공한다.
- 년월일시(年月日時)에 인수(印綬)가 나란히 있으면서 맑으면 대학교수나 총장이 된다.

5. 관성(官星)

- 정관(正官)이 길신(吉神)이면 공직자가 적격이다.
- 편관(偏官)이 길신(吉神)이면 무관으로 성공한다.
- 정관(正官)이 많으면 학계나 기술직으로 나가는 것이 좋다.
- 정관(正官)이 순수하여 인수(印綬)를 생하면 정치계로 나간다.
- 관성(官星)이 통근(通根)하면 관운(官運)이 매우 좋다.

6. 기타

- 일지(日支)에 술(戌)이 있으면 공업계통이 좋다.
- 신해역마(辛亥驛馬)에 재(財)가 지살(地殺)이면 수산업이 좋다.
- 인사역마(寅巳驛馬)에 재(財)가 지살(地殺)이면 항공계가 좋다.

3. 일간오행(日干五行)으로 보는 직업

1. 갑을일생(甲乙生)

- 토(土)가 약하면 포목장사를 하는 것이 좋다.
- 금(金)이 약하면 양은, 식기, 금속제품 등의 상업이 좋다.
- 인수(印綬)가 왕하면 서점이나 문구점을 하는 것이 좋다.

2. 병정일생(丙丁日生)

- 지지(地支)에 금국(金局)을 이루면 사채놀이나 혀로 먹고산다.
- 병진일생(丙辰日生), 병술일생(丙戌日生), 정축일생(丁丑日生), 정유일생(丁酉日生)이 인수(印綬)나 재성(財星)을 만나면 인쇄, 문구, 서예 등이 좋다.
- 병일경(丙日庚), 경일병(庚日丙)은 검찰이나 경찰로 성공한다.
- 화토일주(火토日柱)에 진술축미월생(辰戌丑未月生)은 성악계통으로 나가는 것이 좋다.

3. 무기일생(戊己日生)

- 기묘일생(己卯日生)이 수목(水木)이 왕하면 음료나 식품업 등과 관계된 일을 하면 좋다.

4. 경신일생(庚辛日生)

- 금(金)이 많고 인일축시생(寅日丑時生)이면 곡직인수격(曲直印綬格)으로 명필이나 명화가가 된다.
- 목화(木火)가 왕하면 명필이나 명화가가 된다.
- 해수(亥水)를 많이 만나면 검찰총장이 된다.
- 추월생(秋月生)이고 시상편관(時上偏官)인 사람 중에 수상이나 장관이 많다.

5. 임계일생(壬癸日生)

- 임자일생(壬子日生), 계축일생(癸丑日生), 계해일생(癸亥日生)이 수(水)가 많으면 무용가로 성공한다.
- 계해일생(癸亥日生), 임자일생(壬子日生)이 해수(亥水)를 많이 만난 사람 중에 검찰총장이 많다.
- 임계일생(壬癸日生)이 추월(秋月)에 해당하고 시상편관(時上偏官)인 사람 중에 수상이나 장관이 많다.

❺장. 궁합론

많은 사람들은 궁합(宮合)이 남녀가 결혼하기 전에 서로의 사주(四柱)를 대조해 보는 것이라고 생각하고 있다. 그러나 궁합(宮合)은 부부사이 뿐 아니라 부모나 형제, 자식, 대인관계에서도 작용한다.

특히 동업자간의 궁합(宮合)은 사업의 성패를 좌우하기도 한다. 그러므로 우리는 궁합(宮合)의 중요성과 영향을 깨닫고, 나쁜 궁합(宮合)을 좋은 방향으로 유도하는 지혜가 필요하다.

1. 일반적인 궁합(宮合)

자신의 사주(四柱)에서 부족한 오행(五行)을 많이 갖고 있는 사람을 만나면 좋다. 사주(四柱)와 사주(四柱)간에 형충파해(刑沖破害)가 없거나 적어야 하고, 합(合)이 있으면 더욱 좋지만 너무 많아도 좋지 않다.

우리가 궁합(宮合)을 볼 때 일반적으로 년지(年支:띠)에 많은 비중을 두고, 년주(年柱)는 년주(年柱)끼리, 월주(月柱)는 월주(月柱)끼리, 일주(日柱)는 일주(日柱)끼리, 시주(時柱)는 시주(時柱)끼리 대조하는데 이것은 아주 단편적인 궁합(宮合)을 보는 방법으로 매우 위험한 일이다.

궁합(宮合)에서 가장 중요한 것은 내가 되는 일주(日柱)다. 먼저 일주(日柱)에서 각 주(柱)를 대조하고, 그 다음으로 나머지 주(柱)들을 차례로 대조해 보아야 한다. 왜냐하면 사주(四柱)의 여덟글자 중 한 글자라도 빠지면 전체 사주(四柱)를 알 수 없듯이, 한 글자 한 글자가 모여 사주(四柱)를 형성하기 때문이다.

이와같이 궁합(宮合)은 태어날 때 형성된 성격을 서로 비교하고 분석하는 것인 만큼, 어느 한 글자라도 무심하게 보아 넘겨서는 안된다. 누구나 사주팔자(四柱八字)가 좋고 거기에 궁합(宮合)까지 맞으면 금상첨화다.

남자가 처를 극상(剋傷)하는 사주(四柱)거나 여자가 남편을 극상(剋傷)하는 사주(四柱)는 매우 흉한 명이 된다. 이러한 사람은 일찍 결혼하는 것은 금물이며, 결혼하기 전에 극상(剋傷)에 대한 충분한 준비가 있어야 한다.

2. 천간(天干)으로 보는 궁합(宮合)

천간(天干)과 천간(天干)의 궁합(宮合)은 십간론(十干論:156쪽)에서 자세하게 설명했으니 그대로 적용하면 된다. 여기서는 특이한 십간(十干)에 대해서만 분석하기로 한다.

1. 절대로 만나면 안되는 일간(日干)

1. 갑목(甲木)과 신금(辛金)

갑목(甲木)과 신금(辛金)이 만나면 갑목(甲木)은 신경질이 많아지고 정신질환 등이 일어나며, 신약사주(身弱四柱)는 질병에 걸린다. 그리고 신금(辛金)은 낫으로 큰 나무인 갑목(甲木)을 찍는 형상이니 힘만 소모하고 이빨이 빠지니 질병이 발생할 수도 있다. 그러므로 갑목(甲木)과 신금(辛金)이 만나면 불화와 갈등이 생긴다.

2. 을목(乙木)과 신금(辛金)

을목(乙木)과 신금(辛金)이 만나면 을목(乙木)은 넝쿨나무이고 신금(辛金)은 가위에 해당하므로 가위로 넝쿨나무를 자르는 형상이 된다. 을목(乙木)은 일방적으로 당하고, 신약사주(身弱四柱)는 목숨이 위태로울 수 있다.

3. 병화(丙火)와 정화(丁火)

여자 병화(丙火)와 남자 정화(丁火)가 만나면 남자는 무슨 일을 해도 성사되지 않는다. 병화(丙火)는 태양이고 정화(丁火)는 촛불이니 밝은 태양아래 촛불을 켜논 형상이 되어, 정화(丁火)는 빛을 잃고 능력을 발휘하지 못한다. 정화(丁火)는 빛을 발휘할 수 있는 곳을 찾아 병화(丙火)에게서 멀리 떨어져 가니 가정에 어려움이 따른다.

4. 병화(丙火)와 계수(癸水)

남자는 병화(丙火)이고 여자가 계수(癸水)이면 태양이 뜨려고 하는데 먹구름이 일어나고 비바람이 몰아치는 형상이 되어, 남자가 하는 일이 뜻밖의 방해자가 나타나 성사되지 않는다.

5. 기토(己土)와 임수(壬水)

기토(己土)와 임수(壬水)가 만나면, 기토(己土)는 지치고 정신적인 번뇌가 오며 잘못하면 생명까지 위험하다. 임수(壬水)가 볼 때는 기토(己土)가 만만하고 여유있지만, 기토(己土)가 임수(壬水)를 만나면 작은 흙이 강물에 떠내려가는 형상이니 항상 불안하고 두렵다. 기토(己土)는 자신의 생명을 지키기 위해 있는 힘을 다해 저항하여 기진맥진하니 항상 힘이 없다.

6. 정화(丁火)와 신금(辛金)

여자가 정화(丁火)이고 남자가 신금(辛金)이면, 신강사주(身强四柱)는 사업이 잘 안되는 정도로 그치지만, 신약사주(身弱四柱)는 생명까지 위험한 상황에 처한다.

7. 일간(日干)과 일간(日干)이 충(沖)되면

일간(日干)과 일간(日干)이 충(沖)되면 불화와 반목이 계속되므로 좋지 않다.

★ 간합(干合)되어 뜻이 잘 통하고 여자가 잘 따르는 간(干)과 간(干)

- 갑목(甲木) 남자와 기토(己土) 여자
- 을목(乙木) 남자와 경금(庚金) 여자
- 병화(丙火) 남자와 신금(辛金) 여자
- 임수(壬水) 남자와 정화(丁火) 여자
- 무토(戊土) 남자와 계수(癸水) 여자

여기서 남자와 여자가 바뀌면 서로 뜻은 잘 통하지만, 남자가 여자에게 묶이지 않으려고 하므로 잡음이 생긴다. 그리고 대인관계에서도 어느 한쪽이 상대방을 마음대로 하려고 하는 현상이 생긴다.

❻장. 강약으로 보는 성격

1. 신강(身强)한 사람

총명하고 실력이 풍부하여 항상 자신감에 가득차 있다. 성격이 너그럽고 융통성이 있으며, 매사에 계획적으로 초지일관하여 크게 성공한다.

2. 신왕(身旺)하고 관살(官殺)이 없는 사람

신왕(身旺)하고 관살(官殺)이 없으면 자신을 다스려주는 법과 질서가 없으니 자제할 줄 모른다. 자신밖에 모르는 이기주의자가 되어 상대방을 생각하지 않고 멋대로 행동한다. 강한 자에게는 아첨하고 약한 자에게는 강하게 굴며, 자신의 이익을 위해서는 물불을 가리지 않는다.

3. 신왕(身旺)하고 관살(官殺)이 있는 사람

신왕(身旺)하여 마음대로 움직일 수 있는데 관살(官殺)이 있으니, 법과 질서의 테두리 속에서 능력을 발휘한다. 다정하고 의리가 있으며 학식도 높다. 참을성 있는 성격이며 상대방을 살필 줄 안다.

4. 신약(身弱)하고 인성(印星)과 비겁(比劫)이 없는 사람

신약(身弱)한데 나를 도와주는 것이 없으니 의지할데 없는 고아와 같다. 힘도 없고 능력도 없으며 남을 이해할 마음의 여유도 없으니 생존을 위해 거짓말을 일삼는다. 시기와 질투심이 강하고 게으르며 결단력이 없어 우물쭈물하며 남에게 신세지려는 마음 뿐이다. 고지식하기 때문에 융통성과 사교성이 없다. 생각이 좁고 화를 잘 내며 만사를 그릇되게 판단하고 속단하며 마음 속에 독기를 품고 있다.

5. 신약(身弱)하고 인성(印星)이나 비겁(比劫)이 있는 사람

신약(身弱)하지만 도와주는 것이 있으니, 도움을 받은만큼 남에게 베풀려는 마음이 있다. 검소하며 약속도 잘 지키고 학식도 있어 맡은 일을 책임있게 잘한다. 은혜를 갚을 줄 알며 남을 공경할 줄도 안다.

6. 일간(日干)이 다른 오행(五行)과 같이 있는 사람

일간오행(日干五行)에 대한 성격은 기초편(32쪽 참조)에서 설명했지만 더 자세한 분석을 하기로 한다.

1. 목일간(木日干)

- 목일간(木日干)이 태왕(太旺)하면 마음이 좁고 이기적이며 질투심이 강하다. 인정이 없으며 잔소리를 많이 한다.
- 목일간(木日干) 태약(太弱)하면 마음은 부드러우나 인색하다. 올바르지 못하여 질서와 규칙을 모르며 품위가 없어 비천하다.
- 목일간(木日干)이 금(金)이 많으면 자제력은 강하지만 항상 피로에 지친 모습이다. 결단력이 부족하고 중심이 없다.
- 목일간(木日干)이 수(水)가 많으면 부목(浮木)이 된다. 물 위에 뜬 나룻배처럼 불안하며, 이동이 많고 침착하지 못하다.
- 목일간(木日干)이 화(火)가 많으면 총명하여 공부를 열심히 하고 다재다능하다. 그러나 의지가 약해 계획만 무성하고 실천이 따르지 않는다.

2. 화일간(火日干)

- 화일간(火日干)이 태왕(太旺)하면 성격이 불같이 급하다. 기복이 심한 감정을 자제하지 못하고 그대로 나타내며 인정이 없고 잔인하다.

- 화일간(火日干)이 태약(太弱)하면 겉으로는 신중해 보이지만 경솔하다. 말은 청산유수이며 교활하고, 결단력과 실천력이 없다.
- 화일간(火日干)이 금(金)이 많으면 매사를 기분대로 처리하고, 예의가 없으며 반성할 줄 모른다.
- 화일간(火日干)이 수(水)가 많으면 예의가 없다. 요령만 부리다가 자기 꾀에 자기가 넘어가는 어리석은 천재다.
- 화일간(火日干)이 화(火)가 많으면 예의는 있으나 의리가 없다. 겉으로는 총명해 보이지만 우둔하며 행동이 경솔하고 거칠다.
- 화일간(火日干)이 토(土)가 많으면 어리석고 융통성이 없다.

3. 토일간(土日干)

- 토일간(土日干)이 태왕(太旺)하면 흙처럼 고지식하고 융통성이 없다. 능력은 있으나 재능을 발휘할 기회가 오지 않는다.
- 토일간(土日干)이 태약(太弱)하면 인색하고 난폭하다. 사람을 좋아하지 않고 대화가 되지 않으며 마음 속에 독기를 품고 있다.
- 토일간(土日干)이 금(金)이 많으면 신의는 두터우나 지나치게 강직하다. 고집이 강하고 침착하지 못하며 말이 많다.
- 토일간(土日干)이 목(木)이 많으면 몸은 고단한데 부질없이 꿈만 크다. 주관이 없어 지나치게 남의 영향을 받는다.
- 토일간(土日干)이 수(水)가 많으면 부귀와 공명을 지나치게 바란다. 욕심 때문에 의리가 없으며 현실에만 집착한다.
- 토일간(土日干)이 화(火)가 많으면 돈에 대한 개념이 없다. 낭비는 심하지만 인색하다는 평을 듣는다.

■ 토일간(土日干)이 토(土)가 많으면 침착하고 마음이 넓다. 약속을 잘 지키고 은인에게 친절하지만 적에게는 아주 냉정하고 잔인하다.

4. 금일간(金日干)

■ 금일간(金日干)이 왕하면 명예욕과 의협심이 강하다. 결단력과 위엄이 있고 의지가 강하며 건강하다.
■ 금일간(金日干)이 태왕(太旺)하면 용기있고 고집이 강하며 색을 좋아한다. 욕심은 많고 동정심은 부족하여 살생을 즐기며 마음이 독하다.
■ 금일간(金日干)이 신약(身弱)하면 생각은 깊지만 결단력이 없다. 쓸데없는 일에 사로잡혀 뜻을 좌절하기 쉬우니 만사가 용두사미 격이다.
■ 금일간(金日干)이 수(水)가 많으면 웅변술이 뛰어나고 자신의 이익만 챙긴다. 겉으로는 예의와 의리를 갖추는 것 같지만 인색하고 야비한 성격이다. 만사가 뜻은 있어도 이루기 어렵다.
■ 금일간(金日干)이 목(木)이 많으면 남을 돕고도 원망을 듣는 경우가 많다. 사리가 분명하지만 기분에 치우쳐서 손재를 당하는 수가 많다.
■ 금일간(金日干)이 금(金)이 많으면 강직하고 용맹하여 정의를 위해서는 끝까지 싸운다. 남에게 지는 것을 싫어하며 실패를 해도 후회하지 않는다.

5. 수일간(水日干)

- 수일간(日干)이 태왕(太旺)하면 방랑끼가 있다. 임기응변에 뛰어나 거짓과 모사에 능하며 잔인하다.
- 수일간(日干)이 태약(太弱)하면 우유부단하고 계획성이 없다. 지혜가 없고 사리가 분명하지 못하며 버릇이 없다.
- 수일간(日干)이 금(金)이 많으면 의리를 중요하게 생각하며 형식에 치우친다. 뜻은 크지만 이성문제로 파란을 초래하고, 지모는 출중하나 실천력이 부족하며 남에게 의존하려는 경향이 있다.
- 수일간(日干)이 목(木)이 많으면 낭비가 심하지만 남에게는 인색하다. 말은 많으면서 배짱은 없고 언행일치가 되지 않는다.
- 수일간(日干)이 수(水)가 많으면 한곳에 정착하기 힘들어 천지를 방랑한다. 천재적인 소질은 갖고 있으나 기회를 잡지 못한다.
- 수일간(日干)이 화(火)가 많으면 예의를 소중히 여긴다. 그러나 작은 일은 쉽게 이루어지지만 큰 일은 어려우며 속단하는 일이 많다.
- 수일간(水日干)이 토(土)가 많으면 내성적이고 신의가 두터우며 인내심이 강하다. 겉으로는 무디어 보이지만 의외로 감성적이다. 그러나 결단력이 없고 남을 미워하는 마음이 강하다.

7장. 희신과 기신

사주(四柱)를 감정하는데 있어서 중요한 것은 신강(身强)과 신약(身弱), 희신(喜神)과 기신(忌神)의 구별이다. 이것을 구별하고 판단할 줄 알면 사주(四柱)에 관한 공부는 완성단계라고 보아도 무방하다. 희신(喜神)과 기신(忌神)을 구별하고 분석하려면 우선 신강(身强)과 신약(身弱)부터 정확하게 판단할 줄 알아야 한다.

1. 비견(比肩)과 겁재(劫財)

신왕(身旺)하면 비견(比肩)과 겁재(劫財)가 기신(忌神)이고, 신약(身弱)한 사람에게는 희신(喜神)이 된다. 신왕(身旺)한데 비겁(比劫)이 있으면 배부른 사람에게 음식을 또 먹이는 것과 같고, 신약(身弱)한 사람에게는 힘을 모아주는 것이 되니 용기가 증가된다.

■ **희신(喜神)의 경우**

시 일 월 년
壬 壬 丙 乙
寅 子 戌 亥

일간임수(日干壬水)가 무토월(戊土月)에 출생하여 실령(失令)하고 허약한데, 식상(食傷), 재(財), 관(官)이 일간(日干)을 더욱더 설기하고 있다. 그러나 다행히도 시상(時上)과 년지(年支)에서 비견(比肩)이, 일지(日支)에서는 겁재(劫財)가 일간(日干)을 도와주니 힘이 솟아 평생 부귀하게 살아간다.

시 일 월 년
壬 壬 戊 丙
子 寅 戌 午

일간임수(日干壬水)가 실령(失令)하고 신약(身弱)한데, 편관칠살(偏官七殺)이 왕하고 지지(地支)에서 인오술삼합(寅午戌三合)이 되어 재국(財局)을 이루었으니 산넘어 산이다. 그러나 다행히도 시주(時柱)가 비겁(比劫)으로 일간(日干)을 도와 관살(官殺)을 감당할 수 있으니 큰 인물이 되어 명성을 떨친다.

시 일 월 년
乙 壬 乙 丙
巳 子 未 子

일간임수(日干壬水)가 미토월(未土月)에 출생하여 실령(失令)하고 허약한데, 시상상관(時上傷官)이 강하게 설기하고 재관(財官)도 함께 설기하고 있다. 그러나 다행스럽게도 일지자수(日支子水)와 년지자수(年支子水)가 일간(日干)을 도와주니 부귀를 누릴 수 있다.

■ **기신(忌神)의 경우**

시	일	월	년
丙	壬	壬	癸
午	子	子	丑

일간임수(日干壬水)가 겨울에 출생해서 득령(得令)하고 신강(身强)하여 시상편재(時上偏財)에 의지하는데, 월상비견(月上比肩)과 년상겁재(年上劫財)가 침범하여 재물을 빼앗아가니, 공들여 모은 재물을 써보지도 못하고 평생 고생하게 된다.

시	일	월	년
壬	壬	乙	己
子	申	亥	巳

일간임수(日干壬水)가 득령(得令)하고 비겁(比劫)이 중중한데, 재(財)는 하나밖에 없어 약하니 재물은 적은데 차지하려고 하는 사람은 많은 형상이라, 재물다툼으로 평생을 불행하게 보내게 된다.

시 일 월 년
乙 壬 癸 癸
巳 申 亥 亥

일간임수(日干壬水)가 득령(得令)하고 신강(身強)하여 시상상관(時上傷官)인 을목(乙木)에게 의지하는데, 비겁(比劫)인 수(水)가 너무 많아 을목상관(乙木傷官)이 부목(浮木)이 되므로 재능은 있어도 발휘할 수 없어 답답하다. 평생을 형제나 친구 때문에 기를 펴지 못하고 성공할 기회를 잡지 못한다.

2. 식신(食神)

식신(食神)은 숨을 쉬는 숨통이고 재능을 발휘하는 장소다. 식신(食神)이 튼튼하고 희신(喜神)에 해당하면 능력을 발휘하여 재물을 모을 수 있지만, 몸이 허약하거나 식신(食神)이 너무 많으면 출혈이 심하므로 그림의 떡이 되어 건강과 수명이 온전하기 어렵다.

■ **희신(喜神)의 경우**

시 일 월 년
壬 庚 辛 己
申 戌 酉 未

경금일간(庚金日干)이 금왕절(金旺節)에 출생하여 신왕(身旺)하고, 금(金)이 많은데 시상(時上)에서 식신(食神)을 얻으니 숨통이 트인다. 풍부한 재능을 아낌없이 발휘할 수 있으니 유능한 인재가 된다.

시 일 월 년
乙 甲 丙 己
丑 子 寅 卯

일간갑목(日干甲木)이 득령(得令)하여 태왕(太旺)한데, 식신(食神)을 생재(生財)해주니 작용이 두배로 늘고, 식신(食神)이 모두 재물로 변하여 움직였다 하면 돈이 되므로 평생 의식주가 풍부하다.

시 일 월 년
庚 戊 戊 甲
寅 辰 寅 寅

일간무토(日干戊土)와 관살(官殺)이 서로 싸우고 있는데, 관살(官殺)은 득왕하고 일간(日干)은 실령(失令)하여 관살(官殺)을 이길 수가 없다. 이때 시상식신(時上食神)이 관살(官殺)을 눌러주니 오히려 전화위복이 되어 권세와 명성을 떨치게 된다.

■ **기신(忌神)의 경우**

시 일 월 년
丁 乙 戊 戊
丑 卯 午 辰

재왕신약(財旺身弱)하여 신(申)이 재(財)를 감당할 수 없어 일지비견(日支比肩)에 의지하고 있는데, 시상식신(時上食神)과 월지식신(月支食神)이 일간(日干)을 설기하니 건강이 좋을 수가 없다. 일복은 타고났으나 몸이 약해 질병이 생기고, 노력은 많이 하지만 역부족이고 공덕이 없으니 하루도 편할 날이 없다.

시	일	월	년
戊	甲	甲	丙
辰	戌	辰	戌

토(土)가 많은데 일간(日干)인 갑목(甲木)이 재다신약(財多身弱)이 되었다. 월상비견(月上比肩)이 도와 함께 재(財)를 다스리니 만군을 얻은 것 같지만, 호사다마로 년상식신(年上食神)이 목(木)을 태워 토(土)를 생해주니 위험 속에서 몸만 고달프다.

시	일	월	년
庚	庚	壬	丁
辰	申	寅	酉

일간경금(日干庚金)이 신강(身强)하기 때문에 정화(丁火)가 연금하여 금은보석으로 만들면 큰 인물이 될 수 있다. 그러나 월상식신(月上食神)인 임수(壬水)가 간합(干合)하여 묶어버리니, 경금(庚金)은 무쇠덩어리로 쓸모가 없다. 식신(食神) 때문에 용이 되려다 이무기가 된 격이다.

3. 상관(傷官)

상관(傷官)은 식신(食神)과 비슷하고, 정신적 역량으로 건강을 지켜주며 재(財)를 생하여 준다.

■ **희신(喜神)의 경우**

시 일 월 년
丁 甲 甲 辛
卯 子 寅 亥

춘목(春木)이 태왕(太旺)하여 힘을 주체할 수 없는데 시상상관(時上傷官)을 얻으니, 물을 만난 고기처럼 왕성한 재능을 아낌없이 발휘할 수 있다. 유능한 인재로 만천하에 명성을 떨치게 된다.

시 일 월 년
壬 辛 庚 甲
戌 酉 午 戌

일간(日干)이 왕하고 재(財)가 약한데 월상의 겁재(劫財)가 재(財)를 빼앗아가려고 한다. 그러나 다행히 시상상관(時上傷官)이 경신금(庚申金)을 설기하여 생재(生財)해주니 일석이조가 된다.

시 일 월 년
壬 辛 甲 丙
辰 巳 午 午

연약한 신금(辛金)을 재(財)와 관(官)이 힘을 합쳐 치고 있으니, 신금(辛金)이 기를 펴지 못하고 금방 녹아버릴 것만 같다. 그러나 다행히 시상(時上)에 상관(傷官)이 있어 관성(官星)을 눌러주어 명성을 얻어 편안하게 살 수 있다.

■ **기신(忌神)의 경우**

시	일	월	년
壬	辛	癸	丁
辰	酉	卯	卯

약한 일간(日干)이 어렵게 월상식신(月上食神)을 도와서 태왕(太旺)한 관살(官殺)을 누르고 있다. 그러나 시상상관(時上傷官)이 약한 일간(日干)을 또 설기시키니 환자가 두 여자를 거느리고 사는 형상이다. 눈코 뜰새없이 바쁘고 불안한 상태이며 의외의 재난으로 손재를 당한다.

시	일	월	년
壬	辛	乙	甲
辰	酉	亥	寅

재다신약(財多身弱)하며 재(財)로 인하여 재난이 일어나고, 동분서주하고 있는데 시상상관(時上傷官)과 월지상관(月支傷官)이 약한 일간(日干)을 설기하고 생재(生財)한다. 엎친데 덮친 격으로 재난은 말로 표현할 수 없을 정도로 크다.

시 일 월 년
庚 乙 丙 甲
辰 卯 寅 寅

춘목(春木)이 태왕(太旺)하여 시상경금(時上庚金)으로 다듬어 유능한 인재로 만들려고 한다. 그러나 월상상관(月上傷官)이 경금(庚金)을 내려치니 일간(日干)은 힘과 재능이 있어도 성공할 기회를 만나기 힘들다.

4. 편재(偏財)와 정재(正財)

재(財)는 생명을 이어주고 보전하는 근본이다. 재(財)가 있고 신왕(身旺)하면 재물이 있어 평생 부자로 살고, 재(財)는 있는데 신약(身弱)하면 재물은 있으나 힘이 없어 움직일 수가 없으니, 재(財) 때문에 병들고 욕심만 늘어 결국 재물은 없어지고 빚만 지게 된다.

또 신왕(身旺)한데 재(財)가 없으면 재물을 찾아 헤매다가 세월을 다 보내고, 신약(身弱)하고 재(財)도 없으면 평생 가난과 고통 속에서 살게 된다. 이와같이 신왕(身旺)한 사람은 욕심이 많아도 지장이 없으나, 신약(身弱)한 사람이 욕심을 부리면 큰 재난이 온다.

■ 희신(喜神)의 경우

시 일 월 년
丁 甲 戊 庚
卯 寅 寅 子

춘목(春木)이 태왕(太旺)하여 칠살(七殺)인 경금(庚金)으로 다듬어야 한다. 그러나 경금(庚金)이 실령(失令)하여 약하니 무용지물이다. 이때 월상편재(月上偏財)가 경금(庚金)을 생하니, 경금(庚金)은 회생하여 갑목(甲木)을 다듬어 유능한 인재가 된다.

시 일 월 년
乙 甲 癸 戊
亥 寅 亥 戌

목(木)이 셋이고 수(水)가 셋으로 목왕수왕(木旺水旺)인데, 목(木)이 의지할데가 없어 물에 뜨게 되니 수(水)가 병이 된다. 이때 년주편재(年柱偏財)가 수(水)를 다스려 병을 고치고, 기력을 회복하여 명성을 크게 떨치게 된다.

시 일 월 년
丙 甲 甲 戊
寅 辰 寅 午

일간(日干)인 갑목(甲木)이 태왕(太旺)하고 화(火)가 많아, 관살(官殺)인 금(金)이 접근하지 못해 금(金)으로 벌목할 수 없다. 시상상관(時上傷官)으로 설기하여 재능을 발휘해야 되는데, 목화(木火)가 많으니 화기(火氣)가 충천하여 불길만 무성하다. 다행히 년상편재(年上偏財)와 일지편재(日支偏財)가 왕성한 불을 설기시켜 돈을 벌 수 있는 길이 열리게 된다.

■ 기신(忌神)의 경우

시 일 월 년
丁 壬 戊 戊
未 子 午 戌

신약(身弱)한 일간임수(日干壬水)가 편관칠살(偏官七殺)에 쫓기는데, 월지정재(月支正財)가 관(官)을 생하고 시상편재(時上正財)가 간합(干合)하여 일간임수(日干壬水)를 묶어버리니, 임수(壬水)는 꼼짝달싹 못하게 되므로 평생 재(財)로 인한 화란이 떠나지 않는다.

시 일 월 년
壬 壬 丙 乙
寅 午 戌 未

신약(身弱)한 일간(日干)이 년상상관(年上傷官)의 강한 설기 때문에 사경을 헤매는데, 월상재(月上財)가 상관(傷官)과 함께 설기를 더하고 있다. 재(財)로 인하여 병이 더욱더 심하게 되어 목숨을 보존하기 힘들다.

시 일 월 년
丙 甲 壬 戊
寅 申 戌 午

신약(身弱)한 갑목일간(甲木日干)이 식상(食傷)이 너무 많아 월상편인(月上偏印)에게 의지하려고 한다. 그러나 년상편재(年上偏財)가 극인(剋印)하여 의지할 수 없다. 환자가 짐을 지고 달리는 형상이라 평생 가난과 질병 속에서 고생하게 된다.

5. 정관(正官)

관(官)은 법과 질서를 뜻한다. 사회나 국가에 법과 질서가 없으면 혼란스러운 것처럼 사주(四柱)에서도 마찬가지다. 정관(正官)은 다정하고 성실한 보호자이며 권위의 상징이다. 정관(正官)은 무질서한 행동을 다스리고 때로는 다정하게 타이르며 힘과 용기를 주기도 한다. 그러나 신강(身强)한 사람에게는 발전할 수 있는 기회를 주지만, 신약(身弱)한 사람에게는 가난과 질병이 따를 뿐이다.

■ **희신(喜神)의 경우**

시	일	월	년
丙	辛	乙	庚
申	巳	酉	子

일간(日干)이 득령(得令)하고 비겁(比劫)이 많아서 월상재(月上財)가 위험하다. 그러나 시상정관(時上正官)이 다정하게 타이르고 다스리니, 분수를 지키고 월상재(月上財)도 안전하여 편안하게 산다.

시	일	월	년
甲	丁	壬	庚
辰	卯	午	午

신왕(身旺)한데 인수(印綬)가 또 도와주니 더욱 태왕(太旺)하다. 년상정재(年上正財)가 월상정관(月上正官)을 타이르고 다스리므로 관운(官運)이 매우 좋아져서 크게 출세한다.

시	일	월	년
丁	丙	丁	癸
酉	子	巳	巳

신왕(身旺)하고 양쪽의 겁재(劫財)가 득세(得勢)하여 일간(日干)을 도와주니 일간(日干)은 안하무인으로 행동한다. 시지정재(時支正財)가 왕성한 불길에 녹아버릴 것만 같다. 그러나 년상정관(年上正官)이 겁재(劫財)를 누르고, 일지정관(日支正官)이 시재(時財)를 보호해주니 부귀를 얻는데 문제가 없다.

■ **기신(忌神)의 경우**

시	일	월	년
丁	丙	辛	癸
酉	子	酉	巳

재왕신약(財旺身弱)이라 일간(日干)이 재(財)의 무게에 눌려서 꼼짝도 못하는데, 다시 정관(正官)이 재(財)의 힘을 등에 업고 일간(日干)을 치고 있다. 완전히 기진맥진하여 위기에 처하고 재능은 빛을 잃고 만다.

시 일 월 년
丁 庚 戊 辛
丑 子 戌 未

신약인왕(身弱印旺)하여 흙 속에 금(金)이 묻힌다. 그런데 정관(正官)이 또 생인(生印)하니 더욱 깊이 묻히게 되어 천하에 없는 보석이라도 빛을 발휘할 수 없다. 아무리 기다려도 기회가 오지 않아 억울하고 답답한 심정으로 평생을 살아가게 된다.

시 일 월 년
辛 庚 丁 辛
巳 寅 卯 卯

일간(日干)이 실령(失令)하여 년시겁재(年時劫財)에게 의지한다. 그러나 월상정관(月上正官)이 양쪽에 있는 겁재(劫財)를 내려치니, 마치 날개를 잃은 새처럼 날지도 못하고 불안과 초조 속에서 일생을 마감하게 된다.

6. 편관(偏官)

편관(偏官)은 위엄과 권위를 내세우는 강력한 법이다. 그러니 무정한 보호자로 매정하고 냉혹하며 강제로 밀어부치는 살이다. 신왕(身旺)하면 크게 출세하여 명성을 날리지만, 신약(身弱)하면 막강한 힘을 감당하지 못하여 질병에 시달리며 평생 쫓기며 살게 된다.

■ **희신(喜神)의 경우**

시 일 월 년
甲 甲 戊 庚
子 子 寅 寅

신왕(身旺)하고 재(財)가 약한데 많은 비견(比肩)이 재(財)를 빼앗아 가려고 한다. 그러나 년상편관(年上偏官)이 비견(比肩)을 억제하고, 편재(偏財)가 편관(偏官)을 생하니 권위와 명예가 높아진다.

시 일 월 년
壬 乙 戊 辛
午 卯 戌 丑

재왕신약(財旺身弱)하여 시상인수(時上印綬)에 의지해야 되는데, 왕한 재(財)가 인수(印綬)를 극하니 일간(日干)은 의지할데가 없어 힘이 없다. 그러나 년상칠살(年上七殺)이 왕한 재(財)를 설기하고 인수(印綬)를 도와주므로 크게 출세한다.

시 일 월 년
甲 丁 癸 庚
辰 巳 未 午

일간(日干)이 지지(地支)에 화국(火局)까지 이루어 신왕(身旺)하다. 월상칠살(月上七殺)이 년상정재(年上正財)의 도움으로 안하무인인 일간(日干)을 다스리니 재능을 발휘하여 유능한 인재가 된다.

■ **기신(忌神)의 경우**

시	일	월	년
庚	甲	壬	癸
午	寅	子	亥

신약(身弱)한데 인성(印星)이 많아 부목(浮木)이 되었다. 시상편관(時上偏官)이 인성(印星)을 도와 수(水)가 더욱더 왕성해지니, 권위에 눌려 재능을 발휘해 보지도 못하고 평생 방랑자가 되어 항상 고통을 받는다.

시	일	월	년
己	乙	辛	己
卯	丑	未	丑

재왕신약(財旺身弱)한데 편관칠살(偏官七殺)이 재(財)의 힘을 업고 약한 일간(日干)을 치고 있다. 환자에게 빨리 달리라고 채찍질을 하는 것과 같으니, 재물로 인한 재난이 많고 돈을 많이 벌면 몸이 병들거나 다친다.

시	일	월	년
乙	辛	庚	丁
未	丑	戌	丑

일간(日干)도 왕하고 인성토(印星土)도 왕하여 일간신금(日干辛金)이 흙에 묻힌다. 편재을목(偏財乙木)이 인성토(印星土)를 다스려 피해를 막으려고 하는데, 년상칠살(年上七殺)이 을목(乙木)을 설기하고 인성토(印星土)를 생한다. 권위 때문에 평생 시달려야 하며 손재를 당하여 피해가 막심하다.

7. 편인(偏印)과 인수(印綬)

편인(偏印)과 인수(印綬)는 작용이 비슷하다. 인성(印星)은 나를 생해주고 길러주므로 신약사주(身弱四柱)에게는 밥과 보약이라 더없는 희신(喜神)이 되고, 신왕사주(身旺四柱)에게는 배부른 사람에게 밥을 또 주는 형상이니 기신(忌神)이 된다. 이처럼 아무리 좋은 것이라도 적당히 있어야 도움이 되는 것이지 무조건 많다고 좋은 것은 아니다. 좋은 약도 적당히 써야 효과가 있는 것과 마찬가지다.

■ **희신(喜神)의 경우**

시	일	월	년
丁	戊	甲	癸
巳	寅	寅	卯

관왕신약(官旺身弱)인데 재생관(財生官)하니 좋은 가문에서 태어났으나 허약하다. 그러나 시상인수(時上印綬)가 관(官)을 화인(化印)하여 일간(日干)을 생하니 귀인의 도움을 받아 반드시 성공한다.

시	일	월	년
丙	己	庚	癸
寅	酉	申	丑

신약(身弱)한데 상관(傷官)이 득령(得令)하여 왕성하게 설기하니, 연약한 여자가 자식을 많이 낳아 병이 든 형상이다. 그러나 시상인수(時上印綬)가 보약이 되어 상관(傷官)을 다스리고 일간(日干)을 생하여 주니 모자가 건강하고 귀인의 도움을 받아 명성을 얻는다.

시	일	월	년
辛	癸	乙	辛
酉	卯	卯	卯

일간계수(日干癸水)가 실령(失令)하여 허약한데, 식신(食神)이 득령(得令)하고 왕성하니 자식을 낳고 병이 든 형상이다. 시상편인(時上偏印)이 득령(得令)하여 식신(食神)을 다스리고 일간(日干)을 생하니, 식신(食神)을 모두 감당할 수 있게 되어 일생을 편안하게 살아간다.

■ **기신(忌神)의 경우**

시	일	월	년
戊	甲	乙	癸
辰	子	卯	卯

신왕재왕(身旺財弱)인데 월상겁재(月上劫財)가 재(財)와 싸우고 있으니 암적인 존재가 된다. 설상가상으로 년상인수(年上印綬)가 기신(忌神)인 을목(乙木)을 생하니, 도둑에게 칼을 쥐어준 것과 같다. 평생 노력하면서 공을 세워도 재물은 흩어지므로 가난을 면할 길이 없다.

시 일 월 년
庚 庚 癸 戊
辰 申 未 申

태왕(太旺)한 일간(日干)이 계수상관(癸水傷官)을 이용하여 재능을 발휘하려고 한다. 그러나 년상편인(年上偏印)이 상관(傷官)과 간합(干合)하여 통로를 막기 때문에 숨이 막혀 가슴이 답답하다. 아무리 재능이 많아도 기회가 없으니 한탄 속에서 살아간다.

시 일 월 년
丙 丁 甲 戊
午 巳 寅 午

태왕(太旺)한 일간(日干)이 년상상관(年上傷官)에 의지하려고 하는데, 월주인수(月柱印綬)가 도식(倒食)하여 음식을 먹을 수 없고 살아갈 길이 막막하다. 지식과 재능은 있어도 발휘할 장소가 없으니 평생 무위도식한다.

8 장. 사주와 육신

1. 비견(比肩)과 겁재(劫財)

- 비견(比肩)이 많으면 평생 고생한다. 친구덕, 형제덕, 남편덕, 처덕이 모두 없고 이별한다.
- 비견(比肩)이 많아 일간(日干)이 태왕(太旺)하면 불구, 단명, 급사 등이 따른다.
- 비견(比肩)이 형충(刑沖)되면 형제가 있어도 마음이 맞지 않으며, 형제나 친구의 도움을 받지 못한다.
- 여자가 비견(比肩)이 많으면 평생 혼자 살거나, 남편이 있어도 별거하기 쉽고 화류계로 나가게 된다.
- 사주(四柱) 전체가 비견(比肩)이고 재성(財星)이 하나밖에 없으면 거지가 된다.
- 남자가 비견(比肩)이 많으면 군비쟁재(君比爭財)가 되어 동업을

하면 반드시 실패한다.

- 사주(四柱)에 겁재(劫財)가 많으면 형제, 친구, 배우자와 불화가 많다. 또 배우자와 이별하거나 상부상처(喪夫喪妻)한다.
- 겁재(劫財)는 비견(比肩)과 비슷한데 작용력이 더 강하다.

2. 식신(食神)과 상관(傷官)

- 식신(食神)과 상관(傷官)이 형충(刑沖)되면 나팔관 임신이나 제왕절개 수술을 한다.
- 여자가 식신(食神)과 상관(傷官)이 인성(印星)에게 극(剋)을 당하면 자식 때문에 눈물을 흘린다.
- 여자가 식상(食傷)이 많으면 남편과 생사이별하거나 화류계로 나가기 쉽다.
- 여자가 상관(傷官)이 있고 일지(日支)에 양인살(羊刃殺)이 있으면 남편이 비명횡사를 당한다.
- 신왕(身旺)에 상관(傷官)이 왕하면 예술가, 음악가, 종교가로 이름을 떨친다.

3. 편재(偏財)와 정재(正財)

- 사주(四柱)에 정재(正財)와 식신(食神)이 있으면, 재(財)의 근본인 식신(食神)이 있으니 부를 얻고 행복한 가정을 이룬다. 그러

나 겁재(劫財)가 있으면 흉으로 변한다.

- 정재(正財)가 많고 신약(身弱)하면 욕심 때문에 오히려 빈천해지며, 처에게 가권이 주어지고 여자로 인해 손재를 당하기 쉽다.
- 정재(正財)가 많으면 인수(印綬)를 극한다. 인수(印綬)는 학문이고 배움이기 때문에 학문과 명예가 중단되고, 어머니가 온전하기 힘들다.
- 정관(正官)이 천간(天干)에 있고 지지(地支)에 정재(正財)가 있으면 고귀하고, 월지(月支)에 있으면 명문가의 딸과 결혼한다.
- 정재(正財)와 정관(正官)이 가까이 있거나, 정재(正財)와 식신(食神)이 가까이 있으면 현모양처를 맞이한다.
- 정재(正財)에 도화살(桃花殺)과 목욕살(沐浴殺)이 같이 있고, 비견(比肩)이 있으면 부정한 처를 맞이한다.
- 정재(正財)와 겁재(劫財)가 같이 있으면 아버지의 덕이 없고 빈곤하다.
- 사주(四柱)에 겁재(劫財)나 비견(比肩)이 있고, 편재(偏財)가 시상(時上)에 있으면 손재상처(損財喪妻)한다.
- 편재(偏財)가 왕성하고 신왕(身旺)하면 사업으로 대성한다.
- 여자가 정재(正財)나 인수(印綬)가 지나치게 많으면 음란하고 천박하다.

4. 편관(偏官)과 정관(正官)

- 사주(四柱)에 정관(正官)이 하나만 있으면 귀하고, 많으면 재난

을 당하며 빈곤하다.

- 정관(正官)이나 정재(正財) 또는 편재(偏財)가 있으면 매우 좋으나, 상관(傷官)이 있으면 흉하다.
- 여자가 정관(正官)과 편관(偏官)이 많으면 독신으로 살거나 화류계로 나가기 쉽다.
- 관성(官星)과 재성(財星)이 같이 있으면 남편덕이 있다.
- 정관(正官)과 인수(印綬)가 같이 있으면 명예를 얻는다.
- 월지(月支)에 정관(正官)과 인수(印綬)가 있으면 부귀하고, 정관대운(正官大運)을 만나면 대부귀하다.
- 신강(身强)한데 식신(食神)과 편관(偏官)이 있으면 대부귀하다.
- 신약(身弱)하거나 식신(食神)이 많으면 가난하다.
- 인수(印綬)와 편관(偏官)이 있으면 크게 성공하여 많은 사람들을 거느린다.
- 편관(偏官)이 양인살(羊刃殺)이나 괴강살과 같이 있으면 군인으로 공명을 떨친다.
- 신약(身弱)인데 편관(偏官)이 왕하면 질병이 따르고 고독하다.
- 신약(身弱)한데 편관(偏官)도 약하면 남자는 방랑할 명이고, 여자는 연예인이나 비구니가 될 명이다.
- 편관(偏官)과 정관(正官)이 형충(刑沖)되면 빈천한 명이다.
- 여자가 편관(偏官)과 정관(正官)이 혼잡하고 삼합(三合)되면 수치심을 모를 정도로 음란하다.

5. 편인(偏印)과 인수(印綬)

- 월주(月柱)에 인수(印綬)가 있고 형충파해(刑沖破害)가 되지 않으면 총명하고 문장으로 이름을 떨친다. 여기에 관살(官殺)까지 겸해 있으면 부귀하다.
- 여자가 식신(食神)이 있고 편인(偏印)이 많으면 산액이 따르고 자식에게 해롭다.
- 일지(日支)에 편인(偏印)이 있으면 결혼운이 나쁘다.
- 재성(財星)과 관살(官殺)이 있고 편인(偏印)이 있으면 부귀하다.
- 인수(印綬)가 지나치게 많으면 처와 이별하고, 자식이 적거나 불효한다.
- 여자가 인수(印綬)가 많으면 일찍 혼자가 되거나 자식덕이 없다.
- 여자가 인수(印綬)와 관성(官星)이 같이 있으면 남편과 자식복이 많으며, 남편이 명성을 얻는다.
- 인수(印綬)가 왕성하고 신왕(身旺)하면 주색을 좋아한다.
- 여자가 인수(印綬)가 왕성하고 관성(官星)이 미약하면 남편 대신 생활전선에 나서며, 늙어서는 남의집 살이를 한다.

9장. 신살작용이 일어나는 시기

신살(神殺)은 대운(大運), 년운(年運), 월운(月運)에 신살(神殺)이 들어올 때나, 사주(四柱)에 있을 때 작용한다. 그리고 들어오는 운이 신살(神殺)과 합(合) 또는 충(沖)되고, 다른 지지(地支)와 합형충파해(合刑沖破害)가 많이 일어나면 틀림없이 작용한다. 이것을 정리하면 다음과 같다.

- 대운(大運), 년운(年運), 월운(月運)에서 신살(神殺)이 들어올 때 작용한다.
- 사주(四柱)에 신살(神殺)이 있을 때 작용한다.
- 들어오는 운과 신살(神殺)이 합(合) 또는 충(沖)될 때 작용한다.
- 들어오는 운의 신살(神殺)과 각 지지(地支) 중 어느 하나가 합(合) 또는 충(沖)될 때 작용한다.
- 사주(四柱)에 있는 그외의 지지(地支)들과 합형충파해(合刑沖破

害)가 많이 일어날 때 작용한다.

- 대운(大運)에서 합(合)되는 해는 충(沖)되는 달에 작용한다.
- 대운(大運)에서 충(沖)되는 해는 합(合)되는 달에 작용한다.
- 년운(年運)에서 합(合)되면 충(沖)되는 달에 작용한다.
- 년운(年運)에서 충(沖)되면 합(合)되는 달에 작용한다.
- 역마살(驛馬殺)은 역마월(驛馬月)에 작용한다.
- 수옥살(囚獄殺)은 수옥살(囚獄殺)과 충(沖) 또는 파(破)되는 년월(年月)에 작용한다.
- 형살(刑殺)은 형(刑)이 완전히 이뤄지는 년월(年月)에 작용한다.

1. 역마살(驛馬殺)

- 건명(1954년 4월 2일 寅時生)

시	일	월	년	42세	대운(41~50세)
戊	庚	戊	甲	丙	癸
寅	申	辰	午	子	酉

51	41	31	21	11	1
甲	癸	壬	辛	庚	己
戌	酉	申	未	午	巳

사주(四柱)에 신금역마(申金驛馬)가 월지진(月支辰)과 반합(半合)하고, 시지(時支)와 인신충(寅申沖)되었다. 42세 병자년운(丙子年

運)에 와서는 신자진(申子辰)으로 완전하게 삼합(三合)을 이루고 있다. 년지(年支)와 자오충(子午沖)하고, 대운(大運)과 년운(年運)이 천간(天干)을 충(沖)하고, 지지(地支)는 자유파(子酉破)되니 충(沖)을 받고 있는 역마살(驛馬殺)이 발동하게 된다.

년운(年運)에서 합(合)되었으므로 충(沖)되는 경인월(庚寅月)에 오토바이를 타고가다가 사고가 생겨, 왼쪽 다리에 부상을 입고 4개월 동안 병원에 입원하는 신세가 되었던 것이다.

2. 수옥살(囚獄殺)

■ 건명(1959년 6월 27일 卯時生)

시	일	월	년	35세	대운 (28세~37세)
己	乙	辛	己	癸	戊
卯	卯	未	亥	酉	辰

58	48	38	28	18	8
乙	丙	丁	戊	己	庚
丑	寅	卯	辰	巳	午

사주(四柱)에 년월일(年月日)이 목국(木局)으로 삼합(三合)을 이루었고, 일시지(日時支)에 장성살(將星殺)이 왕성하다. 35세인 계유년운(癸酉年運)에 수옥살(囚獄殺)인 유(酉)가 들어와 삼합목국(三合木局)을 충(沖)하여 흩어지게 하였다.

장성살(將星殺)인 묘(卯)와 충(沖)되어 있는데, 대운(大運)과 년운(年運)에서 천지합(天地合)되어 묶였다. 장성살(將星殺)인 묘목(卯木)을 때려잡고 묶인 형상이니, 계유년(癸酉年) 임술월(壬戌月)에 감옥에 갇히게 된 것이다.

임술월(壬戌月)에 갇힌 것은 장성살(將星殺)이 묘(卯)와 묘술합(卯戌合)되고, 대운(大運)과 천지충(天地沖)되었기 때문이다. 사주(四柱)를 보면 알겠지만 뒷골목 생활을 오래했으며, 밀수에 손을 댔다가 감옥에 가게 되었다.

3. 양인살(羊刃殺)

■ 곤명(1957년 11월 25일 午時生)

시	일	월	년		39세	대운 (33세~42세)
甲	辛	癸	丁		甲	丁
午	卯	丑	酉		戌	巳

53	43	33	23	13	3
己	戊	丁	丙	乙	甲
未	午	巳	辰	卯	寅

신금일간(辛金日干)이 갑술년(甲戌年)에 양인살(羊刃殺)인 술(戌)을 만났는데, 년지유(年支酉)와 해살(害殺)이 되고, 월지축(月支丑)과 형살(刑殺)이 되고, 일지묘(日支卯)는 육합(六合)이 되고, 시지

오(時支午)와는 반합(半合)을 이루었다.

그리고 대운사(大運巳)와는 원진살(怨嗔殺)이 되므로 갑술년(甲戌年) 무진월(戊辰月)에 운전을 하다가 신호를 기다리고 있는 그랜져를 잘못보고 들이받아, 치료비와 차량 수리비로 천만원 정도의 손재가 생겼다. 천만원이란 숫자는 술(戌)은 토(土)이고, 토(土)는 수리로는 5와 10이다. 술(戌)은 양(陽)이기 때문에 큰 숫자인 10으로 해석한 것이다.

4. 백호대살(白虎大殺)

■ 건명(1945년 3월 18일 未時生)

시	일	월	년	51세	대운(48세~57세)
己	戊	庚	乙	甲	乙
未	辰	辰	酉	戌	亥

58	48	38	28	18	8
甲	乙	丙	丁	戊	己
戌	亥	子	丑	寅	卯

이 사람은 일주(日柱) 자체가 백호대살(白虎大殺)이고, 월지(月支) 역시 백호대살(白虎大殺)이 있다. 51세 갑술년운(甲戌年運)에 일주(日柱)와 천충지충(天沖地沖)하여 백호대살(白虎大殺)이 두개나 충(沖)되고, 년지유(年支酉)와는 해살(害殺)이 되고, 시지미(時支未)

와는 삼형살(三刑殺)이 되고 파살(破殺)도 된다.

백호대살(白虎大殺)이 충(沖)되면 피를 보는 참사가 있는데, 파해형살(破害刑殺)이 겹치니 흉이 더욱 심해진 것이다. 진(辰)의 지장간(地藏干)에는 무을계(戊乙癸)가 있고 진중계수(辰中癸水)가 정처인데, 갑술년(甲戌年) 갑술월(甲戌月)에 백호대살(白虎大殺)과 양쪽에서 충(沖)되어 처가 친정 오빠집에 다녀오다가 택시가 언덕 아래로 굴러 중상을 입어 오랫동안 병원신세를 지게 되었다.

여기서 운명의 신비를 알 수 있는 것은 오빠집에 가기 싫어하는 처를 억지로 다녀오게 했으며, 같이 탔던 운전기사는 손끝하나 다치지 않았으니 사주팔자(四柱八字)는 실수가 없다는 것을 다시 한번 실감한다.

5. 삼형살(三刑殺)

■ 건명(1955년 12월 5일 丑時生)

시	일	월	년	35세	대운(34세~43세)
癸	癸	己	乙	甲	乙
丑	未	丑	未	戌	酉

54	44	34	24	14	4
癸	甲	乙	丙	丁	戊
未	申	酉	戌	亥	子

이 사람은 심부름 대행업을 하고 있는데, 32세인 신미년운(辛未年運)의 병술대운(丙戌大運)에 바람난 유부녀를 찾아달라는 부탁을 받았다. 그런데 찾아주기만 했으면 되는 것을 상대편 남자에게 돈을 갈취하려고 공갈협박을 하다가 고소당하여 특가법 위반으로 감옥에 갔다 왔다.

그후 갑술년운(甲戌年運)에서 다시 축술미삼형살(丑戌未三刑殺)이 둘이나 형성되었으니, 같은 해 정묘월(丁卯月)에 위와 비슷한 죄목으로 다시 감옥에 갇히게 되었다.

⑩장. 타고난 운명의 길흉

1. 처덕이 있을 사주

■ 재성(財星)이나 일지(日支)가 길신(吉神)이면 처덕이 있다.
■ 식상(食傷)이 재성(財星)을 생하면 처덕이 있다.
■ 일지(日支)에 정재(正財)가 있으면 처덕이 있다.
■ 월지(月支)에 정재(正財)가 있으면 명문가의 아내를 맞이한다.
■ 재(財)와 건록(建祿), 도화살(桃花殺)이 있으면 첩으로 인하여 부귀를 얻는다.
■ 관성(官星)에 도화살(桃花殺)이 있으면 처로 인하여 출세한다.
■ 남자가 재(財)에 역마(驛馬)가 있으면 외국여자와 연애한다.
■ 역마(驛馬)나 지살(地殺)이 재(財)와 합(合)되면 국제결혼 한다.

2. 처덕이 없을 사주

- 재성(財星)이나 일지(日支)가 기신(忌神)이면 처덕이 없다.
- 살왕신약(殺旺身弱)한데 재(財)가 살을 생하면 처첩으로 인하여 재난이 온다.
- 정재(正財)가 충파(沖破)되면 처녀와 인연이 없다.
- 재성(財星)이 간합(干合)하고 목욕도화(沐浴桃花)가 같이 있으면 처가 부정하다.
- 비겁(比劫)이 많으면 바람둥이 여자를 아내로 맞이한다.
- 일지(日支)에 편관(偏官)이 있으면 처의 성격이 횡폭하고, 충(沖)되면 병이 많다.
- 신왕(身旺)에 일지(日支)가 양인(羊刃)이면 처가 낭비가 심하다.
- 재다신약(財多身弱)하면 공처가로 축첩하거나 재혼한다.
- 신약(身弱)에 재(財)와 살이 왕하고, 시상(時上)에 칠살(七殺)이나 편재(偏財)가 있으면 부부싸움으로 인해 처가 음독자살한다.
- 관(官)을 형(刑)하고 재(財)와 합(合)되거나, 관(官)을 충(沖)하고 재(財)와 합(合)되면 유산한 후에 이별한다.
- 재(財)의 암장(暗藏)에 관(官)이 있는데 충(沖)하면 임신 중에 헤어지고, 신왕(身旺)에 시상편재(時上偏財)이면 처를 학대한다.
- 재성(財星)이 백호대살(白虎大殺)이고 관(官)이 태왕(太旺)하면 처첩이 아이를 낳다가 죽는다.
- 비겁(比劫)이 왕하고 재(財)가 약하면 처가 의심이 많다.
- 재(財)가 살지(殺支)에 앉거나, 재(財)가 있고 묘(墓)가 있으면 처가 죽는다.

3. 일주(日柱)로 보는 처의 흉운(凶運)

- 갑진일생(甲辰日生), 을미일생(乙未日生)이 신왕재왕(身旺財旺)하면 처첩이 음독한다.
- 갑인일생(甲寅日生), 갑신일생(甲申日生)이 사신(巳申)을 만나거나, 재다신약(財多身弱)하거나 신왕재약(身旺財弱)하면 처첩이 흉사한다.
- 병술일생(丙戌日生)이 추월(秋月生)에 태어나면 처첩이 음독자살한다.
- 병술일생(丙戌日生), 정축일생(丁丑日生)이 축술미형살(丑戌未刑殺)이 있으면 처첩이 흉사한다.
- 병인일생(丙寅日生)이 사신(巳申)이 있으면 처첩이 자살한다.
- 무기일생(戊己日生)이 자미(子未)가 모두 있으면 처첩이 아이를 낳다가 죽는다.
- 축일오시생(丑日午時生), 오일축시생(午日丑時生)은 처첩이 음독한다.
- 경인일생(庚寅日生), 경신일생(庚申日生), 임인일생(壬寅日生)이 사신(巳申)을 만나고 재다신약(財多身弱)하면 처첩이 자살한다.
- 임계일생(壬癸日生)이 해자축월생(亥子丑月生)에 해당하면 색난이 있다.
- 신유술생(申酉戌生)이 해(亥)를 만나거나 해자축생(亥子丑生)이 인(寅)을 만나면 처가 도망간다.

4. 의처증이 있을 사주

- 비겁(比劫)이 재성(財星)과 합(合)되면 의처증이 있다.
- 비겁(比劫)과 재성(財星)이 암합(暗合)하면 의처증이 있다.
- 재성(財星)이 겁재(劫財)를 둘러싸고 있으면 의처증이 있다.

5. 처와 싸움을 많이 할 사주

- 일시월(日時月)이 원진살(怨嗔殺)이 되고 충파(沖破)되면 처와 싸움을 많이 한다.
- 식상(食傷)이 혼잡하면 처와 싸움을 많이 한다.
- 재성(財星)과 일주(日柱)가 형충(刑沖)되면 처와 많이 싸운다.

6. 첩을 둘 사주

- 재성(財星)이 좌우에서 합신(合身)되면 첩을 얻는다.
- 편재(偏財)만 있고 식신(食神)이 생조하면 첩을 편애하여 이혼하게 된다.
- 재성(財星)이 많고 신약(身弱)하면 첩을 얻는다.

7. 첩에게서 자식을 얻을 사주

- 관살(官殺)이 매우 약한데 식상(食傷)이 태왕(太旺)하면, 본처와의 사이에서 자식을 낳기 어렵고 첩에게서 자식을 얻는다.

■ 관살(官殺)이 좌우에서 합신(合身)되면 첩에게서 자식을 얻는다.

8. 처가 가출할 사주

■ 역마(驛馬)와 재성(財星)이 같이 있고 형충(刑沖)되면 처가 가출하는 일이 생긴다.

■ 비겁(比劫)과 재성(財星)이 암합(暗合)하면 처가 가출한다.

9. 본처와 백년해로 못할 사주

■ 편재(偏財)와 정재(正財)가 혼잡하면 본처와 백년해로 못한다.

■ 양인살(羊刃殺)이 중중하고 재성(財星)이 매우 약하면 본처와 백년해로 못한다.

■ 정재(正財)보다 편재(偏財)가 유리하면 본처와 백년해로 못한다.

■ 신약(身弱)하고 재(財)와 살이 왕한데 시상(時上)에 재살(財殺)이 있으면 본처와 백년해로 못한다.

10. 남편덕 있을 사주

■ 신왕(身旺)에 재(財)가 관(官)을 생하면 남편의 일이 잘된다.

■ 신왕(身旺)하고 관성(官星)이 왕하면 부귀하다.

■ 신약(身弱)에 일지(日支)가 비견(比肩)이면 유능한 남편을 만나게 된다.

11. 남편덕 없을 사주

- 비겁(比劫)이 많으면 바람둥이 남편을 만난다.
- 관성(官星)이 약하면 독신으로 늙기 쉽다.
- 일지(日支)나 관성(官星)이 충파(沖破)되면 남편이 허약하여 병에 시달린다.
- 식상(食傷)이 많아 관성(官星)을 심하게 제압하면 가난한 남자를 만나고, 남편이 하는 일이 잘 풀리지 않는다.
- 관살(官殺)이 혼잡하면 남편이 음란하여 색을 즐긴다.
- 식상(食傷)이 태왕(太旺)하면 남편이 잘 안되고 이혼한다.
- 재성(財星)이 많아 관살(官殺)을 생하면 내 돈 주고 뺨맞는다.
- 재(財)와 관(官)이 많고 관성(官星)이 투출하면 여러 남자를 사귀며, 돈을 주고도 배신을 당한다.
- 일간(日干)이 일지(日支)를 극하면 남편을 이기려고 한다.
- 식상(食傷)이 왕하고 관성(官星)이 약하면 아이낳고 이별한다.
- 상관(傷官)과 관성(官星)이 서로 싸우면 좋은 남편과 헤어진다.
- 사주(四柱)에 수(水)가 많고 태왕(太旺)하면 화류계로 나간다.
- 관성(官星)이 묘(墓)에 임하거나 살지(殺支)에 앉으면 남편이 일찍 죽는다.
- 역마관성(驛馬官星)이 형충(刑沖)되면 남편이 교통사고를 당하게 된다.
- 자오묘유(子午卯酉)가 모두 있으면 음란하여 화류계로 나간다.
- 관살(官殺)이 혼잡하고 관성(官星)과 암합(暗合)하면 정사하거나 자살한다.

- 인사신일생(寅巳申日生), 축술미생(丑戌未生)이 형충(刑沖)을 만나면 부부불화로 자살을 기도한다.
- 축일생(丑日生)이 오(午)를 만나거나 오일생(午日生)이 축(丑)을 만나면, 부부간의 불화로 음독자살한다.
- 일지(日支)에 과숙살(寡宿殺), 십악대패살(十惡大敗殺), 양인살(羊刃殺) 등이 있으면 독수공방한다.
- 관성(官星)이 지살(地殺)이나 역마살(驛馬殺)에 해당하고 일주(日柱)와 합(合)하면, 외국으로 시집가거나 국제결혼 한다.
- 귀인과 합(合)이 많으면 많은 남자들과 깊은 관계를 맺는다.
- 식신(食神)이 태왕(太旺)하면 시집이 망하거나 남편이 일찍 죽게 된다.
- 을사일생(乙巳日生), 신사일생(辛巳日生), 계사일생(癸巳日生), 정해일생(丁亥日生), 기해일생(己亥日生)이 관성(官星)이 투출하면 외간남자와 통정하여 달아나기 쉽다.
- 갑을일생(甲乙日生)이 수(水)가 많으면 금(金)이 침수되므로 남편이 술독에 빠져 세월을 보낸다.
- 임계일생(壬癸日生)이 수(水)가 왕하면 토(土)가 떠내려 가므로, 남편이 술에 취하여 물에 빠져 죽는다.
- 을일생(乙日生)이 하월생(夏月生)으로 경금(庚金)을 만나 합(合)하면 자식으로 인하여 남편과 이별한다.

12. 의처증 남편을 만날 사주

- 관성(官星)과 합(合)이 많으면 의처증 남편을 만난다.

- 일지(日支)에 관성(官星)이 암장(暗藏)되면 의처증이 있는 남편을 만난다.
- 일지(日支)에 관성(官星)이 있고 합(合)이 많으면 의처증이 있는 남편을 만난다.
- 관성(官星)이 혼잡하면 의처증 남편을 만난다.

13. 시어머니와 갈등이 심할 사주

- 인성(印星)이 태왕(太旺)하면 시어머니와 갈등이 심하다.
- 일지(日支)가 재성(財星)이고 형충(刑沖)되면 시어머니와 갈등이 심하게 된다.
- 대운(大運)과 년운(年運)에 비겁(比劫)이 오면 시부모와 불화하거나, 시부모가 질병에 걸리거나 일찍 죽는다.
- 비겁(比劫)이 많으면서 일주(日柱)보다 왕성하면 시어머니와 갈등이 심하다.
- 재다신약(財多身弱)한데 생관살(生官殺)하면 시어머니와 갈등이 심하다.

14. 음란할 사주

- 신왕(身旺)한데 관살(官殺)이 혼잡하거나 없으면 음란하다.
- 수토(水土)가 혼탁하면 음란하다.
- 수(水)가 많고 관성(官星)이 매우 약하며 식상(食傷)이 투출하면 음란하다.

- 일주(日柱)와 관살(官殺)이 많이 합(合)되면 음란하다.
- 신왕(身旺)하고 관(官)이 쇠하면 음란하다.
- 관살(官殺)이 혼잡하면 음란하다.

15. 결혼 전에 자식을 둘 사주

- 일지(日支)에 식상(食傷)이 있고 관성(官星)과 합(合)되면 결혼하기 전에 자식을 두거나 임신하고 결혼한다.
- 일지(日支)에 관성(官星)이 있고 식상(食傷)과 합(合)되면 결혼하기 전에 자식을 두거나 임신하고 결혼한다.

16. 결혼 전에 동거할 사주

- 무계일(戊癸日)에 출생하면 결혼하기 전에 동거한다.
- 결혼 전에 자식을 두는 사주(四柱)는 모두 여기에 해당한다.

17. 조루증 남편을 만날 사주

- 인성(印星)이 많고 재성(財星)이 약하면 조루증 남편을 만난다.
- 관살(官殺)이 냉하거나 조열하면 조루증 남편을 만난다.

18. 자식두기 어려울 사주

- 신왕인왕(身旺印旺)하고 재성(財星)이 없거나 약하면 자식을 두

기 어렵다.

- 재왕신약(財旺身弱)하고 인성(印星)이 왕하면 자식두기 어렵다.
- 수일생(水日生)이 수(水)가 많고 목(木)이 약하면 자식을 두기 어렵다.
- 토일생(토日生)이 토(土)가 왕하고 금(金)이 한냉하면 자식을 두기 어렵다.
- 인성(印星)이 지나치게 많으면 자식을 두기 어렵다.
- 식상(食傷)이 태왕(太旺)하고 이를 제화(制火)하는 육신(六神)이 없으면 자식을 두기 어렵고, 만약에 자식이 있으면 화가 남편에게 미쳐서 요절한다.
- 재관(財官)이 지나치게 많으면 자식을 두기 어렵다.
- 식상(食傷)이 약한데 충(沖)되면 자식을 두기 어렵다.
- 식상(食傷)이 길신(吉神)을 충극(沖剋)하면 자식이 있어도 불효한다.
- 신약(身弱)에 비겁(比劫)이 많고, 식상(食傷)이 약한데 관성(官星)이 있으면 자식을 두기 어렵다.

19. 여자가 부업을 할 사주

- 신왕(身旺)하고 일지(日支)가 지살(地殺), 역마살(驛馬殺)이 재성(財星)에 해당하면 여자가 부업을 한다.
- 상관(傷官)에 관(官)이 있으면 여자가 부업을 한다.
- 재관(財官)이 합신(合身)되면 여자가 부업을 한다.

20. 남편이 미워지는 사주

- 관성(官星)이 많아 기신(忌神)에 해당하면 남편이 미워진다.
- 정관(正官)은 약한데 편관(偏官)이 왕성하면 남편이 미워진다.
- 상관(傷官)과 관(官)이 있고 재성(財星)이 없으면 임신한 후에 남편이 미워진다.

21. 남편 때문에 고통받을 사주

- 관살(官殺)과 일주(日柱)가 형충(刑沖)되면 남편으로 인하여 고통을 받는다.
- 고난살이 있으면 남편 때문에 고통을 받는다.

22. 자식낳고 남편과 생사이별할 사주

- 일주(日柱)와 상관(傷官)이 왕하면 자식낳고 남편과 헤어진다.
- 식상(食傷)이 왕하고 관성(官星)이 미약하면 자식을 낳고 남편과 생사이별한다.
- 일주(日柱)가 왕하고 상관(傷官)이 약하면 자식을 낳고 남편과 생사이별한다.

23. 부귀할 사주

- 신왕(身旺)하고 정관(正官)이 왕하며 인수(印綬)가 있으면 부귀

하게 된다.

- 신왕(身旺)하고 정관(正官)이 약하며 재성(財星)이 왕하면 부귀하게 된다.
- 신왕(身旺)하고 식상(食傷)이 생재(生財)하면 부귀하다.
- 종재격(從財格)인데 구성이 잘되고 운이 좋으면 부귀하다.

24. 빈천할 사주

- 신약(身弱)에 식상(食傷)이 약하며 재성(財星)이 중첩되면 빈천하게 된다.
- 신약(身弱)에 재성(財星)이 약하며 관살(官殺)이 중첩되면 빈천하게 된다.
- 신약(身弱)에 인성(印星)이 약하며 식상(食傷)이 중첩되면 빈천하게 된다.
- 비겁(比劫)이 왕성한데 식상(食傷)이 없고 재성(財星)이 약하면 빈천하게 된다.
- 신약(身弱)하고 재성(財星)이 왕성한데 관살(官殺)이 비겁(比劫)을 억제하면 빈천하게 된다.
- 희신(喜神)인 인수(印綬)를 재성(財星)이 파(破)하면 빈천하게 하게 된다.
- 신약(身弱)하고 비겁(比劫)이 미약하며 재성(財星)이 왕성하면 빈천하게 된다.
- 희신(喜神)인 재성(財星)이 합(合)되어 다른 육신(六神)으로 바뀌면 빈천하게 된다.

25. 재정공무원이 될 사주

- 일주(日柱)와 재성(財星)이 합(合)하여 재성(財星)이 왕하면 재정공무원이 된다.
- 일주(日柱)와 관재(官財)가 합(合)되면 재정공무원이 된다.
- 관재(官財)가 있고 일주(日柱)와 합(合)되면 재정공무원이 된다.
- 일주(日柱)에 재성(財星)이 같이 있고 관성(官星)과 합(合)되면 재정공무원이 된다.
- 일주(日柱)와 관성(官星)이 같이 있고 재성(財星)과 합(合)되면 재정공무원이 된다.

⓫장. 대운, 년운, 월운

1. 대운(大運)

대운(大運)이란 10년에 한번씩 바뀌는 인생의 계절을 말한다. 일년은 사계절이고 한 계절은 3개월이다. 이 3개월이 한달씩 계절을 관장하여 봄이면 꽃을 피고, 여름이면 열매를 맺어 가을이면 거두어 들인다. 일년의 한달은 대운(大運)에서는 10년이요, 일년의 한 계절은 3개월이지만 대운(大運)에서는 한 계절이 30년이 된다.

대운(大運)은 출생한 계절을 중심으로 역행 또는 순행하며, 우주만물이 계절의 변화에 적응하며 살아가듯이 사람도 인생의 계절인 대운(大運)의 변화에 따라 길흉과 생사가 좌우된다.

대운(大運)은 천간(天干)이 5년 동안 사주(四柱)를 통제하고, 지지(地支)가 나머지 5년을 통제하는데 우선 10년을 묶어서 보아야 하는 것이 원칙이고, 다음은 5년씩 세분해서 보면 된다.

사주(四柱)가 아무리 좋아도 대운(大運)이 좋지 않으면 재능이 있어도 기회가 없으니 무용지물이 되며, 사주(四柱)가 어느 정도 좋고 대운(大運)이 좋으면 성공할 수 있는 기회를 잡는다. 그래서 사주(四柱)를 불여대운(不如大運)이라고 하는 것이다.

2. 년운(年運)

대운(大運)은 10년 동안의 운을 통제하지만, 년운(年運)은 일년 동안의 운을 통제한다. 일반적으로 년운(年運)이 대운(大運)보다 강한 작용을 한다고 하지만 필자는 반대로 대운(大運)의 작용이 더 강하다고 주장한다. 대운(大運)이 길하고 년운(年運)도 길하면 가장 좋고, 하나가 좋고 하나가 흉하면 길흉은 반반이고, 모두 흉하면 매우 흉하다.

3. 월운(月運)

월운(月運)은 가장 강한 작용을 하며, 한달 동안의 운명을 통제한다. 그러나 대운(大運)이나 년운(年運)과 함께 힘을 모아야만 되기 때문에 작용은 비슷하게 보아야 한다. 대운(大運)이나 년운(年運)이나 월운(月運)이나 모두 독자적으로 행동하는 것이 아니라, 상호작용에 의해서 길흉이 정해지는 것이기 때문에 어느 한가지라도 소홀하게 다루면 안된다.

년운(年運)이나 월운(月運)도 대운(大運)과 마찬가지로 간지(干支)를 종합적으로 대조해서 분석해야 한다. 어느 하나만 갖고 길흉을 판단할 수는 없다. 그러나 년운(年運)이나 월운(月運)도 세분하여 일년의 전반 6개월은 천간(天干)이 통제하고, 후반 6개월은 지지(地支)가 통제한다고 볼 수 있다. 그래서 항상 종합해서 분석하고 판단해야 한다.

대운(大運), 년운(年運), 월운(月運)을 세분해서 길흉을 판단할 때는 우선 지지(地支)를 보고 천간(天干)을 참고로 보면 가장 정확하다. 그외에 일운(日運)과 시운(時運)도 위와 같다.

4. 유년법(流年法)

대운(大運), 년운(年運), 월운(月運), 일운(日運)은 다음의 몇가지 원칙에 입각해서 판단한다. 사주(四柱)는 왕쇠강약(旺衰强弱)을 위주로 해서 희신(喜神)과 기신(忌神)을 구별하고, 그 희신(喜神)과 기신(忌神)을 토대로 길흉화복을 판단한다.

희신(喜神)과 같은 운이 오면 발복하고 기신(忌神)과 같은 운이 오면 패망한다. 그리고 대운(大運)이나 년운(年運)이나 사주(四柱)의 일주(日柱)가 서로 충합(沖合)되면 만사가 침체되고 부진함은 물론이고, 뜻하지 않은 사태와 재난이 발생해도 속수무책으로 방법이 없다.

충(沖)은 반목과 불화, 시비와 소송에 의한 손재와 재난을 초래하고, 합(合)은 색정과 유혹 그리고 오판에 의한 불의의 재난을 초래한다. 일주(日柱)를 위주로 유년운(流年運)을 살펴보기로 한다.

1. 천지동(天地同)

일주(日柱)가 갑자(甲子)인데 갑자운(甲子運)을 만나면 천지동(天地同)이 된다. 진짜와 가짜의 시비와 소송이 발생하며, 중상과 모략, 속임수와 누명이 분분하다. 또 이동과 이사, 전직이나 전업, 가짜에 의한 유혹과 손재가 발생한다.

그리고 배신자나 라이벌에 의한 중상모략으로 좌천되거나 의외의 사고나 재난 등이 발생하고, 부모나 부부에게 이변이 생길 수도 있으며, 동업이나 금전적인 대인관계는 피하는 것이 상책이다. 특히 남의 유혹이나 집단행동에 빠지거나 관여하는 것은 금물이다.

2. 천지충(天地沖)

일주(日柱)가 갑자(甲子)인데 경오운(庚午運)을 만나면 천지충(天地沖)이 된다. 현재 하고 있는 일을 정리하고 새로운 출발을 하게 되니 신상에 변동이 불가피하다. 하늘이 무너지고 땅이 꺼지니 부모의 이변과 처자의 비운을 암시하고, 불의 급습으로 도난, 횡액, 노상봉변과 교통사고, 상해 등의 사고가 발생한다.

그리고 건강에 문제가 생기거나 손재를 당하는 등 근심걱정할 일이 생긴다. 특히 가정의 건강과 화합에 주의를 기울여야 한다. 이사나 출가하는 것으로 이변을 피할 수 있다. 감정을 억제하여 이성적으로 행동하며, 가능하면 모든 대인관계를 피하고, 신규사업이나 사업을 확장하는 등의 일은 피하는 것이 좋다. 현상유지를 한다면 그나마 성공한 것이다.

3. 천지합(天地合)

일주(日柱)가 갑자(甲子)이고 기축운(己丑運)을 만나면 천지합(天地合)이 된다. 여러가지 유혹과 일확천금의 욕심에 빠져 큰 일을 저지르고 후회한다. 부모와 배우자의 이변을 암시하고, 잘못하면 생명에 이변이 생길 수 있는 일생일대의 가장 큰 위기다. 신규나 확장 등은 금물이며 무슨 일을 해도 실패하며 여파가 오래간다.

4. 천동지충(天同地沖)

일주(日柱)가 갑자(甲子)이고 갑오운(甲午運)을 만나면 천동지충(天同地沖)이 된다. 계획이나 시기가 어긋나는 결과를 암시한다. 특히 배우자의 이변이나 가출, 또는 자신이 가출할 수도 있으니 만사에 세심한 주의가 필요하다.

5. 간합간충(干合干沖)

일간(日干)을 합(合)하거나 충(沖)하는 운이다. 천지충(天地沖)이나 천지합(天地合)에 비해서는 흉이 약하지만, 심상치 않은 이변이 돌발할 수 있으니 매우 조심해야 한다. 손재하기 쉬우니 신규나 확장은 금물이며, 대인관계를 원만히 하되 가능하면 하지 않는 것이 더 낫다. 인정이나 친절이 화근이 되며, 다른 사람에게 이끌려 투자를 하다가 크게 손재한다.

5. 대운(大運)과 년운(年運)의 육친형충(六親刑沖)

1. 비견(比肩)과 겁재(劫財)가 형충(刑沖)되면

형제나 친구와 사고, 불화, 이별, 갈등 등이 발생한다. 사업을 분리하는 일이 생기기도 한다.

2. 식신(食神)과 상관(傷官)이 형충(刑沖)되면

남자는 처에게 질병이 생기고, 여자는 인공유산, 제왕절개, 자궁 등에 병이 발생하고 자식으로 인하여 근심할 일이 생긴다.

3. 편재(偏財)와 정재(正財)가 형충(刑沖)되면

처로 인한 파산이나 처의 질병, 사별 등이 생긴다. 재물로 인한 관재와 소송, 또는 도둑을 맞는 수도 있으며, 부모와 처에게 질병이 생기고 부부가 이별할 수도 있다.

4. 편관(偏官)과 정관(正官)이 형충(刑沖)되면

관재구설과 언쟁이 떠날 날이 없다. 몸에 병이 생기고 수술, 상해, 부상 등이 발생한다. 남자는 자식이나 직장의 일로 해직이나 퇴직을 당한다.

5. 편인(偏印)과 인수(印綬)가 형충(刑沖)되면

어머니가 질병에 걸리거나 죽는 수도 있다. 이사. 학업중단, 문서사고 등이 발생한다. 부동산 매매로 인한 관재 구설수나 언쟁이 일어나며, 보증해준 것을 대납하거나 수표부도 등이 생긴다. 공직자는 직업을 바꾸고 나서 크게 후회한다.

6. 각종 운이 들어오고 나가는 시기

1. 해외로 나가는 운

- 관성(官星)이 역마살이면 남편이 외국에 간다.
- 일지(日支)가 합(合)되고 월지(月支)가 충(沖)되는 해는 해외로 나가게 된다.
- 역마(驛馬)나 지살(地殺)이 일지(日支)와 합(合)되는 해는 해외로 나간다.
- 일시지(日時支)의 역마살(驛馬殺)이나 지살(地殺)이 충(沖)되는 해는 해외로 나간다.
- 일시지(日時支)의 역마살(驛馬殺)이나 지살(地殺)이 합(合)되는 해는 해외로 나간다.
- 일주(日柱)와 인수운(印綬運)이 합(合)되는 해는 해외로 나간다.
- 역마살(驛馬殺)과 재관(財官)이 합(合)되는 해는 해외로 나간다.

먼저 나가는 해를 알고 그 해의 지지(地支)와 충(沖)되는 달이나 삼합(三合)되는 달은 해외로 나가는 운으로 보면 된다. 예를 들어 을해년(乙亥年)이면 해(亥)와 충(沖)되는 사월(巳月)이나, 해(亥)와 삼합(三合)되는 해묘미월(亥卯未月)에 해당하면 해외로 나간다.

2. 승 진

- 관성(官星)이 되는 해는 길운(吉運)이다.
- 재성(財星)이 되는 해는 길운(吉運)이다.
- 희신(喜神)이 되는 해는 길운(吉運)이다.

3. 시 험

- 관성운(官星運)이 희신(喜神)이 되는 해는 길운(吉運)이다.
- 사주(四柱)에서 희신(喜神)에 해당하는 해는 길운(吉運)이다.
- 인수년(印綬年)은 특별한 기신(忌神)이 아니면 길운(吉運)이다.
- 식상(食傷)이 기신(忌神)이 아니면 중길운(中吉運)이다.
- 조후(調候)가 조절되면 길운(吉運)이다.
- 사주(四柱)를 탁하게 만드는 운은 흉운(凶運)이다.
- 재성(財星)은 희신(喜神)이 아니면 흉운(凶運)이다.
- 기신(忌神)이 되는 해는 흉운(凶運)이다.

4. 교통사고

- 각종 신살(神殺)이 발동하는 해는 불길하다.

- 일지(日支)가 희신(喜神)인데 충(沖)되는 해는 불길하다.
- 관살(官殺)이 왕한데 관살운(官殺運)인 해는 불길하다.
- 관살혼잡(官殺混雜)이 되는 해는 불길하다.
- 년운(年運)이 겁살(劫殺)이나 기신(忌神)이 되는 해는 불길하다.
- 금(金)과 금(金)이 부딪치는 해는 불길하다.
- 목(木)과 목(木)이 부딪치는 해는 불길하다.
- 금(金)과 목(木)이 부딪치는 해는 불길하다.
- 편관(偏官)이 강하게 들어오는 해는 불길하다.
- 천지충(天地沖)되는 해는 불길하다.

5. 질 병

- 신약(身弱)에 편관운(偏官運)인 해는 질병이 따른다.
- 양인살(羊刃殺)이 되는 해는 질병이 따른다.
- 양인살(羊刃殺)이 충(沖)되는 해는 질병이 따른다.
- 신약사주(身弱四柱)는 식상년(食傷年)에 질병이 따른다.
- 양인(羊刃)과 백호(白虎)가 합(合)되는 해는 질병이 따른다.
- 식상(食傷)이 약하면 편인년(偏印年)에는 질병이 따른다.

6. 관재소송

- 신약(身弱)인데 관살운(官殺運)이 오는 해는 관재소송이 따른다.
- 기신(忌神)이 중첩하는 해는 관재소송이 따른다.
- 일간(日干)은 극(剋)되고 지지(地支)는 충(沖)되는 해는 관재소

송이 따른다.

- 비겁년(比劫年)이나 상관년(傷官年)에는 관재소송이 따른다.
- 일지(日支)가 형(刑)을 만나는 해는 관재소송이 따른다. 특히 사주(四柱)에 형(刑)이 있으면 더욱더 강하다.

7. 손 재

- 상관운(傷官運), 칠살운(七殺運), 겁재운(劫財運), 군비쟁재년(君比爭財年)에는 손재가 따른다.
- 일간(日干)이나 일지(日支)와 합화(合火)된 오행(五行)이 기신(忌神)에 해당하면 손재가 따른다.
- 사주(四柱)에 편인(偏印)이 많은데 또 편인(偏印)을 만나면 손재가 따른다.
- 인수(印綬)와 역마(驛馬)가 형충(刑沖)되는 해는 매매에 곡절이 따른다.

8. 결 혼

- 여자가 일이 풀리지 않고 세상만사가 싫어지면 결혼할 운이다.
- 여자에게 희신(喜神)이 일주합(日柱合)되는 해는 결혼한다.
- 여자에게 관살(官殺)이 태왕(太旺)한 식신년(食神年)이나 관성(官星)이 태약(太弱)한 해는 결혼할 운이다.
- 여자에게 재성년(財星年)이 오면 결혼할 운이다.
- 여자가 신약사주(身弱四柱)에 인수년(印綬年)이면 결혼한다.

- 여자에게 관성(官星)이 합신(合身)되는 해는 결혼할 운이다.
- 여자에게 월지(月支)가 충(沖)되는 해는 결혼할 운이다.
- 남녀 모두 도화년(桃花年)은 결혼할 운이다.
- 여자가 병일간(丙日干)은 신년(辛年), 을일간(乙日干)은 경년(庚年)에 해당하면 본인의 의사와 관계없이 강제적으로 결혼하게 된다. 사주(四柱)가 나쁘면 옛 애인이 나타나기도 한다.
- 남자가 재(財)가 합신(合身)되면 결혼할 운이다.
- 남자에게 관성(官星)이나 희신(喜神)이 합신(合身)되는 해는 결혼할 운이다.
- 남자가 재성(財星)이 태약하면 식상운(食傷運)에 결혼한다.
- 남자가 신약사주(身弱四柱)이면 인수운(印綬運)에 결혼한다.
- 남자가 일간(日干)만 합(合)되거나 일지(日支)만 합(合)되는 해가 되면 결혼할 운이다.
- 남자에게 월지(月支)가 합(合)되는 해는 결혼할 운이다.
- 남자가 재성(財星)이 왕하면 관성(官星)이 되는 해에 결혼한다.

9. 이성으로 인한 구설수

- 일간(日干)이 합(合)되는 해는 이성으로 인한 구설수가 생긴다.
- 망신살(亡身殺)이 되는 해는 이성으로 인한 구설수가 생긴다.
- 도화살(桃花殺)이 충합(沖合)된 해는 이성문제로 구설수가 있다.
- 남자가 편관과 정재(正財)가 혼잡되는 해는 이성으로 인한 구설수가 따른다.
- 남자에게 상관년(傷官年)은 이성으로 인한 구설수가 있다.

- 남자에게 재성(財星)이 망신살(亡身殺)에 해당하는 해는 이성으로 인한 구설수가 있다.
- 여자에게 관살혼잡(官殺混雜)되는 해는 이성으로 인한 구설수가 생긴다.
- 여자에게 도화살(桃花殺)이 되는 해는 이성으로 인한 구설수가 생긴다.
- 여자에게 재성(財星)이 기신(忌神)이 되는 해는 이성으로 인한 구설수가 따른다.

10. 학업중단

- 관살(官殺)이 혼잡하고 탁하면 학업이 중단된다.
- 신약(身弱)한데 인성(印星)이 재성(財星)이나 식상(食傷)에 의해 파(破)되면 학업이 중단된다.
- 관살(官殺)이 미약하고 식상(食傷)에 의해 파(破)되면 학업이 중단된다.
- 신왕(身旺)하고 식상(食傷)이 미약하거나 인성(印星)에 의해 파(破)되면 학업이 중단된다.
- 일주(日柱)가 매우 약하고 관살(官殺), 재성(財星), 식상(食傷)이 왕성하면 학업이 중단된다.
- 공부하는 시기에 대운(大運)이 흉하거나 상관운(傷官運)이 되면 학업이 중단된다.
- 학교성적은 절대적으로 유년(流年)의 길흉과 비례한다.

11. 청소년 가출

- 인수(印綬)와 상관(傷官)이 역마살(驛馬殺)이나 지살(地殺)이면, 인수상관(印綬傷官)은 문화예술에 해당하므로 등산, 관광, 극장, 구경 등에 끌려 가출하게 된다.
- 재성(財星)이 역마살(驛馬殺)이나 지살(地殺)이면, 재성(財星)은 인수(印綬)를 치므로 공부하기 싫어 나가거나 여자로 인해 가출하게 된다.
- 관성(官星)이 역마살(驛馬殺)이나 지살(地殺)이면, 취업이나 남자로 인해 가출하게 된다.
- 가출시기는 해외로 나가는 운에 준해서 보면 된다.

7. 년(年)과 월(月)의 길흉

1. 희신(喜神)의 경우 : 吉

1. 비겁(比劫)이 되는 년월(年月)

다른 사람의 도움을 받아 어렵고 막혔던 일이 해결되고, 동업을 하거나 협동해서 큰 돈을 모은다.

2. 식상(食傷)이 되는 년월(年月)

실직자는 취직하고 자금으로 시달리던 사람은 해결되며, 환자는 완치되고 미혼자는 결혼하며, 계획했던 일이 이루어진다.

3. 재성(財星)이 되는 년월(年月)

신규사업과 사업확장 등으로 재능을 최대한 발휘한다. 혼기에 찬 남자는 현모양처를 얻어 훌륭한 내조를 받는다.

4. 관성(官星)이 되는 년월(年月)

승진, 당선, 취직, 시험 등이 모두 잘되고, 크게 출세하여 이름을 떨친다. 재판을 하면 승소한다.

5. 인성(印星)이 되는 년월(年月)

문서상의 기쁨과 가정에 즐거움이 있다. 임명장이나 계약서 등으로 좋은 일이 생기며 진학자는 합격한다. 매매가 잘되며 윗사람의 총애와 신임으로 요직에 발탁된다. 새로운 사업을 해도 좋다.

2. 기신(忌神)의 경우 : 凶

1. 비겁(比劫)이 되는 년월(年月)

대인관계가 서툴러 시비와 소송이 발생한다. 중상과 모략, 유혹과 대립에 의한 손재가 크며 실패한다.

2. 식상(食傷)이 되는 년월(年月)

어리석은 고집으로 실패한다. 특히 유혹과 감언이설에 의한 사기를 당하기 쉬우니 새로운 일이나 사업확장은 금물이다.

3. 재성(財星)이 되는 년월(年月)

무리한 투자나 증대 또는 유혹과 욕심 때문에 사기에 걸려 크게 실패한다. 돈이 있으면 유혹과 향락에 빠지고, 돈이 없으면 직장을 그만두게 된다. 사업가는 사기를 당하거나 자본부족으로 불황을 겪고, 문서상의 재난이 발생한다.

4. 관성(官星)이 되는 년월(年月)

관재구설과 상해를 당하기 쉽고, 윗사람이나 자식 때문에 고생한다. 정신적 불안과 번뇌가 쌓여 질병으로 크게 고생한다.

5. 인성(印星)이 되는 년월(年月)

문서상의 문제로 불리한 판결을 받거나 큰 손해를 보고, 인장으로 인한 재난을 당하는 수가 많다. 직장은 좌천이나 퇴직하게 되고 진학, 면허, 여권, 시험 등 모두 막혀 되는 일이 없다.

8. 형(刑), 충(沖), 합(合)

- 일월(日月)이 원진살(怨嗔殺)에 해당하거나 형충(刑沖)되면 부모와 형제간에 불화하고 고부간에도 정이 없다.
- 인수(印綬)가 형(刑)되면 어머니에게 흉한 일이 생긴다.
- 역마살(驛馬殺)이나 지살(地殺)이 일지(日支)를 형(刑)하면 노상횡액을 조심해야 한다.
- 일지(日支)가 형(刑)되면 경찰계통으로 나가지 않으면 감금당하

게 된다.

- 일월시(日月時)가 충(沖)되면 본처와 백년해로하기 힘들다.
- 관성(官星)이 백호살(白虎殺)이고 형충(刑沖)되거나, 관성(官星)이 미약한데 형충(刑沖)되면 남편이 흉사를 당한다.
- 여자가 식상(食傷)이 백호살(白虎殺)에 해당하고 형충(刑沖)되면, 자손에게 흉한 일이 생긴다.
- 남자가 일시(日時)의 관(官)을 역마살(驛馬殺)이나 지살(地殺)이 형충(刑沖)하면 일점혈육이 실종된다.
- 인수(印綬)를 역마살(驛馬殺)이나 지살(地殺)이 형충(刑沖)하면 모친이 노상횡액을 당한다.
- 일시(日時)의 재(財)가 충(沖)되고, 그 재(財) 중에 암장(暗藏)한 관(官)이 있으면 임신 중에 남편과 이별하게 된다.
- 비겁(比劫)과 도화살(桃花殺)이 형(刑)되면 처첩송사로 망한다.
- 남자가 시상(時上)에 상관(傷官)이 있으면 불구 자손을 둔다.
- 여자가 관(官)이 역마살(驛馬殺)이나 지살(地殺)에 해당하고, 일주(日柱)와 합(合)되면 외국인과 교제한다.
- 남자가 재(財)가 역마살(驛馬殺)이나 지살(地殺)이고 일주(日柱)와 합(合)되면, 해외에서 돈을 벌어오거나 국제결혼을 하게 되거나 혼혈아 자식을 둔다.
- 재관(財官)이 같이 있고 일주(日柱)와 합(合)되든지, 관재(官財)와 일주(日柱)가 합(合)되면 총각에게 자식이 생기거나 두 여자에게서 자식을 얻는다.
- 비겁(比劫)이 관(官)과 암합(暗合)하면 남편이 첩을 두거나 바람을 피운다.

- 남자가 편정재(偏正財)가 있고 년운(年運)에서 합(合)되어 들어오면 의처증이 생기고 잘못하면 이별한다.
- 관성(官星)이나 인성(印星)이 국(局)을 이루고, 일주(日柱)와 합(合)되면 외무부나 대사관에서 근무하게 된다.
- 인수성(印綬星)이 식상형충(食傷刑沖)하면 첫아이를 친정에서 낳으면 안된다.

9. 년운(年運)의 지지(地支)가 사주(四柱)를 충(沖)하면

1. 일지(日支)와 충(沖)되는 해

- 정신적인 동요가 많이 발생하는 불안한 운이다.
- 노력에 비해 결과가 신통치 않다.
- 계획한 일이 뜻대로 이루어지지 않는다.
- 배우자의 직장이나 건강에 변화가 생긴다.
- 일지(日支)가 상관(傷官)이나 양인(羊刃)이면 관재구설이 있다.
- 일지(日支)가 백호대살(白虎大殺)이거나 역마살(驛馬殺)이나 지살(地殺)이면 교통사고를 주의해야 한다.

2. 월지(月支)와 충(沖)되는 해

- 가정문제로 가출하는 일이 생기고 잘못하면 파탄한다.
- 부모형제나 친구와 불화가 생긴다.

■ 직장에 대한 불만이 생기지만 변동하면 후회한다.
■ 주위환경에 불만스런 일이 생긴다.
■ 여자는 결혼할 가능성이 높다.

3. 년지(年支)와 충(沖)되는 해

■ 조상과 관계된 여러가지 일이 생긴다.
■ 사회활동에 문제가 생긴다.

4. 시지(時支)와 충(沖)되는 해

■ 자식의 사고나 가출, 반항 등으로 걱정할 일이 생긴다.
■ 아랫사람이나 부부간에 불화가 생긴다.

감정편

❶장. 감정에 들어가기 전에

우주의 기(氣)는 지금 이 순간에도 쉬지 않고 흐르고 있다. 1997년 8월 8일 12시이면 정축년(丁丑年) 기유월(己酉月) 갑인일(甲寅日) 경오시(庚午時)가 되는데, 정축은 1997년의 12개월 동안 작용하고, 기유(己酉)는 8월 한달 동안 작용하고, 갑인(甲寅)은 8일 하루 동안 작용하고, 경오(庚午)는 오(午)인 오전 11시 32분에서 오후 1시 32분까지 2시간 동안 작용한다.

이렇게 각각 작용하는 기(氣)가 상호작용에 의해서 우주를 지배하며 변화를 만든다. 사람 역시 우주와 자연 속에 존재하므로 기(氣)의 흐름과 작용에 의해서 태어나고 죽어갈 수 밖에 없다.

대운(大運)의 수는 정확하게 120개다. 왜냐하면 육십갑자(六十甲子)가 순행과 역행하므로 60에다 2를 곱하면 대운(大運)의 수인 120이 나온다. 120개에 달하는 대운(大運)은 지금 이 순간에도 작용하고 있다. 그러므로 육십갑자(六十甲子)의 기(氣) 가 모두 작용하고 있고, 더 나아가 육십갑자(六十甲子)를 구성하고 있는 십간십이지(十干十二支)의 기(氣)가 모두 작용하고 있다는 결론이 나온다.

그렇다면 1997년 8월 8일 12시에는 정축(丁丑), 기유(己酉), 갑인(甲寅), 경오(庚午)의 기(氣)가 흐르며 작용하고 있는데, 나머지 기(氣)들은 어디서 어떻게 작용할까 하는 의문이 생긴다. 여기서 알아야 할 것은 기(氣)는 절대로 혼자서는 작용하지 못한다는 것이다. 즉 서로 상호작용에 의해서만 작용할 수 있다.

우주에는 십간십이지(十干十二支)의 기(氣)가 항상 공존하고 있으면서 정축년(丁丑年) 기유월(己酉月) 갑인일(甲寅日) 경오시(庚午時)에는 그때 해당하는 기(氣)가 다른 기(氣)보다 강하게 작용한다.

대운(大運)도 마찬가지로 120개가 있기 때문에, 120명의 사람이 각기 자기에게 해당되는 대운(大運)의 기(氣)와 작용에 의해 희로애락이 결정된다. 예를 들면 갑자대운(甲子大運)인 사람은 갑자(甲子)의 기(氣)를 강하게 받고, 을축(乙丑)이면 을축(乙丑)의 기(氣)를 강하게 받는다.

❷ 장. 감정순서

1. 왕쇠강약(旺衰强弱)을 파악한다.

1. 왕쇠(旺衰)

사주(四柱)에서 왕쇠(旺衰)란 일간(日干)이나 육신(六神)이 통근(通根)하여 유근(有根)인가, 아니면 통근(通根)하지 못해서 무근(無根)인가를 먼저 보고, 통근(通根)했으면 왕한 것이고 무근(無根)이면 쇠한 것이 된다.

관성(官星)이 왕하면 명예와 이름을 떨치고, 재성(財星)이 왕하면 건강한 여자를 아내로 맞아들이고, 재(財)가 풍부하고 인성(印星)이 왕하면 주위 사람의 도움을 받아 성공하며, 식상(食傷)이 왕하면 먹을 복을 갖고 태어났으며, 재능을 발휘할 기회가 많아 빛을 본다.

2. 강약(强弱)

사주(四柱)의 강약(强弱)이란 일간(日干)이 득령(得令)하고 인성(印星)과 비겁(比劫)이 많으면 강한 것이고, 일간(日干)이 실령(失令)하고 인성(印星)과 비겁(比劫)이 없거나 일간(日干)이 득령(得令)해도 식상(食傷)이나 재관(財官)이 왕하면 설기되어 힘이 약해지므로 약한 것이라고 한다.

남자는 신강(身强)해야 정력과 열정이 넘쳐 만사를 능률적으로 해낼 수 있다. 만일 신약(身弱)하다면 자기 한몸도 간수하기 어려우니 어떻게 어렵고 힘든 세파를 감당하겠는가.

그러나 여자는 신약(身弱)해야 얌전하고 다소곳해 시부모와 남편을 공경하며 자식을 훌륭하게 키우고, 신강(身强)하면 자신의 힘을 믿고 최고라고 생각하는 기질이 있어, 남의 말을 무시하고 가족과 매사에 부딪치니 집안이 조용할 날이 없다고 한다. 그래서 지금까지 여자가 신강(身强)한 것을 좋지 않게 보는 경우가 많다.

그러나 시대가 변하면 사람도 변하고, 우리의 고정관념도 변한다. 이제는 신강(身强)한 여자사주를 나쁘게 생각하는 것을 바꿔야 한다. 옛날에는 대부분의 여자가 신약사주(身弱巳柱)였지만 최근에는 신강사주(身强四柱)가 점점 많아지고 있고, 또 그래야 빠르게 변하는 시대에 적응하며 살아갈 수 있다.

2. 희신(喜神)과 기신(忌神)을 찾는다.

1. 희신(喜神)

희신(喜神)이란 사주(四柱)에 꼭 필요한 오행(五行)이다. 희신(喜神)을 찾으려면 사주(四柱) 전체를 세밀하게 분석해야 하는 것은 당연하다. 만일 기신(忌神)을 희신(喜神)으로 잘못 판단한다면 사주감정은정반대로 풀이된다. 오랜 경험을 갖고 있는 역술인들도 착각할 때가 만이 있으니앞에서 예를 든 희신(喜神)과 기신(忌神)을 구별하는 방법(212쪽 참조)을 잘 익혀야 실수하는 일이 없을 것이다.

2. 기신(忌神)

기신(忌神)이란 사주(四柱)에서 가장 중요한 오행(五行)을 파괴하는 오행(五行)이다. 예를 들어 수(水)가 사주(四柱)에서 가장 중요한 비중을 차지하는데, 운에서 토(土)가 오면 수(水)를 격파하니 토(土)는 기신(忌神)이 된다.

또 일간(日干)이 종격(從格)이 되어 따라가는데 방해하는 오행(五行)도 기신(忌神)이다. 예를 들어 갑목(甲木)이 재성(財星)이 많아 재성(財星)을 따라 가는데, 비견(比肩)인 목(木)이나 인성(印星)인 수(水)가 오면 갑목(甲木)은 재성(財星)을 따라가지 않으려고 한다. 이때 힘이 강한 재성(財星)이 갑목(甲木)을 그냥 두지 않고 격파하여 오히려 일간(日干)을 도와주는 수목(水木)이 기신(忌神)이 되어 버린다.

이처럼 사주(四柱)의 원리도 사회생활과 비슷하다. 평소에 힘이 없어 강한자에게 지배를 받으며 죽은듯이 있던 사람이 누군가 도와주는 사람이 나타났다고 해서, 우쭐대거나 반항하면 강한자는 아예 뿌리째 제거하려고 한다.

사주(四柱)에서도 인성(印星)이 매우 약하고 재성(財星)이 왕성한데, 인성(印星)에게 보약이 되는 관성(官星)의 도움을 받거나, 같은 인성(印星)이 도와준다고 하여 재성(財星)에게 대항하다가는 무사하지 못하다.

즉 약한자는 약한대로 엎드려 있어야 만사가 편안하고, 강한자는 무조건 억압하는 것보다 운동을 시켜서 힘을 빼주는 것이 좋다. 오행(五行)의 상생상극(相生相剋)에 있어서 많은 역술인들이 풀지 못하는 수수께끼가 바로 이 문제다.

그리고 통관(通關)을 너무 믿으면 안된다. 앞에서와 같이 관성(官星)이 인성(印星)과 재성(財星) 사이를 통관(通關)시키면 된다고 생각할지 모른다. 그러나 왕성한 재성(財星)을 관성(官星)이 힘이 모자라 인성(印星)에게까지 옮겨주지 못하고, 자신의 위치만 알려주는 꼴이 된다.

이때 기가 죽어 있던 인성(印星)은 멋모르고 고개를 들다가 문서사고만 터지게 된다. 이러한 법칙과 원리를 제대로 이해한다면 희신(喜神)과 기신(忌神)을 찾는 것은 간단하게 해결된다.

그리고 목(木)이 희신(喜神)이라고 하여 갑을목(甲乙木)이 함께 희신(喜神)이 되는 것은 아니다. 물론 함께 희신(喜神)이 되기도 하지만 때로는 어느 한가지만 되는 경우도 많다. 다시 말해서 갑목(甲木)이면 갑목(甲木), 을목(乙木)이면 을목(乙木) 하나만 희신(喜神)

이 되는 경우가 많다는 것을 명심해야 한다. (156쪽 십간론 참조)

3. 병약, 정신기, 유정무정, 청탁 등을 살피고, 각종 신살(神殺)과 형충파해합(刑沖破害合) 등의 작용을 분석한다.

특히 합(合)에 있어서는 합(合)되는 육신(六神)이 무엇이며, 합(合)되어 들어오는 오행(五行)은 일간(日干)에게 희신(喜神)인지 기신(忌神)인지, 그리고 어느 육신(六神)에 해당하는지를 분석한다.

4. 각 운을 사주(四柱)와 대조한다.

- 희신운(喜神運)인지 기신운(忌神運)인지를 살핀다.
- 병약운(病弱運)을 살핀다.
- 각 운(行運)이 십이신살(十二神殺) 중 어디 해당하는지 살핀다.
- 각 행운(行運)의 간지(干支)와 사주(四柱)의 간지(干支)와의 형충파해합(刑沖破害合) 작용을 살핀다.
- 각 행운(行運)의 오행(五行)이 사주(四柱)의 어느 육신(六神)을 생조하고 격파하는지를 살피고 변하는 것을 알아본다.
- 월운(月運)은 천간(天干)을 위주로 보고, 사건의 발생시기는 지지(地支)의 작용으로 본다.

❸장. 실제감정

1. 다섯번 결혼한 이유

■ 건명(김건일 1930년 윤 6월 2일 亥時生)

시	일	월	년	오행	사주	합화
丁	戊	癸	庚	木	1 + 2	= 3
亥	寅	未	午	火	2 + 3	= 5
인수	|	정재	식신	土	2 + 0	= 2
편재	편관	겁재	인수	金	1 + 0	= 1
				水	2 + 0	= 2

64	54	44	34	24	14	4
庚	己	戊	丁	丙	乙	甲
寅	丑	子	亥	戌	酉	申

合 / 戊+癸, 寅+亥, 寅+午, 亥+未, 未+午

■ 왕쇠강약((旺衰强弱)

일간무토(日干戊土)가 미월(未月)에 태어나 신강(身强)한 것 같지만, 해미반합(亥未半合), 오미육합(午未六合)되어 토(土)의 기능을 많이 상실하여 월지(月支)가 강한 작용을 할 수 없으니 신약(身弱)이 되었다.

그리고 시상(時上)과 년지(年支)의 인수(印綬)를 살펴보면, 합(合)되어 들어오는 화(火)가 3개씩이나 되고 인성(印星)을 도와주는 인목(寅木)이 있고, 합(合)되어 들어오는 목(木)도 2개이므로 인성(印星)이 가장 강하다.

신약(身弱)한 무토일간(戊土日干)이 인성(印星)에게 의지하여 종강격(從强格)인 것 같지만, 재성(財星)이 있어 인성(印星)을 극하니 종강파격(從强破格)이 되고 말았다. 그러나 오행(五行)이 골고루 있어 사주(四柱) 전체가 순환되고 중화되어 좋다.

다만 흠이 있다면 합(合)이 지나치게 많다는 것이다. 무계합화(戊癸合火), 인해합목(寅亥甲木), 해미반합목(亥未半合木), 인오반합화(寅午半合火) 등 5개나 들어온다. 이렇게 다정다감한 성질을 갖고 있는 합(合)이 지나치게 많다보니, 다정다감하다 못해 색정에 도취되어 재난을 초래하는 매우 음란한 사주(四柱)가 되었다.

그리고 일간무토(日干戊土)는 화(火)가 많아 화생토(火生土)하므로 토(土)는 왕성해진다. 토(土)는 단전(丹全)이고 정력과 직결되므로 정력이 주체할 수 없을 정도로 왕성해 많은 여자들을 거느린다.

▣ 희신(喜神)과 기신(忌神)

종강파격(從强破格)도 종강격(從强格)으로 본다. 인성(印星)인 화(火)가 최고의 희신(喜神)이고, 그 다음 희신(喜神)은 화(火)를 생조하는 목(木)이다. 그리고 인성(印星)을 극하는 수(水)가 최고의 기신(忌神)이고, 그 다음은 일간(日干)을 강하게 하는 토(土)가 되고, 그 다음은 수(水)를 돕는 금(金)이 된다.

목화운(木火運)을 만나면 발복하고, 토금운(土金運)을 만나면 만사가 막히고 흉하며, 수운(水運)을 만나면 평지풍파가 일어난다. 수(水)는 재물과 여자에 해당하므로 수(水)를 만나면 문서지기인 인성(印星)을 극하여 문서라는 문서는 다 날아가 버리고, 정력은 왕성해 색정에 빠져 패가망신한다.

▣ 부 모

정관(正官)과 정재(正財)와 인수(印綬)가 년월(年月)에 있고, 월지미(月支未)는 무토(戊土)에서 천을귀인(天乙貴人)이 되고, 더구나 인수오(印綬午)와 합(合)까지 하여 명문가에서 태어났다. 특히 인수(印綬)가 천을귀인(天乙貴人)과 합(合)되었으니 그의 어머니는 매우 귀한 집안의 딸이다.

아버지인 해중임수(亥中壬水)는 미중정화(未中丁火)와 합(合)되어, 화(火)로 변하여 인목(寅木)을 사이에 두고 있어 무정하여 그 변화되는 시기가 늦어진다. 유정(일찍 변질된다)되어 어릴 때 돌아가시게 되는데 무정(늦게 변질되어)하여 둘째 손주까지 보셨다.
어머니인 오중정화(午中丁火)는 미토(未土)와 합(合)되어도 변질되지 않고, 미토(未土)가 천을귀인(天乙貴人)이 되어 오히려 평생을 부귀하게 살았다. 그러다 일간(日干)이 43세가 되던 임자년(壬子年)에 정임합(丁壬合)하여 변질되고, 근원인 오화(午火)를 자오충(子午沖)하니 천을귀인(天乙貴人)인 미토(未土)와 합(合)이 깨어져 뿌리마저 흔들리니 임자운(壬子運)에 돌아가셨다.

■ 처 첩

재성(財星)은 편정재(偏正財)가 혼잡되어 있다. 정처는 월상계수(月上癸水)라 일간무토(日干戊土)와 간합(干合)하여 유정하니 서로 아껴주며 백년해로 하게 되어 있다.
그러나 처성(妻星)인 계수(癸水)가 해수(亥水)에 통근(通根)하려 하지만, 인해합(寅亥合)으로 변질되어 통근(通根)작용이 약하고, 연상경금(年上庚金)이 생조해 줄 것 같지만 경금(庚金)이 화염에 휩싸여 자신도 보호하기 힘들다. 그러니 약한 계수(癸水)는 지지미토(地支未土)에게 극상(剋傷) 당하여 연약하기 그지없다.
정력이 왕성한 남편을 젊었을 때는 젊음으로 감당했으나, 40대 후반에 들어서는 첩을 얻을 것을 권한다. 그렇지 않아도 바람둥이인 남편은 얼시구나 하고 42세부터 첩을 들이기 시작하여 처녀 장가만 다섯번이나 들었다. 지금은 24년 연하의 과부와 살고 있다.

▣ 자 식

자식에 해당하는 목(木)인 관성(官星)을 살펴보면, 일지인목(日支寅木), 인중갑목(寅中甲木), 해중갑목(亥中甲木), 미중을목(未中乙木)이 있고, 해중임수(亥中壬水)와 미중정화(未中丁火)가 합(合)되어 목(木)이 들어오고, 해중임수(亥中壬水)와 오중정화(午中丁火)가 또 합(合)되어 목(木)이 들어와 모두 자식이 된다.

그런데 좀더 자세히 살펴보면 인중갑목(寅中甲木)과 해중갑목(亥中甲木)은 오중기토(午中己土)와 합(合)하여 변질되니, 쓸모없게 되어 어릴 때 아들을 둘이나 잃었다. 그리고 임수(壬水)가 정화(丁火)와 합(合)되어 아들이 둘 들어오는데, 임수(壬水)는 해중(亥中)에 있으니 해(亥)는 편재(偏財)로 애인이나 첩이 되므로 첩에게서 자식을 보게 된다.

그런데 이 사람은 정처에게서 낳은 아들 하나 딸하나 뿐이다. 그렇다면 합(合)되어 들어오는 자식은 첩에게서 얻는다는 말인데, 현재 살고 있는 과부에게 아들이 둘 있다. 의붓자식도 자식은 자식이니 결과적으로 아들 셋에 딸이 하나인 셈이다.

▣ 직 업

일지(日支)에 편관(偏官)이 있고 편재(偏財)와 합(合)되어 관성(官星)인 목(木)으로 변했다. 재관(財官)이 합신(合身)되면 재정공무원이 된다고 했듯이, 26세 을미년운(乙未年運)에 세무공무원 시험에 합격하여 근무하다가, 36세인 을사년운(乙巳年運)에 사해충(巳亥沖)하여 합신(合身)을 파(破)하여 강제로 퇴직 당한다.

그 원인은 해중임수(亥中壬水)가 충(沖)되어 나오는데, 임수(壬水)가 시상정화(時上丁火)와 합(合)하여 목(木)인 관성(官星)으로 변하여 을목(乙木)과 힘을 모아 일간무토(日干戊土)를 극(剋)한다.

정화(丁火)는 인성(印星)으로 문서요 문서가 편재(偏財)와 합(合)되어 나에게 해를 주는 것이다. 임수(壬水)는 여자인데 사귀고 있던 여자의 양도소득세를 적게 내게 해주려고 문서를 조작한 것이 발각되어 직장을 그만두게 된 것이다.

▣ 대운(大運)의 길흉

초년 대운(大運)의 흐름은 길흉이 5년씩 반반으로 흐르고 있다. 36세에 퇴직한 뒤 식당을 개업했는데 정화대운(丁火大運)이 38세까지여서 날로 번창하여 지점까지 개설했다. 그러나 39세부터 해수대운(亥水大運)으로 기신(忌神)이 되어 멀쩡하게 잘되던 장사가 손님이 끊어지기 시작하더니, 40세 되던 해에는 지점을 다른 사람에게 양도하고 41세에는 남은 식당까지 모두 처분했다.

그후 고생 고생하면서 연명하다가 53세부터 지금까지 여인숙을 경영하면서 지내고 있다. 여인숙은 집이고 집은 나무로 지었으니 목(木)에 해당하여 그런대로 현상유지는 되는 것이다.

2. 그대만 보면 내몸은 먼지가 되어 날리네

■ 곤명(송미애 1955년 윤 3월 27일 午時生)

시	일	월	년
庚	己	辛	乙
午	卯	巳	未
상관	|	식신	편관
편인	편관	인수	비견

오행	사주	합화
木	2 + 1 = 3	
火	2 + 1 = 3	
土	2 + 0 = 2	
金	2 + 0 = 2	
水	0 + 0 = 0	

合 : 午+未, 卯+未

57	47	37	27	17	7
丁	丙	乙	申	癸	壬
亥	戌	酉	申	未	午

■ 왕쇠강약(旺衰强弱)

재성(財星)인 수(水)는 없지만 일간(日干)에 있는 식상(食傷), 관성(官星), 인성(印星) 모두가 왕성하다. 인성(印星)인 화(火)가 왕성하여 수(水)가 없는 토(土)를 조갈시키니 뜨겁고 숨이 탁탁 막힌다. 식상(食傷)과 관성(官星)이 모두 왕성한데 중간에서 통관(通關)시켜 주는 재성(財星)이 없다. 식상(食傷)과 관성(官星)이 서로 싸우는 형상이 되었으니 남자복이 있을 수 없다.

기토일간(己土日干)이 여름에 태어났는데, 화(火)가 또 있으니 기토(己土) 속에 조금있는 습기마저 다 말라버리고 초토화(焦土化)되기 직전이다. 일간(日干)이 강하게 태어나긴 했어도 토(土)에게는 없어서는 안될 물이 말라 버렸으니 만사불성이다.

▣ 희신(喜神)과 기신(忌神)

이 사주(四柱)는 묘하게도 희신(喜神)과 기신(忌神)을 구별하기가 어렵다. 먼저 일간(日干)과 같은 비겁(比劫)이 오면 말라 흩어지는 흙끼리 만나는 격이니 먼지만 날 뿐 도움이 되지 않는다.

그렇다고 인성(印星)인 화(火)가 와도 일간(日干)은 초토화(焦土化)되어 구제할 길이 없고, 식상(食傷)인 금(金)이 오면 기진맥진해 있는 일간(日干)의 힘만 설기시키고 관성(官星)을 격파하니, 그나마 조그만 희망이라도 걸어 보고려고 했던 남자마저 떠나게 된다.

그리고 관성(官星)인 목(木)이 오면 일간(日干)인 토(土)에 뿌리를 내려 온몸이 산산히 부서져 흩어지니 몸에 질병이 생기고, 정신이 흩어지니 남자로 인한 번민과 갈등에 머리만 복잡하다.

사주(四柱)에 없는 식상(食傷)과 관성(官星)을 통관(通關)시켜 주는 수(水)가 오면, 통관(通關)되고 조갈된 토(土)에 기를 충족시키니 희신(喜神)인 것 같지만 그것 역시 그렇지가 못하다.

운에서 오는 수(水)가 강하게 오기가 힘들고, 약한 수(水)는 토(土)의 목만 추겨주고 조갈증만 조금 해소시켜 줄 뿐 오히려 인성(印星)인 화(火)를 극(剋)하니, 식상(食傷)이 더욱 왕성해져 관성(官星)을 극상(剋傷)하여 남자가 떠나게 된다. 그러니 굳이 희신(喜神)을 찾아야 된다면 남자야 떠나던 말던 수(水)를 희신(喜神)으로 보아야 한다.

■ 성 격

성격은 천간(天干)과 지지(地支)의 여덟글자의 특성을 모두 나타내고 있다. 그중에서도 가장 작용이 큰 것은 일주(日柱)이고, 그 다음이 월지(月支)가 된다. 천간(天干)도 성격의 특성을 갖고 있기는 해도 작용력은 매우 약하기 때문에 거의 모든 성격이 지지(地支)에서 형성된다. 이러한 원리를 생각하면서 한 글자 한 글자 특성을 살펴보아야 한다.

천간(天干)은 우선 일간(日干)을 중심으로 하여 기토(己土)를 분석하고, 그 다음 경금(庚金)과 시상상관(時上傷官), 신금(辛金)과 식신(食神), 을목(乙木)과 편관(偏官)의 특성을 살피면 된다. 지지(地支)는 사주(四柱)에 있는 동물의 특성을 살피면 된다. (48쪽 참조)

■ 남 편

편관(偏官)과 식상(食傷)이 많아 남자가 들어오면 나가고 나가면 들어오니 남자복이 없다. 본인의 말에 의하면 40명~50명 정도의 남자와 성관계를 가졌다고 하니 가히 짐작할만 하다.

첫 남편은 묘중갑목(卯中甲木)이 되는데, 갑목(甲木)은 오중기토(午中己土)와 합(合)되어 토(土)로 변질되어 떠나고, 년간을목(年干乙木)은 월간신금(月干辛金)에게 극상(剋傷) 당하여 쓸모없고, 묘중을목(卯中乙木)과 미중을목(未中乙木)은 시중경금(時中庚金)과 합(合)되어 변질되었으니 떠난다.

이제 남은 묘목(卯木)은 미토(未土)와 반합(半合)되는데, 편관(偏官)과 비견(比肩)이 합(合)되어 관성(官星)이 된다. 편관(偏官)은 본 남편이 아닌 정부나 애인이고, 비견(比肩)은 친구이자 동료이므로 나의 정부와 친구가 정을 통하여 나에게 해를 끼친다. 그래서 합(合)을 막으려고 애를 쓰다보니 친구와 남자가 떠나니 외롭다. 평소에도 시기와 질투심이 많았는지라 결국은 자신을 미워하게 된다.

첫 남편은 같은 직장동료로 만나 결혼하여 딸 하나를 낳았으나, 남편의 횡포와 성폭력에 못견뎌 1988년에 이혼했다. 사주(四柱) 자체가 물이 필요해서인지 남편은 임수일간(壬水日干)을 만났다.

그러나 기토일간(己土日干)이 임수일간(壬水日干)을 만났으니 그 고통은 말도 못했을 것이다. 기토(己土)는 작은 흙으로 임수(壬水)인 큰 강물에 떠내려 가게되니, 죽지 않으려고 발버둥치다가 결국은 고통을 견디지 못하고 뛰쳐 나온 것이다.

두번째 남편은 1994년도 갑술년(甲戌年)에 중매로 만나 결혼했다가 을해년(乙亥年)에 헤어졌다. 을해년(乙亥年)은 을목편관(乙木偏官)이 들어오는 해다. 해수(亥水)는 일지묘(日支卯), 년지미(年支未)와 완전하게 해묘미삼합(亥卯未三合) 관성국(官星局)을 이루어 남자문제로 갈등이 생겨 갈라섰다. 묘하게도 전 남편한테 온 전화때문에 오해가 생겨 헤어지게 된 것이다.

그런데 더 묘한 것은 두번째 남편도 임수일간(壬水日干)이라는 것이다. 기토(己土)가 초토화(焦土化)되어 물이 많은 사람만 만나게 되는 모양이지만, 절대로 임수일간(壬水日干)을 만나면 안된다. 심하면 생명까지도 위험하다.

이 사주(四柱)처럼 편정관(偏正官)이 혼잡하고 시상상관(時上傷官)

이 있으면 유흥업계로 나가게 된다. 이 사람은 비록 유흥업계로 나가지는 않았지만 남자관계가 그 이상으로 문란하다.

▣ 자 식

여자에게 식상(食傷)은 자식이고 월간신금(月干辛金)은 식신(食神)으로 딸이 된다. 그러나 월지사화(月支巳火)에 앉아 쓸모없게 되어 이 세상에 존재할 수 없다. 그리고 시상상관(時上傷官)인 경금(庚金)은 아들이지만 시지오화(時支午火)가 잘 다듬어 예쁜 딸로 태어났다. 그러나 일지묘(日支卯)와 시지오(時支午)가 파살(破殺)되고, 인성(印星)이 왕성하여 식상(食傷)을 극상(剋傷)하니 어머니와 인연이 없어 아버지와 함께 살고 있다.

▣ 직 업

인성(印星)이 많아 일간(日干)이 초토화(焦土化)된다 해도 신강사주(身强四柱)로 태어났으니 생활전선에 나서야 한다. 년월(年月)에 식신(食神), 비견(比肩), 인수(印綬), 편관(偏官)이 있어 부유한 집안은 아니지만 사주(四柱)에 인성(印星)이 많으니 학업에 대한 정열은 평생 버리지 못한다.

열심히 공부해 고등학교 졸업 후 바로 은행에 취직했다. 은행은 돈을 취급하는 곳이며 돈은 재성(財星)이고, 재성(財星)은 수(水)이니 역시 물을 찾아 직업도 선택한 것이다.

목화(木火)가 왕성하면 서예가나 화가로 명성을 떨친다고 했듯이

이 사람도 어릴 때부터 그림에 소질이 있었으나 여유가 없어 생각만 하다가, 결혼 후부터 본격적으로 그림을 그리기 시작해 개인전까지 열었으나, 사주(四柱)의 구성이 좋지 못하여 돈이 되지 않는다. 생활이 풍족한 것도 아니라 지금은 포기하고, 생활전선에서 열심히 살아가고 있다.

3. 독수공방도 타고난 팔자

■ 곤명(정미선 1957년 8월 2일 亥時生)

시	일	월	년			
丁	庚	戊	丁			木 0
亥	午	申	酉			火 3
						土 1
55	45	35	25	15	5	金 3
甲	癸	壬	辛	庚	己	水 1
寅	丑	子	亥	戌	酉	

▣ 왕쇠(旺衰)

일간경금(日干庚金)이 월지신금(月支辛金)에 통근(通根)하여 왕성하고, 편인무토(偏印戊土)와 정관정화(正官丁火)도 오화(午火)에 같이 통근(通根)하여 왕성하다. 그러나 재성(財星)이 없고 시지(時支)에 있는 식신(食神)도 투간되지 못하여 약하다.

■ 강약(强弱)

경금일간(庚金日干)이 신월(申月)에 출생했는데, 년지(年支)에 유금양인살(酉金羊刃殺)이 있고 월간(月干)에 편인(偏印)이 있어 신왕(身旺)해졌다. 그러나 정화(丁火)가 비겁(比劫)을 강하게 제압하여 종왕격(從往格)이 되지 못하고 종왕파격(從旺破格)이 되었다. 정관(正官)이 많아 편관(偏官)으로 바뀌어 행복이 불행으로 돌아섰고, 남편이 있어도 없는 것과 같아 독수공방 사주(四柱)나 다름없다. 그런데 이런 사주(四柱)는 오히려 남자를 찾아 헤매게 된다.

■ 희신(喜神)과 기신(忌神)

화토금(火土金)이 희신(喜神)이고, 수목(水木)이 기신(忌神)이다. 수(水)가 오면 남편이 병들고, 목(木)이 오면 군겁쟁재(君劫爭財)와 문서사고가 생긴다.

■ 성 격

일간경금(日干庚金)이 신월(申月)에 태어나 신강(身强)한데, 년지(年支)에 유금양인살(酉金羊刃殺)까지 합세하여 태왕(太旺)해져서 성격이 거칠고 고집이 강하다. 또 합(合)이 하나도 없으니 인정이라고는 찾아볼 수 없어 냉정하고 차가운 성격의 대단한 여자다. 그러나 경금(庚金)은 강해 보이지만 속으로는 겁이 많다.

■ 남 편

첫 남편은 년간정화(年干丁火)인데 오화(午火)에 통근(通根)하여 왕성하다. 그러나 사방에 나를 설기시키는 것들만 있으니 사면초가격이라 정화(丁火)의 힘이 다 빠져 기진맥진한 상태다. 일지오화(日支午火)는 도화살(桃花殺)과 목욕살(沐浴殺)이 되니 여고시절에 첫 남편을 만나 연애하다가 가족들의 반대를 무릅쓰고 고등학교를 졸업한 후 바로 결혼했다.

술대운(戌大運) 23세 경신년(庚申年), 24세 신유년(辛酉年)에 남편이 병들어 눕더니 지금까지 17년 동안이나 투병생활을 하고 있다. 이 여자도 자신의 사주(四柱) 때문에 남편이 병들었다는 것을 잘 알고 있다. 정 때문에 헤어지지 못하고 있지만, 남편을 위해 곧 헤어질 것이라고 한다.

대운(大運)인 술(戌)은 화(火)의 창고로 정화(丁火)인 남편을 가두려 하고, 경신년(庚申年)과 신유년(辛酉年)은 비겁(比劫)으로 정화(丁火)를 설기시켜 식신(食神)인 해수(亥水)를 생조해 정화(丁火) 촛불을 끄려하니, 정화(丁火)인 남편은 힘들고 생명이 꺼질 것 같은 위험에 처하게 된 것이다.

그나마 일지오화(日支午火)와 시상정화(時上丁火)가 힘이 되어 겨우 생명을 유지하는 것이고, 남편의 명이 길기 때문에 깊은 산 속으로 들어가 치료를 받는 것이다. 몇년 치료를 받다가 건강이 어느 정도 회복되면 아내 곁으로 오고, 또 병이 악화되면 산으로 들어가기를 반복하면서 17년이란 세월이 흘렀다.

여자의 앞으로 다가오는 대운(大運)을 살펴보면 식상운(食傷運)으로 흐르고 있다. 그러니 만일 이혼을 하지 않거나 남편이 멀리 떠나지 않으면, 남편은 생명을 부지하기 힘들어 결국은 불귀객이 될 것이다.

두번째 남편은 오중병화(午中丙火)와 정화(丁火)다. 병화(丙火)는 유중신금(酉中辛金)과 합(合)되어 변질되니 떠나고, 정화(丁火)도 신중임수(申中壬水)와 합(合)되어 변질되니 역시 떠나게 된다.

마지막 남은 시상정화(時上丁火)가 마지막 남편이다. 55세 이후에 만나 해로는 하겠으나 시지(時支)의 해중임수(亥中壬水)와 합(合)되어 바람끼가 많은 남자다. 남편복은 눈을 씻고 찾아봐도 없는 독수공방 사주(四柱)며, 만인의 여자가 되어 평생 유흥업에 종사하며 살아야 한다.

▣ 직 업

일간경금(日干庚金)을 시상정화(時上丁火)가 잘 다듬어 예쁘고, 비견(比肩)과 겁재(劫財)가 있어 키도 큰 편에 속해 팔등신미인이라고 할 수 있다. 거기에 일간(日干)이 목욕(沐浴)과 도화살(桃花殺)를 깔고 앉았고, 정관(正官)이 많아 편관(偏官)으로 변했다.

해중갑목(亥中甲木)은 돈인데 돈을 벌려면 유금양인(酉金羊刃)의 힘을 빌려 갑목(甲木)을 다듬어야 한다. 재성(財星)이 해중(亥中)에 있으니 물과 관련있는 직업에 종사해야 한다. 해수(亥水)는 음(陰)이니 밤에 하는 물장사를 뜻하고, 유금양인(酉金羊刃)은 칼을 뜻하니 밤에 칼로 음식을 만들어 파는 직업을 말한다.

이 사람은 지금 횟집을 하고 있다. 횟집은 대부분 낮부터 영업을 하지만, 유흥가 주변이라서 주로 야간영업을 한다고 한다. 일지(日支)가 목욕도화(沐浴桃花)가 되고 비겁(比劫)이 많으면, 유흥업계통으로 나가게 되어있기 때문에 횟집을 하면서 많은 남자들을 상대하는 것이다.

■ 재물

신강사주(身强四柱)에 식신(食神)이 있으니 스스로 노력하여 재물을 모을 팔자다. 그런데 비겁(比劫)이 많아 재물이 들어오면 군겁쟁재가 일어나, 왕창 벌리고 왕창 나간다. 그러나 앞으로 다가오는 대운(大運)에서는 비록 남자를 밀어내지만, 재물은 들어오니 늙어서는 부자라는 소리를 들으며 살겠다.

■ 남편사주(四柱)

시	일	월	년			오행	사주	합화
丁	壬	丁	甲			木	1 + 2	= 3
未	午	丑	午			火	4 + 2	= 6
						土	2 + 0	= 2
55	45	35	25	15	5	金	0 + 0	= 0
癸	壬	辛	庚	己	戊	水	1 + 0	= 1
未	午	巳	辰	卯	寅	合 : 丁+壬, 午+未		

일간임수(日干壬水)가 겨울에 태어나 신강(身强)하지만, 설기가 너무 많아 신약(身弱)으로 돌아섰다. 신약(身弱)한 임수(壬水)는 의지할데라고는 왕성한 정화(丁火)밖에 없다. 그러나 처성(妻星)인 정화(丁火)는 월지(月支)에 통근(通根)하고 미토양인(未土羊刃)까지 있어 성격이 표독하고 날카로우며, 일월지(日月支)에 원진살(怨嗔殺)까지 끼어 이유없이 서로 미워하는 명으로 태어났다.

그래도 연약한 임수(壬水)는 생존하기 위해 정화(丁火)에게 의지할 수 밖에 없다. 정화(丁火)의 성격이 날카로워도 정임간합(丁壬干合)되어, 임수(壬水)를 미워하면서도 다정하게 돌보니 살아가는데 지장은 없다. 그러나 워낙 몸이 허약하여 평생 질병에 시달려야 한다.

4. 암장에 숨은 정부와 자식

■ 곤명(이말분 1934년 1월 10일 未時生)

시	일	월	년
癸	乙	丙	甲
未	丑	寅	戌

57	47	37	27	17	7
庚	辛	壬	癸	甲	乙
申	酉	戌	亥	子	丑

오행 사주 합화

木	3	+	0	=	3
火	1	+	1	=	2
土	3	+	0	=	3
金	0	+	0	=	0
水	1	+	0	=	1

合 : 寅--戌

■ 왕쇠(旺衰)

일간을목(日干乙木), 편인계수(偏印癸水), 상관병화(傷官丙火), 겁재갑목(劫財甲木) 등 모두가 통근(通根)되어 왕하지만, 지지(地支)에 재성(財星)이 많고 관성(官星)이 투출되지 않았다.

■ 강약(强弱)

일간을목(日干乙木)이 인월(寅月)에 태어났는데, 년간겁재(年干劫財)와 시상편인(時上偏印)이 있어 태왕(太旺)해졌다. 그런데 월지인목(月支寅木)이 년지술토(年支戌土)와 반합(半合)하여 힘이 약해지고, 년간갑목(年干甲木)은 병화(丙火)를 사이에 두고 무정하여 병화(丙火)에 설기되고, 계수편인(癸水偏印)도 미토(未土)에 극상(剋傷)당하여 태왕(太旺)한 사주(四柱)에서 조금 신강(身强)한 사주(四柱)로 변했다. 그래도 신강사주(身强四柱)는 신강사주(身强四柱)다.

■ 희신(喜神)과 기신(忌神)

이 사람은 화토금(火土金)이 희신(喜神)이고, 수목운(水木運)은 기신(忌神)이다. 여기서 주의할 것은 금(金)이 희신(喜神)이라고 해도 경금(庚金)은 희신(喜神)이지만, 신금(辛金)은 을목(乙木)을 강하게 극상(剋傷)하므로 기신(忌神)으로 보아야 한다. 대운(大運)은 금운(金運)으로 흐르고 있어 나에게 피해만 주는 불필요한 기신운(忌神運)에 해당하여 인생살이 고달프기 짝이 없게 되어 있다.

■ 성 격

을목(乙木)은 넝쿨나무로 혼자서는 높은 곳에 올라갈 수 없기 때문에 누군가에게 의지해야 한다. 월지인목(月支寅木)에 의지하려고 하나 인목(寅木)이 합(合)되어 힘이 없어 쓸모없고, 년상갑목(年上甲木)에 의지해 보려고 하나 병화(丙火)가 중간에서 방해한다. 그러니 무슨 일을 해도 방해자가 나타나 훼방을 놓아 만사가 불성이다.

을목(乙木)은 남을 이용해서 높은 곳으로 올라가야 하는 특성이 있어 싫어도 좋아하는 척한다. 그리고 지지(地支)에 축술미형살(丑戌未刑殺)이 완전하게 형성되어 성격이 냉정하고, 은혜를 입어도 고마워할 줄 모른다.

■ 남편

남편이 축중신금(丑中辛金)인 편관(偏官)인데 축미충(丑未沖)되어 위험하다. 그런데 시상계수(時上癸水)가 상관병화(傷官丙火)를 막아주어 신금(辛金)은 간신히 위험에서 벗어날 수 있다. 여자가 관(官)이 투출되지 않고 일지(日支)에 숨어있으면, 남편이 있어도 남편노릇을 못하고 무위도식하기 때문에 남의 남자와 어울린다.

이 사주(四柱) 역시 남편이 하는 일마다 실패하고 있으며, 다른 유부남과 오랫동안 관계를 지속하고 있다. 월지인(月支寅)과 합(合)되어 술중신금(戌中辛金)이 정부가 되고, 월지인(月支寅)은 가정인데 술과 합(合)되었으므로 가출하여 술중신금(戌中辛金)과 살림을 하고 있는 것이다.

■ 자식

여자에게 자식인 식상(食傷)을 살펴보면 월간병화(月干丙火), 인중병화(寅中丙火), 술중정화(戌中丁火), 미중정화(未中丁火)다. 그리고 암장(暗藏)에서 무계합(戊癸合)되어 화(火)가 둘인 것 같지만, 술중무토(戌中戊土)가 축중계수(丑中癸水)와 합(合)하려고 하는데, 인중갑목(寅中甲木)에 극상(剋傷)되어 합(合)이 되지 못하여 암장(暗葬)에서 화(火)는 하나밖에 들어오지 않는다.

식상(食傷)이 모두 다섯으로 아들 둘 딸 셋을 낳았다. 그 중에서 인중병화(寅中丙火)가 병신합(丙辛合)으로 변질되어 38세의 젊은 나이에 큰 아들이 죽고 아들 하나 딸 셋이 있다.

그런데 여기서 자세히 살펴보면 월지인(月支寅)과 년지술(年支戌)이 합(合)되어 자식이 또 들어온다. 합(合)되어 들어오는 것은 제3자라 했으니, 본 남편과의 사이에서 생긴 자식이 아니고 술중신금(戌中辛金)의 씨앗을 받은 신금(辛金)의 자식이다.

다시 말해 신금(辛金)과 동거생활 중에 낳은 딸이 바로 인술합(寅戌合)되어 들어온 자식이다. 인술합(寅戌合)에서 들어온 자식이 신금(辛金) 자식인 것은, 인중병화(寅中丙火)가 술중신금(戌中辛金)과 합(合)되었기 때문이다. 그리고 이 아이는 아버지와 합(合)되어 헤어질 때 아버지가 데리고 갔다.

■ 직업과 재물

을축일(乙丑日)에 태어난 일간(日干)이 신왕(身旺)하여 활동을 해야 하는데, 여자가 쉽게 할 수 있는 것은 음식장사 뿐이다. 그러나 대운(大運)이 신통치 않아 장사는 안되고 자식들은 자꾸 커가니 걱정이 심하다.

마침 돈이 있는 것 같은 남자를 만나 동거까지 하게 되었으나, 돈은 구경도 못해보고 딸만 하나 낳아주고 빈털털이가 되어 쫓겨나다시피 본 남편에게 돌아온다. 그동안 자식들은 뿔뿔이 흩어져 나가고 집안은 엉망진창이 되었다. 참 기가 막힌 인생이다.

▣ 축술미(丑戌未) 작용

이 사람의 사주(四柱)에는 축술미삼형살(丑戌未三刑殺)이 완전하게 형성되어 있다. 삼형살(三刑殺)이란 꽉 묶인다는 뜻으로 약물중독, 알콜중독, 가스중독, 음독 등의 위험이 있기 때문에 각별히 조심해야 한다.

그런데 이 사주(四柱)는 남편과 정부 사이를 오가다가, 신유대운(申酉大運)이 오면서 을목(乙木)이 강한 신금(申金)에게 극상(剋傷)당하고 있다. 몸이 아프지 않은 곳이 없고 정신이 혼미하던 중 내림굿을 받고 무당이 되었다.

그러다 유대운(酉大運) 무진년(戊辰年)에 대운(大運)과 년운(年運)이 진유합(辰酉合)되어 금(金)이 또 나오고, 일지축진(日支丑辰)은 파(破)되고 년지술(年支戌)을 진(辰)이 충(沖)하여 형살(刑殺)이 발동했다.

결국 금(金)이 태왕(太旺)하여 질병과 정신착란에 시달리다가 무진년(戊辰年)에 농약을 먹고 한많은 세상을 마감했다. 이런 사주(四

柱)를 들여다보고 있자면 조물주의 장난치고는 너무 가혹하다는 생각이 들어 착잡해진다.

5. 관살혼잡 때문에 귀부인이 된 여인

■ 곤명(박지연 1954년 6월 24일 戌時生)

시	일	월	년			오행	사주		합화		
丙	庚	辛	甲			木	1	+	0	=	1
戌	辰	未	午			火	2	+	2	=	4
						土	3	+	0	=	3
55	45	35	25	15	5	金	2	+	0	=	2
乙	丙	丁	戊	己	庚	水	0	+	1	=	1
丑	寅	卯	辰	巳	午	合 : 丙+辛, 午+未, 午+戌					

▣ 왕쇠강약(旺衰强弱)

경금일간(庚金日干)은 술중신금(戌中辛金)에 뿌리를 내리고, 편관병화(偏官丙火)는 오중정화(午中丁火)에 뿌리를 내리고, 편재갑목(偏財甲木)은 미중을목(未中乙木)에 뿌리를 내리고 있으니, 일간(日干)과 편재(偏財)와 편관(偏官)이 모두 왕하여 재관(財官)을 감당할 수 있다. 재물복과 남편복은 타고 났다.

그리고 왕성한 경금(庚金)은 지지(地支)에 인성(印星)이 셋이나 있고, 신금겁재(辛金劫財)까지 있다. 게다가 경진일주(庚辰日柱) 괴강살에 해당하여 비록 여자로 태어났지만 큰 인물이 틀림없다. 괴강일주(日柱)가 사주(四柱)의 구성이 양호하면 대권을 잡는다고 하지 않았던가.

앞으로의 대운(大運)도 재관운(財官運)으로 흐르고 있으니 인생사 알 수 없는 일이다. 그런데 아쉬운 것은 경금(庚金)이 정화(丁火)를 만나야 하는데 병화(丙火)를 만났다. 신금(辛金)이 병화(丙火)를 합(合)하여 작용을 없애준다지만 격이 떨어지는 것은 어쩔 수 없다.

▣ 희신(喜神)과 기신(忌神)

이 사주(四柱)는 인성(印星)이 셋이고 비겁(比劫)보다 많으니 종강격(從强格)으로 볼 수 있다. 년간갑목(年干甲木)이 있어 파격될 것 같지만 경신금(庚辛金)에게 겁을 먹고 꼼짝못해 종강격(從强格)이 되었다. 종강격(從强格)에서는 관성(官星)과 인성(印星)이 희신(喜神)이 되고, 이 사주(四柱)는 관성화(官星火)가 왕성하므로 재성목(財星木)도 희신(喜神)에 해당된다. 그리고 기신(忌神)은 금수(金水)인데 특히 식상수(食傷水)가 오면 관성(官星)을 치므로 수(水)가 오면 안된다.

▣ 성 격

괴강일주에 신강사주(身强四柱)이니 성격이 매우 강하여 매사에 적극적이고 활동적이며 인내심이 강하다.

■ 부모형제

월지(月支)에 인수(月支印綬)가 있고 천을귀인(天乙貴人)에 해당한다. 또 년지(年支)에 정관(正官)이 있으며 정관(正官)을 년간갑목(年干甲木)이 생조하여 명문가에서 태어났다.

그리고 월간겁재(月干劫財)가 파재(破財)하여 나쁜 것 같지만, 시상병화(時上丙火)가 병신간합(丙辛干合)으로 다독거려 주기 때문에, 형제성(兄弟星)인 신금겁재(辛金劫財)가 월지미토(月支未土)와 천을귀인(天乙貴人)의 도움으로 크게 성공한다.

겁재(劫財)는 형제 중에서도 오빠나 남동생을 뜻하는데 월상(月上)에 겁재(劫財)가 있다. 오빠가 대도시에서 유지로 명성과 부귀를 누리며 살고 있다.

■ 남 편

이 사주(四柱)에서 가장 통변하기 힘든 부분은 관성(官星)이다. 편정관(偏正官)이 투출되어 있고 암장(暗藏)에도 편정관(偏正官)이 있으며, 또 합(合)되어 관성(官星)이 들어온다.

잘못보면 신강사주(身强四柱)에 편정관(偏正官)이 혼잡하고 식상(食傷)이 없기 때문에, 신강사주(身强四柱)가 숨통이 막혀 식상(食傷)을 찾아가는 것이라고 생각해 유흥업에 종사하는 사람으로 판단할 수 있다.

그러나 관성(官星)을 살펴보면 시상편관(時上偏官) 병화(丙火)는 월간신금(月干辛金)과 합(合)되어 다정하므로 일간(日干)에게 마음

쓸 여유가 없다. 술중정화(戌中丁火) 정관(正官)은 진중계수(辰中癸水) 상관(傷官)에게 극상(剋傷) 당하여 쓸모없고, 미중정화(未中丁火) 정관(正官)도 역시 진중계수(辰中癸水) 상관(傷官)에게 극상(剋傷) 당하여 쓸모없게 되었다.

그리고 오중병화(午中丙火)도 역시 진중계수(辰中癸水) 상관(傷官)에게 극상(剋傷) 당하여 일간(日干)에게 가까이 갈 수 없게 되어, 진중계수(辰中癸水) 상관(傷官)의 작용으로 암장관성(暗藏官星)들은 모두 기능을 상실했다. 이제 남은 관성(官星)은 눈에 보이는 오화정관(午火正官) 뿐이다.

오미합(午未合)되어 변한 화(火)는 오화정관(午火正官)과 합(合)되어 나온 자식으로 오화(午火)에게 힘이 될 뿐이다. 미토(未土)는 일간(日干)에서 천을귀인(天乙貴人)에 해당하므로 정관(正官)인 남편은 귀한 명으로 태어난 사람이다.

그리고 관성(官星) 역시 오화정관(午火正官)과 술토합(戌土合)되어 화(火)가 생기는데, 역시 정관(正官)에서 합(合)되어 나온 자식이니 오화정관(午火正官)에게 힘이 될 뿐이다.

이렇게 편정관(偏正官)이 혼잡되어 있어도 결국은 오화정관(午火正官)만 남편이 된다. 합(合)되어 들어온 화(火)는 남편에게 등을 돌릴 수도 있는데, 이 여자가 나서서 설득하면 적이라도 남편의 편으로 회유할 수 있다. 실제로 을해년(乙亥年) 지방자치 단체장 선거에서 열렬한 선거운동으로 약세에 몰려있던 남편을 구청장에 당선시켰다. 앞으로 다가오는 대운(大運)도 좋으니 승승장구할 것으로 본다.

■ 직업과 재물

직업은 가정주부이고 괴강살에 신강사주(身强四柱)이니 남편인(偏印) 구청장을 열심히 보조하고 있다. 재물은 갑목편재(甲木偏財)인데 편재일위(偏財一位)가 통근(通根)하여 왕성하므로 재물은 원하는대로 들어오게 된다. 다만 겁재(劫財)가 있어 염려되지만 시상병화(時上丙火)가 합(合)으로 묶어주니 걱정하지 않아도 되고, 병신합(丙申合)되어 생기는 수(水)가 갑목(甲木)을 생조하니 일석이조다.

6. 밝은 태양아래 촛불같은 운명

■ 곤명(윤순덕 19645년 11월 21일 子時生)

시	일	월	년			오행	사주 합화
庚	丁	丙	甲			木	1 + 0 = 1
子	未	子	辰			火	2 + 0 = 2
						土	2 + 0 = 2
56	46	36	26	16	6	金	1 + 0 = 1
庚	辛	壬	癸	甲	乙	水	2 + 2 = 4
午	未	申	酉	戌	亥	合 : 子+辰	

■ 왕쇠강약(旺衰强弱)

일간정화(日干丁火)가 겨울에 태어나 신약(身弱)하다. 년간갑목(年

干甲木) 인수(印綬)가 일간정화(日干丁火)을 도우려고 하지만 병화(丙火)가 방해를 하고, 겁재병화(劫財丙火)는 겁재(劫財) 역할을 하지 못하고 오히려 정화일주(丁火日柱)는 해를 끼친다.

촛불을 켜놓았는데 태양이 밝게 비추니 일간정화(日干丁火)는 어둠을 찾아 떠날 수 밖에 없다. 정화(丁火)를 돕는 것은 하나도 없고 관살(官殺)만 왕성하다. 그렇다고 관살(官殺)을 따라갈 만큼 신약(身弱)은 아니지만 신약사주(身弱四柱)가 되었다.

■ 희신(喜神)과 기신(忌神)

일간(日干)이 약하니 밥과 보약인 목화(木火)가 희신(喜神)이고, 나머지는 모두 기신(忌神)이다. 특히 재성금(財星金)이 오면 금(金)은 펌프역할을 하여 관성(官星)을 뿜어대니 몸이 온전하기 힘들다.

■ 성 격

일간정화(日干火)이므로 온순하고 얌전하다. 재능을 발휘하려고 열심히 노력하지만 정화(丁火) 옆에 있는 병화(丙火)에게 가려 빛을 잃었다. 또 일지양인(日支刃)이 있어 약간 멍청한데가 있지만 화가 나면 매우 매섭다.

■ 남자운과 직업

일간정화(日干丁火)가 정미일(丁未日)에 출생했고, 정화(丁火)에게 미토(未土)는 양인살(羊刃殺)이며 홍염살(紅艷殺)이다. 더구나 관살(官殺)이 혼잡하니 유흥업으로 진출한다. 더구나 정화(丁火)가 병화(丙火)에 쫓겨 어두운 곳을 찾으니 유흥업 중에서도 밤에 출근하는 호스테스 팔자다. 그러니 무슨 남자운이 있겠는가.

이 사주(四柱)에서 묘한 것은 월지(月支)와 시지(時支)의 암장(暗藏)이다. 정화(丁火)가 자중임수(子中壬水)와 다정하게 합(合)하려고 하면 같은 자중계수(子中癸水)가 정계충(丁癸沖)하여 방해하고, 자수(子水)가 월지(月支)와 시지(時支) 두군데 자리잡고 있기 때문에 진중계수(辰中癸水) 편관(偏官)이 정화일간(丁火日干)과 상충(相沖)하고 있으니, 관살(官殺)과 충(沖)되어 남자에게 별 관심이 없으면서도 평생을 남자에게 찔질 끌려다니며 살고 있다.

18세부터 호스테스 생활을 하며 차곡차곡 모아두었던 400만원을 임신년(壬申年)에 술집에서 만나 동거하던 남자가 계유년(癸酉年) 무오월(戊午月)에 고스란히 갖고 도망갔다.

계유년(癸酉年)의 유금(酉金)과 진유합(辰酉合)되어 금(金)이 들어오고, 월지(月支)와 시지(時支)가 자유파(子酉破)하고 진유합(辰酉合)되어 들어오는 금(金)이 편관계수(偏官癸水)를 부추기고, 무토상관(戊土傷官)에 오화(午火)가 월지(月支)와 시지(時支)와 충(沖)되니 무오월(戊午月)에 자유파(子酉破)된 돈을 갖고 줄행랑을 친 것이다. 그리고 400만원이 된 것은 유금(酉金)은 4와 9인데 음(陰)이기 때문에 4와 관계된 것이다.

7. 타고난 공처가

■ 건명(1945년 6월 22일 午時生)

시	일	월	년	
壬	庚	癸	乙	木= 1+0=1
午	子	未	酉	火= 1+1=2
				土= 1+0=1
				金= 2+1=3
				水= 3+0=3
				合 : 乙+庚, 午+未

경금일간(庚金日干)이 여름에 태어나 신약(身弱)하다. 년지유금(年支酉金)이 양인(羊刃)의 힘을 얻어 강해지려고 하지만, 식상(食傷)이 왕성하여 신약(身弱)으로 돌아서 버렸다. 공부를 열심히 해서 직장생활을 할 운명인데 인성미토(印星未土)와 상관자수(傷官子水)가 원진살(怨嗔殺)이 되어 인성(印星)인 어머니는 일간(日干)에게 도움을 주지 못한다.

그리고 아버지는 편재(偏財)인데 없으므로 년간정재(年干正財)를 아버지로 보아야 한다. 그러나 을목(乙木)이 미중을목(未中乙木)에 통근(通根)하여 왕성하고, 유금편관(酉金偏官) 위에 앉아 있으니 관운(官運)은 있으나 월일시(月日時) 방향으로 갈수록 수(水)가 왕성해진다. 그러니 을목(乙木)이 부목(浮木)이 되어 뿌리가 흔들리고 썩어 아버지 또한 큰 도움이 되지 못한다.

마지막으로 형제의 도움을 기다리지만, 유금(酉金)은 월주(月柱)를 사이에 두고 떨어져 있어 무정하고 의지할데 없는 신세다. 자식도 자오충(子午沖)되어 인연이 없다. 시상임수(時上壬水)는 경금(庚金)이 도와준다고 하지만, 신약(身弱)한 경금(庚金)이 큰 강물을 다 퍼올 수 없으니 역부족이다. 임수(壬水)는 임수(壬水)대로 경금(庚金)은 경금(庚金)대로 불만을 가진다. 힘이 없는데도 불구하고 최선을 다하지만 매사에 공이 없다.

▣ 아버지

을목정재(乙木正財) 아버지는 유금편관(酉金偏官)을 깔고 있으니 이 사람이 태어날 당시에는 촉망받는 경찰이었다. 한국전쟁 직후 지리산 공비토벌대로 혁혁한 공을 세워 이승만 전 태통령에게 태극무공 훈장까지 받았다. 그러나 경금(庚金)이 중학시절부터는 일이 꼬이기 시작하여 가세가 기울고 끝내는 병이 들어서 요양원 신세까지 지며 투병하다가 생을 마감했다.

경금(庚金)의 사주(四柱)를 보면 을목(乙木)이 년주(年柱)에서는 미중을(未中乙)에 통근(通根)하여 좋은데, 월주(月柱)부터는 경금(庚金)이 펌프로 계수(癸水)를 뿜어대고 있으니 을목(乙木)이 물에 뜨고, 일시(日時)로 갈수록 물이 점점 많아지니 뿌리가 썩어 결국은 명을 다한 것이다.

▣ 어머니

어머니는 월지미토(月支未土) 인성(印星)이고 미토(未土)는 천을귀인(天乙貴人)이 된다. 인수(印綬)와 천을귀인(天乙貴人)이 함께하니 명문가의 자손이다.

그러나 경금(庚金)에게는 아무 도움을 주지 못한다. 미토(未土)는 의지할데가 없고, 신약(身弱)한데 일지(日支)와 원진살(怨嗔殺)이 되니 스스로 경금(庚金)으로부터 멀어지려고 노력한다. 신약(身弱)하니 경금(庚金)을 돕고 싶어도 도울 수가 없다.

▣ 형제

약한 경금(庚金)이 형제인 유금(酉金)에게 의지하려고 하지만 월주(月柱)를 사이에 두고 떨어져 있다. 또 월지미토(月支未土)는 남방(南方)이라 형제는 모두 남쪽에서 살고 있으니 도움을 받을래야 받을 수가 없다.

▣ 처

처는 을목정재(乙木正財)인데 미중을목(未中乙木)에 뿌리를 내리고 남편인 경금(庚金)을 꽁꽁 묶는다. 남편을 직장과 가정만 오가게 한 세월이 30여년이나 되다보니, 모든 대인관계가 끊어져 어느 누구에게도 도움을 청할 수 없게 되었다. 그런데 이제와서 이것 저것 신통치 않다고 오히려 경금(庚金)인 남편을 몰아치고 있다.

경금(庚金)이 을목(乙木)과 합(合)되면, 경금(庚金)이 을목(乙木)을 신금(辛金)으로 만들기 때문에 을목(乙木)이 경금(庚金)에게 꼼짝 못할 것 같지만 반대현상이 일어난다. 경금(庚金)은 큰 쇳덩어리지만 넝쿨나무인 을목(乙木)이 휘감아서 꼼짝 못하게 만든다.

■ 직 업

사주(四柱)에 인성(印星)이 있고 상관(傷官)도 왕성해 웅변술이 좋고 예능계통에 남다를 소질이 있다. 그러나 보컬그룹의 리드싱어로 30여년간 활동을 했어도 빛을 보지 못하고 아직도 밤무대 가수로 활동하고 있다. 아무리 재능이 있고 유능해도 사주(四柱)의 구성이 잘못되면 이처럼 쓸모없게 된다.

경금일간(庚金日干)이 을목정재(乙木正財)에 묶여 30여년간이나 마누라 치마폭에 싸여 생활했으니 출세할 기회를 얻을 수 없었고 출세할 수도 없다. 지금도 마누라 말이라면 꼼짝 못하는 것을 보면 타고난 팔자는 어쩔 수 없다는 생각이 든다.

8. 천간(天干)으로만 본 남자의 운명

■ 건명(이재갑 1957년 3월 20일 寅時生)

시	일	월	년
庚	辛	甲	丁

사주(四柱)에서 가장 중요한 것은 재능과 적성에 맞는 직업과 그릇을 파악하는 것이다. 그릇이 아무리 크고 좋아도 직업을 잘못 선택하면 능력을 제대로 발휘할 수 없다.

일간신금(日干辛金)이 겁재(劫財)를 만나 신강(身强)하고, 재성(財星)과 편관(偏官)도 갖추었다. 재성(財星)이 편관(偏官)을 생조하니 편관운(官運)(偏官運)이 좋고, 또 신금(申金)은 그 자체가 백호대살(白虎大殺)이고 강한데 겁재(劫財)까지 있으니 더욱 강하다.

신금(辛金)은 칼과 총에 해당하여 냉정함과 날카로움, 변화와 개혁을 상징한다. 그러므로 샐러리맨이나 검찰이나 경찰 또는 군인으로 나가면 명예와 부를 얻을 수 있다. 그러나 잘못된 판단으로 사업을 한다면 만사가 성사되기 직전에 수포로 돌아가므로 절대로 성공할 수 없다.

■ 직 업

직장생활을 하다가 유통업계로 진출하여 인정받고 있다. 일간신금(日干辛金)이 겁재경금(劫財庚金)의 도움을 받아 신강(身强)해져서 재능이 많다. 그러나 편관운(偏官運)으로 가지 못하고, 재능과 역량을 발휘하는 기회와 장소인 식상(食傷)을 찾는다. 식상(食傷)은 수(水)이고, 유통업은 수(水)에 해당하므로 유통업계에서 두각을 나타내는 것이다.

■ 재 물

갑목재성(甲木財星)은 생조해주는 육신(六神)이 없어도 갑목(甲木) 자체가 큰 나무로 많은 재물이 된다. 그러나 큰 나무를 신금(辛金)인 낫으로는 좋은 재물로 만들 수 없어 역부족이다. 시상경금(時上庚金)을 년상정화(年上丁火) 용광로로 연금하여 도끼를 만들어 갑목(甲木)을 다듬으니, 좋은 목재로 제구실을 하여 재물복은 타고났다고 볼 수 있다.

그러나 재성운(財星運)이 오면 군겁쟁재가 일어나 재산피해가 막심하다. 이 사람은 결혼을 했다 하면 이혼하게 되고, 이혼할 때는 위자료를 주고 싶은 생각이 전혀 없는데도 많이 주게 된다고 한다. 그것도 여섯번씩이나 말이다.

■ 처

처는 갑목정재(甲木正財)인데 갑목(甲木)이 신금(申金)을 만나면 목곤쇄편(木棍碎片)이라 하여 나무에 쐐기를 박은 형상이다. 갑목(甲木)은 쐐기가 박혀있으니 신경이 예민해져 정신질환이 생기고 신금(辛金)의 곁을 떠나게 된다.

그러나 이상한 것은 다툰 것도 아니라는 것이다. 연인들이 가볍게 만나 커피한잔 마시고 각자 집으로 가듯이 그렇게 헤어진다는 것이다. 그렇다고 이혼한 후에 여자가 재혼을 하는 것도 아니다. 이혼한 여섯명의 여자가 재혼할 생각은 전혀 하지 않고 모두 다시 살길 바란다는 것이다. 이것은 갑목(甲木)이 신금(辛金)인 남편의 곁을 떠나 몸에 박혀있던 쐐기가 빠져 정상으로 돌아가기 때문이다. 이 사람은 39세의 젊은 나이에 여섯번이나 이혼하고 지금은 일곱번째 여자와 살고 있다.

■ 자 식

시상경금(時上庚金)이 일간신금(日干辛金)을 극상(剋傷)하니 자식과는 인연이 박하고, 경금(庚金)인 자식이 출생해 군겁쟁재가 일어나 손재를 많이 당한다. 아이를 조산하여 인큐베이터 속에서 키웠기 때문에 돈이 많이 나가게 되었다. 첫부인과의 사이에서 태어난 딸인데 이혼한 후로는 얼굴 한번 보지 못했으며, 딸은 아버지가 외국에서 살고 있는 것으로 알고 있다.

■ 아버지

아버지는 편재(偏財)인데 나타나지 않아 월상(月上)인 아버지 자리에 있는 갑목(甲木)을 아버지로 보아야 한다. 갑목(甲木)은 크므로 아버지는 키가 크고 건강하며, 경금(庚金)으로 잘 듬어져 인물도 매우 출중하다. 그러나 안타깝게도 일간신금(日干辛金)이 옆에 있기 때문에 성격이 매우 민감하여 정신질환으로 시달리다가 자살했다.

■ 성공과 실패

신금(辛金)이 정화(丁火)를 만나면 금은 보석을 다시 용광로에 집어넣는 형상이요, 다된 밥에 재를 뿌리는 격이라 성공하기 일보직전에 흩어지고 만다. 이런 사주(四柱)는 천명(天命)인 편관성(偏官星)을 따라갔으면, 정처인 갑목(甲木)의 도움으로 크게 성공하고 이혼하지 않았을 것이다.

그리고 만일 군인이었다면 신금(辛金)은 칼이요 경금(庚金)은 총이니, 총칼을 내가 차기 때문에 갑목(甲木)에게 해가 가지 않고, 갑목(甲木)은 정화(丁火)의 기름으로 왕성해져 계급은 자꾸 올라간다.

그런데 천명(天命)의 길로 가지 않았으니 총칼은 그 자리에 있으면서 작용하고, 돈은 많이 들어오고 나가지만 가정에 풍파가 그칠 날이 없다.

■ 추명가
비견겁재

비견겁재 인왕여자 비겁인년 낭군잃고
이녀동부 하게되니 구곡간장 애달프다.

겁재성이 다중하면 단명운이 찾아오니
극부극처 하고나서 신세타령 하게된다.

비겁유년 들어오면 형제친구 조심하고
재산상에 조심하고 말싸움을 피해가소

비겁다에 신왕사주 재성약에 재년오면
손재손처 하게되니 부디부디 조심하소.

겁재상관 양인동주 오만불손 무뢰한에
옥사병사 횡액조심 이것또한 팔자로다.

신왕사주 일지양인 그처낭비 잘도하고
재다신약 공처가요 작첩도는 재혼하네.

양인백호 합이되면 피를보는 참화있고
양인대운 충합되면 몸에재해 발생한다.

여명사주 비견다면 색정으로 패가망신
사람들에 인기많아 유흥업계 진출한다.

겁재동주 놓은사주 조실부모 설움에다
부부이별 하게되니 사업실패 만사패재

■ 추명가
식신상관

여명사주 식신다면 색정강해 음란하고
편인인수 많으며는 자식잃고 통곡한다.

일월상관 비겁유는 남편필히 죽게되니
늙은남편 만나야만 남편악사 면하리라.

사주중에 정관있고 상관또한 있는여명
본남편이 먼저가고 타의남자 놀아난다.

신약사주 상관있고 상관운을 만나며는
평지풍파 일어나니 부디부디 조심하소.

인수성이 식상형충 친정가서 초산마소
두생명이 함께가서 혼자털털 돌아온다.

식상태왕 신약자는 아기낳고 병을얻고
신왕관쇠 상관년은 직장에서 그만둔다.

여명사주 상관왕은 정관년에 과부되고
여명사주 관성왕은 관년오면 별거한다.

시상상관 있는남명 병신자식 있게되고
불효자식 속썩임도 상관왕성 탓이로다.

■ 추명가

편재정재

편재성이 왕성하면 상업계로 진출하고
편재많이 있는사주 여색즐겨 패망한다.

재다신약 그사주는 남의돈을 관리하고
편재정관 동주하면 부친덕이 없게된다.

시상편재 일위사주 대부대귀 하여보고
병경일에 일시인신 그처태중 이별있다.

임경인일 사신있고 재다신약 하게되면
처첩중에 자살있어 그가정이 몰락하네.

재성쇠약 관살왕은 생자후에 손처하고
재성백호 관살태왕 처첩산망 자살이다.

시상편재 신왕사주 그처학대 많이하고
재왕인약 인년재년 문서인장 조심하소.

재성살지 재성입묘 본처먼저 황천가니
이것또한 운명인데 울어봄들 소용있나.

■ 추명가

편관정관

편정관이 혼잡하면 동서첩에 득자하고
상관관성 마주보면 불구자손 두게된다.

편관편인 동주하면 여행길에 유랑생활
연예인이 아니며는 행상인이 틀림없다.

편정관이 많은여명 재혼하게 되지마는
편정재를 만나며는 정부생겨 놀아난다.

일지편관 있는남명 편관제복 못하며는
처로인해 재화발생 패가망신 당해본다.

편관성에 양인동주 무관으로 출세하고
양인성이 발동하여 별단어깨 반짝인다.

편정관이 혼잡여명 일부종사 할수없어
여러남자 만나보나 고독하기 그지없다.

관성살지 관성입묘 남편사별 하게되고
독수공방 하게되니 남편생각 간절하다.

편정관이 다중여명 사주재성 또있으면
가정살림 뒷전이고 정부얻어 놀아난다.

편정관이 다중한데 삼합되어 있는여명
음란하고 성욕강해 한남자도 만족못해.

정관일위 있는여명 남편운이 매우좋고
일위이상 있게되면 정관운이 편관된다.

여명사주 정관충에 타주식신 합이되면
모자합세 극부하니 자식운에 과부된다.

■ 추명가

편인인수

인수정재 많으며는 출세하기 힘이들고
편인상관 있는여명 손재극부 하게된다.

인수다중 있는여명 남편일찍 사별하고
자식복이 없는것도 인수다중 때문이다.

편인성이 많으며는 시작하난 잘하지만
하다보면 태만하니 모든일이 용두사미.

편인성이 많은데도 관성일점 없게되면
먹고놀기 좋아하니 풍류객이 그아니냐.

여명관이 없더라도 재성왕지 얻으며는
남편있고 자식있어 부귀영화 있게된다.

■ 추명가

종합

재관인이 합신하면 친정부모 모셔놓고
월주관에 형충연애 부모형제 방해한다.

신왕겁왕 식상무면 속성속패 하게되고
일시인신 묘유여명 자식보기 어렵도다.

일간일지 동일오행 손재손처 하게되고
년지월지 동일하면 선조업을 파하누나.

시상칠살 신강사주 처첩자랑 한다마는
시상칠살 재다신약 그처악독 하게된다.

자오묘유 있는자는 사랑따라 잘도가고
인신사해 있는자는 음란하여 걱정이다.

정미일과 무오일생 그의성욕 너무강해
한여자로 만족못해 거듭해서 여자본다.

■ 추명가

년운

인수약격 재년오면 빈재양인 대패하니
수뇌조심 문서조심 인장조심 해야되오

사주인왕 재약격은 재년오면 대발하나
비겁인년 만나며는 손재손처 극부한다.

사주재약 비겁왕에 비겁재년 만나며는
군겁정재 하게되니 처액패재 하게된다.

신왕사주 비겁년과 신약사주 상관년은
금전대차 실패하니 금전거래 하지마소.

재왕인약 재년오면 서왕서래 재앙이니
재산보증 신원보증 틀림없이 속썩는다.

신왕사주 식상생재 식상재년 발재하고
신왕식쇠 편인년은 도식되어 빈곤하네.

재다신약 그사주는 비겁인년 발재하나
식상재관 그해오면 평치풍파 재앙이다.

사주병에 약년오면 만사성취 발복하나
사주병에 병년오면 백사불성 고생이다.

일주기준 상관년은 관재송사 두렵구요
일지기준 형충년은 형액관액 두렵도다.

신약사주 재극인이 재성년이 되는해와
제살태과 그격사주 상관년에 형벌있다.

신왕관쇠 상관년은 관직사퇴 하게되고
지살역마 형충년은 교통사고 주의하라.

일지형충 되는해는 부부이별 변동많고
월지형충 되는해는 육친에게 변동많다.

여명사주 비겁인왕 비겁인년 만나며는
낭군뺏겨 이녀동부 구곡간장 서글프다.

여명사주 다상관은 상관과년 과부되고
여명사주 다관살은 관년오면 이별이다.

여명신약 식상왕이 식상년에 잉태하면
애기날때 신음많고 인공유산 산액많다.

여명식상 형충사주 식상형충 하는해는
자손재앙 있게되니 부디부디 조심하소.

여명신약 식상약이 인성년을 만나며는
자손재앙 있게되고 자궁유종 질액있다.

왕성오행 충극자는 흉사하니 한스럽고
사주신약 관살혼잡 관살재년 위험하다.

신약사주 재살왕은 인비겁년 발복하고
재살식상 만난해는 빈곤잔병 못면한다.

목일신약 화왕국이 병정사오 그해오면
목이타서 재가되니 화재각별 주의하소.

수다부목 그사주는 소년익사 주의하고
수왕토약 그사주도 소년익사 주의하소.

지살역마 닿는해는 해외여행 많이하고
일월간지 형충년도 해외출국 많이한다.

지살역마 합되는해 해외만리 나가보고
수목일생 다수하면 수년오면 원행한다.

■ 도표 찾아보기

삼한출판사의
신비한 동양철학 시리즈

적천수 정설

유백온 선생의 적천수 원본을 정석으로 해설

원래 유백온 선생이 저술한 적천수의 원문은 그렇게 많지가 않으나 후학들이 각각 자신의 주장으로 해설하여 많아졌다. 이 책은 적천수 원문을 보고 30년 역학의 경험을 총동원하여 해설했다. 물론 백퍼센트 정확하다고 주장할 수는 없다. 다만 한국과 일본을 오가면서 실제의 경험담을 함께 실었다. 공부하는 사람들에게는 많은 도움이 될 것이라 믿는다.

신비한 동양철학 82 | 역산 김찬동 편역 | 692면 | 34,000원 | 신국판

궁통보감 정설

궁통보감 원문을 쉽고 자세하게 해설

『궁통보감(窮通寶鑑)』은 5대원서 중에서 가장 이론적이며 사리에 맞는 책이며, 조후(調候)를 중심으로 설명하며 간명한 것이 특징이다. 역학을 공부하는 학도들에게 도움을 주려고 먼저 원문에 음독을 단 다음 해설하였다. 그리고 예문은 서낙오(徐樂吾) 선생이 해설한 것을 그대로 번역하였고, 저자가 상담한 사람들의 사주와 점서에 있는 사주들을 실었다.

신비한 동양철학 83 | 역산 김찬동 편역 | 768면 | 39,000원 | 신국판

연해자평 정설(1·2권)

연해자평의 완결판

연해자평의 저자 서자평은 중국 송대의 대음양 학자로 명리학의 비조일 뿐만 아니라 천문점성에도 밝았다. 이전에는 년(年)을 기준으로 추명했는데 적중률이 낮아 서자평이 일간(日干)을 기준으로 하고, 일지(日支)를 배우자로 보는 이론을 발표하면서 명리학은 크게 발전해 오늘에 이르렀다. 때문에 연해자평은 5대 원서 중에서도 필독하지 않으면 안 되는 책이다.

신비한 동양철학 101 | 김찬동 편역 |1권 559면, 2권 309면 | 1권 33,000원, 2권 20,000원 | 신국판

명리입문

명리학의 정통교본

이 책은 옛부터 있었던 글들이나 너무 여기 저기 산만하게 흩어져 있어 공부하는 사람들에게는 많은 시간과 인내를 필요로 하였다. 그래서 한 군데 묶어 좀더 보기 쉽고 알기 쉽도록 엮은 것이다.

신비한 동양철학 41 | 동하 정지호 저 | 678면 | 29,000원 | 신국판 양장

조화원약 평주

명리학의 정통교본

자평진전, 난강망, 명리정종, 적천수 등과 함께 명리학의 교본에 해당하는 것으로 중국 청나라 때 나온 난강망이라는 책을 서낙오 선생께서 자세하게 설명을 붙인 것이다. 기존의 많은 책들이 오직 격국과 용신을 중심으로 감정하는 것과는 달리 십간 십이지와 음양오행을 각각 자연의 이치와 춘하추동의 사계절의 흐름에 대입하여 인간의 길흉화복을 알 수 있게 했다.

신비한 동양철학 35 | 동하 정지호 편역 | 888면 | 46,000원 | 신국판

사주대성

초보에서 완성까지

이 책은 과거 현재 미래를 모두 알 수 있는 비결을 실었다. 그러나 모두 터득한다는 것은 어려울 것이다.역학은 수천 년간 동방의 석학들에 의해 갈고 닦은 철학이요 학문이며, 정신문화로서 영과학적인 상수문화로서 자랑할만한 위대한 학문이다.

신비한 동양철학 33 | 도관 박흥식 저 | 986면 | 49,000원 | 신국판 양장

쉽게 푼 역학(개정판)

쉽게 배워 적용할 수 있는 생활역학서 !

이 책에서는 좀더 많은 사람들이 역학의 근본인 우주의 오묘한 진리와 법칙을 깨달아 보다 나은 삶을 영위하는데 도움이 될 수 있도록 가장 쉬운 언어와 가장 쉬운 방법으로 풀이했다. 역학계의 대가 김봉준 선생의 역작이다.

신비한 동양철학 71 | 백우 김봉준 저 | 568면 | 30,000원 | 신국판

사주명리학 핵심

맥을 잡아야 모든 것이 보인다

이 책은 잡다한 설명을 배제하고 명리학자에게 도움이 될 비법들만을 모아 엮었기 때문에 초심자가 이해하기에는 다소 어려운 부분도 있겠지만 기초를 튼튼히 한 다음 정독한다면 충분히 이해할 것이다. 신살만 늘어놓으며 감정하는 사이비가 되지말기를 바란다.

신비한 동양철학 19 | 도관 박흥식 저 | 502면 | 20,000원 | 신국판

물상활용비법

물상을 활용하여 오행의 흐름을 파악한다

이 책은 물상을 통하여 오행의 흐름을 파악하고 운명을 감정하는 방법을 연구한 책이다. 추명학의 해법을 연구하고 운명을 추리하여 오행에서 분류되는 물질의 운명 줄거리를 물상의 기물로 나들이 하는 활용법을 주제로 했다. 팔자풀이 및 운명해설에 관한 명리감정법의 체계를 세우는데 목적을 두고 초점을 맞추었다.

신비한 동양철학 31 | 해주 이학성 저 | 446면 | 34,000원 | 신국판

신수대전

흉함을 피하고 길함을 부르는 방법

신수는 대부분 주역과 사주추명학에 근거한다. 수많은 학설 중 몇 가지를 보면 사주명리, 자미두수, 관상, 점성학, 구성학, 육효, 토정비결, 매화역수, 대정수, 초씨역림, 황극책수, 하락리수, 범위수, 월영도, 현무발서, 철판신수, 육임신과, 기문둔갑, 태을신수 등이다. 역학에 정통한 고사가 아니면 추단하기 어려우므로 누구나 신수를 볼 수 있도록 몇 가지를 정리했다.

신비한 동양철학 62 | 도관 박흥식 편저 | 528면 | 36,000원 | 신국판 양장

정법사주

운명판단의 첩경을 이루는 책

이 책은 사주추명학을 연구하고자 하는 분들에게 심오한 주역의 이해를 돕고자 하는 의도에서 시작되었다. 음양오행의 상생상극에서부터 육친법과 신살법을 기초로 하여 격국과 용신 그리고 유년판단법을 활용하여 운명판단에 첩경이 될 수 있도록 했고 추리응용과 운명감정의 실례를 하나하나 들어가면서 독학과 강의용 겸용으로 엮었다.

신비한 동양철학 49 | 원각 김구현 저 | 424면 | 26,000원 | 신국판 양장

내가 보고 내가 바꾸는 DIY사주

내가 보고 내가 바꾸는 사주비결

기존의 책들과는 달리 한 사람의 사주를 체계적으로 도표화시켜 한 눈에 파악할 수 있고, DIY라는 책 제목에서 말하듯이 개운하는 방법을 제시한다. 초심자는 물론 전문가도 자신의 이론을 새롭게 재조명해 볼 수 있는 케이스 스터디 북이다.

신비한 동양철학 39 | 석오 전광 저 | 338면 | 16,000원 | 신국판

인터뷰 사주학

쉽고 재미있는 인터뷰 사주학

얼마전만 해도 사주학을 취급하면 미신을 다루는 부류로 취급되었다. 그러나 지금은 하루가 다르게 이 학문을 공부하는 사람들이 폭증하고 있는 것으로 보인다. 젊은 층에서 사주카페니 사주방이니 사주동아리니 하는 것들이 만들어지고 그 모임이 활발하게 움직이고 있다는 점이 그것을 증명해준다. 그뿐 아니라 대학원에는 역학교수들이 점차로 증가하고 있다.

신비한 동양철학 70 | 글갈 정대엽 편저 | 426면 | 16,000원 | 신국판

술술 읽다보면 통달하는 사주학

술술 읽다보면 나도 어느새 도사

당신은 당신 마음대로 모든 일이 이루어지던가. 지금까지 누구의 명령을 받지 않고 내 맘대로 살아왔다고, 운명 따위는 믿지 않는다고, 운명에 매달리지 않는다고 말하는 사람들이 많다. 그러나 우주법칙을 모르기 때문에 하는 소리다.

신비한 동양철학 28 | 조철현 저 | 368면 | 16,000원 | 신국판

사주학

5대 원서의 핵심과 실용

이 책은 사주학을 체계적으로 공부하려는 학도들을 위해서 꼭 알아두어야 할 내용들과 용어들을 수록하는데 중점을 두었다. 이 학문을 공부하려고 많은 사람들이 필자를 찾아왔을 깨 여러 가지 질문을 던져보면 거의 기초지식이 시원치 않음을 보았다. 따라서 용어를 포함한 제반지식을 골고루 습득해야 빠른 시일 내에 소기의 목적을 달성할 수 있을 것이다.

신비한 동양철학 66 | 글갈 정대엽 저 | 778면 | 46,000원 | 신국판 양장

명인재

신기한 사주판단 비법

이 책은 오행보다는 주로 살을 이용하는 비법을 담았다. 시중에 나온 책들을 보면 살에 대해 설명은 많이 하면서도 실제 응용에서는 무시하고 있다. 이것은 살을 알면서도 응용할 줄 모르기 때문이다. 그러나 이 책에서는 살의 활용방법을 완전히 터득해, 어떤 살과 어떤 살이 합하면 어떻게 작용하는지를 자세하게 설명하였다.

신비한 동양철학 43 | 원공선사 저 | 332면 | 19,000원 | 신국판 양장

명리학 | 재미있는 우리사주

사주 세우는 방법부터 용어해설 까지!!

몇 년 전 『사주에 모든 길이 있다』가 나온 후 선배 제현들께서 알찬 내용의 책다운 책을 접했다는 찬사를 받았다. 그러나 사주의 작성법을 설명하지 않아 독자들에게 많은 질타를 받고 뒤늦게 이 책 을 출판하기로 결심했다. 이 책은 한글만 알면 누구나 역학과 가까워질 수 있도록 사주 세우는 방법부터 실제간명, 용어해설에 이르기까지 분야별로 엮었다.

신비한 동양철학 74 | 정담 선사 편저 | 368면 | 19,000원 | 신국판

사주비기

역학으로 보는 역대 대통령들이 나오는 이치!!

이 책에서는 고서의 이론을 근간으로 하여 근대의 사주들을 임상하여, 적중도에 의구심이 가는 이론들은 과감하게 탈피하고 통용될 수 있는 이론만을 수용했다. 따라서 기존 역학서의 아쉬운 부분들을 충족시키며 일반인도 열정만 있으면 누구나 자신의 운명을 감정하고 피흉취길할 수 있는 생활지침서로 활용할 수 있을 것이다.

신비한 동양철학 79 | 청월 박상의 편저 | 456면 | 19,000원 | 신국판

사주학의 활용법

가장 실질적인 역학서

우리가 생소한 지방을 여행할 때 제대로 된 지도가 있다면 편리하고 큰 도움이 되듯이 역학이란 이와같은 인생의 길잡이다. 예측불허의 인생을 살아가는데 올바른 안내자나 그 무엇이 있다면 그 이상 마음 든든하고 큰 재산은 없을 것이다.

신비한 동양철학 17 | 학선 류래웅 저 | 358면 | 15,000원 | 신국판

명리실무

명리학의 총 정리서

명리학(命理學)은 오랜 세월 많은 철인(哲人)들에 의하여 전승 발전되어 왔고, 지금도 수많은 사람이 임상과 연구에 임하고 있으며, 몇몇 대학에 학과도 개설되어 체계적인 교육을 하고 있다. 그러나 아직도 실무에서 활용할 수 있는 책이 부족한 상황이기 때문에 나름대로 현장에서 필요한 이론들을 정리해 보았다. 초학자는 물론 역학계에 종사하는 사람들에게 큰 도움이 될 것이라고 믿는다.

신비한 동양철학 94 | 박흥식 편저 | 920면 | 39,000원 | 신국판

주역육효 해설방법(상·하)

한 번만 읽으면 주역을 활용할 수 있는 책

이 책은 주역을 해설한 것으로, 될 수 있는 한 여러 가지 사설을 덧붙이지 않고, 주역을 공부하고 활용하는데 필요한 요건만을 기록했다. 따라서 주역의 근원이나 하도낙서, 음양오행에 대해서도 많은 설명을 자제했다. 다만 누구나 이 책을 한 번 읽어서 주역을 이해하고 활용할 수 있도록 하는데 중점을 두었다.

신비한 동양철학 38 | 원공선사 저 | 상 810면·하 798면 | 각 29,000원 | 신국판

쉽게 푼 주역

귀신도 탄복한다는 주역을 쉽고 재미있게 풀어놓은 책

주역이라는 말 한마디면 귀신도 기겁을 하고 놀라 자빠진다는데, 운수와 일진이 문제가 될까. 8×8=64괘라는 주역을 한 괘에 23개씩의 회답으로 해설하여 1472괘의 신비한 해답을 수록했다. 당신이 당면한 문제라면 무엇이든 해결할 수 있는 열쇠가 이 한 권의 책 속에 있다.

신비한 동양철학 10 | 정도명 저 | 284면 | 16,000원 | 신국판

나침반 | 어디로 갈까요

주역의 기본원리를 통달할 수 있는 책

이 책에서는 기본괘와 변화와 기본괘가 어떤 괘로 변했을 경우 일어날 수 있는 내용들을 설명하여 주역의 변화에 대한 이해를 돕는데 주력하였다. 그러나 그런 내용을 구분할 수 있는 방법을 전부 다 설명할 수는 없기에 뒷장에 간단하게설명하였고, 다른 책들과 설명의 차이점도 기록하였으니 참작하여 본다면 조금이나마 도움이 될 것이다.

신비한 동양철학 67 | 원공선사 편저 | 800면 | 39,000원 | 신국판

완성 주역비결 | 주역 토정비결

반쪽으로 전해오는 토정비결을 완전하게 해설

지금 시중에 나와 있는 토정비결에 대한 책들은 옛날부터 내려오는 완전한 비결이 아니라 반쪽의 책이다. 그러나 반쪽이라고 말하는 사람은 없다. 그것은 주역의 원리를 모르기 때문이다. 그래서 늦은 감이 없지 않으나 앞으로 수많은 세월을 생각해서 완전한 해설판을 내놓기로 했다.

신비한 동양철학 92 | 원공선사 편저 | 396면 | 16,000원 | 신국판

육효대전

정확한 해설과 다양한 활용법

동양고전 중에서도 가장 대표적인 것이 주역이다. 주역은 옛사람들이 자연을 거울삼아 생활을 영위해 나가는 처세에 관한 지혜를 무한히 내포하고, 피흉추길하는 얼과 슬기가 함축된 점서인 동시에 수양·과학서요 철학·종교서라고 할 수 있다.

신비한 동양철학 37 | 도관 박흥식 편저 | 608면 | 26,000원 | 신국판

육효점 정론

육효학의 정수

이 책은 주역의 원전소개와 상수역법의 꽃으로 발전한 경방학을 같이 실어 독자들의 호기심을 충족시키는데 중점을 두었습니다. 주역의 원전으로 인화의 처세술을 터득하고, 어떤 사안의 답은 육효법을 탐독하여 찾으시기 바랍니다.

신비한 동양철학 80 | 효명 최인영 편역 | 396면 | 29,000원 | 신국판

육효학 총론

육효학의 핵심만을 정확하고 알기 쉽게 정리

육효는 갑자기 문제가 생겨 난감한 경우에 명쾌한 답을 찾을 수 있는 학문이다. 그러나 시중에 나와 있는 책들이 대부분 원서를 그대로 번역해 놓은 것이라 전문가인 필자가 보기에도 지루하며 어렵다는 느낌이 들었다. 그래서 보다 쉽게 공부할 수 있도록 이 책을 출간하게 되었다.

신비한 동양철학 89 | 김도희 편저 | 174쪽 | 26,000원 | 신국판

기문둔갑 비급대성

기문의 정수

기문둔갑은 천문지리·인사명리·법술병법 등에 영험한 술수로 예로부터 은밀하게 특권층에만 전승되었다. 그러나 아쉽게도 기문을 공부하려는 이들에게 도움이 될만한 책이 거의 없다. 필자는 이 점이 안타까워 천견박식함을 돌아보지 않고 감히 책을 내게 되었다. 한 권에 기문학을 다 표현할 수는 없지만 이 책을 사다리 삼아 저 높은 경지로 올라간다면 제갈공명과 같은 지혜를 발휘할 수 있을 것이다.

신비한 동양철학 86 | 도관 박흥식 편저 | 725면 | 39,000원 | 신국판

기문둔갑옥경

가장 권위있고 우수한 학문

우리나라의 기문역사는 장구하나 상세한 문헌은 전무한 상태라 이 책을 발간하였다. 기문둔갑은 천문지리는 물론 인사명리 등 제반사에 관한 길흉을 판단함에 있어서 가장 우수한 학문이며 병법과 법술방면으로도 특징과 장점이 있다. 초학자는 포국편을 열심히 익혀 설국을 자유자재로 할 수 있도록 하고, 개인의 이익보다는 보국안민에 일조하기 바란다.

신비한 동양철학 32 | 도관 박흥식 저 | 674면 | 46,000원 | 사륙배판

오늘의 토정비결

일년 신수와 죽느냐 사느냐를 알려주는 예언서

역산비결은 일년신수를 보는 역학서이다. 당년의 신수만 본다는 것은 토정비결과 비슷하나 토정비결은 토정 선생께서 사람들에게 용기와 희망을 주기 위함이 목적이어서 다소 허황되고 과장된 부분이 많다. 그러나 역산비결은 재미로 보는 신수가 아니라, 죽느냐 사느냐를 알려주는 예언서이이니 재미로 보는 토정비결과는 차원이 다르다.

신비한 동양철학 72 | 역산 김찬동 편저 | 304면 | 16,000원 | 신국판

國運 | 나라의 운세

역으로 풀어본 우리나라의 운명과 방향

아무리 서구사상의 파고가 높다하기로 오천 년을 한결같이 가꾸며 살아온 백두의 혼이 와르르 무너지는 지경에 왔어도 누구 하나 입을 열어 말하는 사람이 없으니 답답하다. 불확실한 내일에 대한 해답을 이 책은 명쾌하게 제시하고 있다.

신비한 동양철학 22 | 백우 김봉준 저 | 290면 | 16,000원 | 신국판

남사고의 마지막 예언

이 책으로 격암유록에 대한 논란이 끝나기 바란다

감히 이 책을 21세기의 성경이라고 말한다. 〈격암유록〉은 섭리가 우리민족에게 준 위대한 복음서이며, 선물이며, 꿈이며, 인류의 희망이다. 이 책에서는 〈격암유록〉이 전하고자 하는 바를 주제별로 정리하여 문답식으로 풀어갔다. 이 책으로 〈격암유록〉에 대한 논란은 끝나기 바란다.

신비한 동양철학 29 | 석정 박순용 저 | 276면 | 19,000원 | 신국판

원토정비결

반쪽으로만 전해오는 토정비결의 완전한 해설판

지금 시중에 나와 있는 토정비결에 대한 책들을 보면 옛날부터 내려오는 완전한 비결이 아니라 반면의 책이다. 그러나 반면이라고 말하는 사람이 없다. 그것은 주역의 원리를 모르기 때문이다. 따라서 늦은 감이 없지 않으나 앞으로의 수많은 세월을 생각하면서 완전한 해설본을 내놓았다.

신비한 동양철학 53 | 원공선사 저 | 396면 | 24,000원 | 신국판 양장

나의 천운 | 운세찾기

몽골정통 토정비결

이 책은 역학계의 대가 김봉준 선생이 몽공토정비결을 우리의 인습과 체질에 맞게 엮은 것이다. 운의 흐름을 알리고자 호운과 쇠운을 강조하고, 현재의 나를 조명하고 판단할 수 있도록 했다. 모쪼록 생활서나 안내서로 활용하기 바란다.

신비한 동양철학 12 | 백우 김봉준 저 | 308면 | 11,000원 | 신국판

역점 | 우리나라 전통 행운찾기

쉽게 쓴 64괘 역점 보는 법

주역이 점치는 책에만 불과했다면 벌써 그 존재가 없어졌을 것이다. 그러나 오랫동안 많은 학자가 연구를 계속해왔고, 그 속에서 자연과학과 형이상학적인 우주론과 인생론을 밝혀, 정치·경제·사회 등 여러 방면에서 인간의 생활에 응용해왔고, 삶의 지침서로써 그 역할을 했다. 이 책은 한 번만 읽으면 누구나 역점가가 될 수 있으니 생활에 도움이 되길 바란다.

신비한 동양철학 57 | 문명상 편저 | 382면 | 26,000원 | 신국판 양장

이렇게 하면 좋은 운이 온다

한 가정에 한 권씩 놓아두고 볼만한 책

좋은 운을 부르는 방법은 방위·색상·수리·년운·월운·날짜·시간·궁합·이름·직업·물건·보석·맛·과일·기운·마을·가축·성격 등을 정확하게 파악하여 자신에게 길한 것은 취하고 흉한 것은 피하면 된다. 이 책의 저자는 신학대학을 졸업하고 역학계에 입문했다는 특별한 이력을 갖고 있기 때문에 더 많은 화제가 되고 있다.

신비한 동양철학 27 | 역산 김찬동 저 | 434면 | 16,000원 | 신국판

운을 잡으세요 | 改運秘法

염력강화로 삶의 문제를 해결한다!

행복과 불행은 누가 주는 것이 아니라 자기 자신이 만든다고 할 수 있다. 한 마디로 말해 의지의 힘, 즉 염력이 운명을 바꾸는 것이다. 이 책에서는 이러한 염력을 강화시켜 삶에서 일어나는 문제를 해결하는 방법을 알려준다. 누구나 가벼운 마음으로 읽고 실천한다면 반드시 목적을 이룰 수 있을 것이다.

신비한 동양철학 76 | 역산 김찬동 편저 | 272면 | 10,000원 | 신국판

복을 부르는방법

나쁜 운을 좋은 운으로 바꾸는 비결

개운하는 방법은 여러 가지가 있으나, 이 책의 비법은 축원문을 독송하는 것이다. 독송이란 소리내 읽는다는 뜻이다. 사람의 말에는 기운이 있는데, 이 기운은 자신에게 돌아온다. 좋은 말을 하면 좋은 기운이 돌아오고, 나쁜 말을 하면 나쁜 기운이 돌아온다. 이 책은 누구나 어디서나 쉽게 비용을 들이지 않고 좋은 운을 부를 수 있는 방법을 실었다.

신비한 동양철학 69 | 역산 김찬동 편저 | 194면 | 11,000원 | 신국판

천직 | 사주팔자로 찾은 나의 직업

천직을 찾으면 역경없이 탄탄하게 성공할 수 있다

잘 되겠지 하는 막연한 생각으로 의욕만 갖고 도전하는 것과 나에게 맞는 직종은 무엇이고 때는 언제인가를 알고 도전하는 것은 근본적으로 다르고, 결과도 다르다. 만일 의욕만으로 팔자에도 없는 사업을 시작했다고 하자. 결과는 불을 보듯 뻔하다. 그러므로 이런 때일수록 침착과 냉정을 찾아 내 그릇부터 알고, 생활에 대처하는 지혜로움을 발휘해야 한다.

신비한 동양철학 34 | 백우 김봉준 저 | 376면 | 19,000원 | 신국판

운세십진법 | 本大路

운명을 알고 대처하는 것은 현대인의 지혜다

타고난 운명은 분명히 있다. 그러니 자신의 운명을 알고 대처한다면 비록 운명을 바꿀 수는 없지만 향상시킬 수 있다. 이것이 사주학을 알아야 하는 이유다. 이 책에서는 자신이 타고난 숙명과 앞으로 펼쳐질 운명행로를 찾을 수 있도록 운명의 기초를 초연하게 설명하고 있다.

신비한 동양철학 1 | 백우 김봉준 저 | 364면 | 16,000원 | 신국판

성명학 | 바로 이 이름

사주의 운기와 조화를 고려한 이름짓기

사람은 누구나 타고난 운명이 있다. 숙명인 사주팔자는 선천운이고, 성명은 후천운이 되는 것으로 이름을 지을 때는 타고난 운기와의 조화를 고려해야 한다. 따라서 역학에 대한 깊은 이해가 선행함은 지극히 당연하다. 부연하면 작명의 근본은 타고난 사주에 운기를 종합적으로 분석하여 부족한 점을 보강하고 결점을 개선한다는 큰 뜻이 있다고 할 수 있다.

신비한 동양철학 75 | 정담 선사 편저 | 488면 | 24,000원 | 신국판

작명 백과사전

36가지 이름짓는 방법과 선후천 역상법 수록

이름은 나를 대표하는 생명체이므로 몸은 세상을 떠날지라도 영원히 남는다. 성명운의 유도력은 후천적으로 가공 인수되는 후존적 수기로써 조성 운화되는 작용력이 있다. 선천수기의 운기력이 50%이면 후천수기도의 운기력도50%이다. 이와 같이 성명운의 작용은 운로에 불가결한조건일 뿐 아니라, 선천명운의 범위에서 기능을 충분히 할 수 있다.

신비한 동양철학 81 | 임삼업 편저 | 송충석 감수 | 730면 | 36,000원 | 사륙배판

작명해명

누구나 쉽게 활용할 수 있는 체계적인 작명법

일반적인 성명학으로는 알 수 없는 한자이름, 한글이름, 영문이름, 예명, 회사명, 상호, 상품명 등의 작명방법을 여러 사례를 들어 체계적으로 분석하여 누구나 쉽게 배워서 활용할 수 있도록 서술했다.

신비한 동양철학 26 | 도관 박흥식 저 | 518면 | 19,000원 | 신국판

역산성명학

이름은 제2의 자신이다

이름에는 각각 고유의 뜻과 기운이 있어 그 기운이 성격을 만들고 그 성격이 운명을 만든다. 나쁜 이름은 부르면 부를수록 불행을 부르고 좋은 이름은 부르면 부를수록 행복을 부른다. 만일 이름이 거지같다면 아무리 운세를 잘 만나도 밥을 좀더 많이 얻어 먹을 수 있을 뿐이다. 저자는 신학대학을 졸업하고 역학계에 입문한 특별한 이력으로 많은 화제가 된다.

신비한 동양철학 25 | 역산 김찬동 저 | 456면 | 26,000원 | 신국판

작명정론

이름으로 보는 역대 대통령이 나오는 이치

사주팔자가 네 기둥으로 세워진 집이라면 이름은 그 집을 대표하는 문패라고 할 수 있다. 따라서 이름을 지을 때는 사주의 격에 맞추어야 한다. 사주 그릇이 작은 사람이 원대한 뜻의 이름을 쓰면 감당하지 못할 시련을 자초하게 되고 오히려 이름값을 못할 수 있다. 즉 분수에 맞는 이름으로 작명해야 하기 때문에 사주의 올바른 분석이 필요하다.

신비한 동양철학 77 | 청월 박상의 편저 | 430면 | 19,000원 | 신국판

음파메세지 (氣)성명학

새로운 시대에 맞는 새로운 성명학

지금까지의 모든 성명학은 모순의 극치를 이룬다. 그러나 이제 새 시대에 맞는 음파메세지(氣) 성명학이 나왔으니 복을 계속 부르는 이름을 지어 사랑하는 자녀가 행복하고 아름다운 삶을 살아갈 수 있도록 하는데 도움이 되었으면 한다.

신비한 동양철학 51 | 청암 박재현 저 | 626면 | 39,000원 | 신국판 양장

아호연구

여러 가지 작호법과 실제 예 모음

필자는 오래 전부터 작명을 연구했다. 그러나 시중에 나와 있는 책에는 대부분 아호에 관해서는 전혀 언급하지 않았다. 그래서 아호에 관심이 있어도 자료를 구하지 못하는 분들을 위해 이 책을 내게 되었다. 아호를 짓는 것은 그리 대단하거나 복잡하지 않으니 이 책을 처음부터 끝까지 착실히 공부한다면 누구나 좋은 아호를 지어 쓸 수 있을 것이라고 생각한다.

신비한 동양철학 87 | 임삼업 편저 | 308면 | 26,000원 | 신국판

한글이미지 성명학

이름감정서

이 책은 본인의 이름은 물론 사랑하는 가족 그리고 가까운 친척이나 친구들의 이름까지도 좋은지 나쁜지 알아볼 수 있도록 지금까지 나와 있는 모든 성명학을 토대로 하여 썼다. 감언이설이나 협박성 감명에 흔들리지 않고 확실한 이름풀이를 볼 수 있을 것이다. 그리고 아름답고 멋진 삶을 살아갈 수 있는 이름을 짓는 방법도 상세하게 제시하였다.

신비한 동양철학 93 | 청암 박재현 지음 | 287면 | 10,000원 | 신국판

비법 작명기술

복과 성공을 함께 하려면

이 책은 성명의 발음오행이나 이름의 획수를 근간으로 하는 실제 이용이 가장 많은 기본 작명법을 서술하고, 주역의 괘상으로 풀어 길흉을 판단하는 역상법 5가지와 그외 중요한 작명법 5가지를 합하여 「보배로운 10가지 이름 짓는 방법」을 실었다. 특히 작명비법인 선후천역상법은 성명의 원획에 의존하는 작명법과 달리 정획과 곡획을 사용해 주역 상수학을 대표하는 하락이수를 쓰고, 육효가 들어가 응험률을 높였다.

신비한 동양철학 96 | 임삼업 편저 | 370면 | 30,000원 | 사륙배판

올바른 작명법

소중한 이름, 알고 짓자!

세상 부모들에게 가장 소중한 것이 뭐냐고 물으면 자녀라고 할 것이다. 그런데 왜 평생을 좌우할 이름을 함부로 짓는가. 이름이 얼마나 소중한지, 이름의 오행작용이 일생을 어떻게 좌우하는지 모르기 때문이다.

신비한 동양철학 61 | 이정재 저 | 352면 | 19,000원 | 신국판

호(雅號)책

아호 짓는 방법과 역대 유명인사의 아호, 인명용 한자 수록

필자는 오래 전부터 작명연구에 열중했으나 대부분의 작명책에는 아호에 관해서는 전혀 언급하지 않고, 간혹 거론했어도 몇 줄 정도의 뜻풀이에 불과하거나 일반작명법에 준한다는 암시만 풍기며 끝을 맺었다. 따라서 필자가 참고한 문헌도 적었음을 인정한다. 아호에 관심이 있어도 자료를 구하지 못하는 현실에 착안하여 필자 나름대로 각고 끝에 본서를 펴냈다.

신비한 동양철학 97 | 임삼업 편저 | 390면 | 20,000원 | 신국판

관상오행

한국인의 특성에 맞는 관상법

좋은 관상인 것 같으나 실제로는 나쁘거나 좋은 관상이 아닌데도 잘 사는 사람이 왕왕있어 관상법 연구에 흥미를 잃는 경우가 있다. 이것은 중국의 관상법만을 익히고 우리의 독특한 환경적인 특징을 소홀히 다루었기 때문이다. 이에 우리 한국인에게 알맞는 관상법을 연구하여 누구나 관상을 쉽게 알아보고 해석할 수 있도록 자세하게 풀어놓았다.

신비한 동양철학 20 | 송파 정상기 저 | 284면 | 12,000원 | 신국판

정본 관상과 손금

바로 알고 사람을 사귑시다

이 책은 관상과 손금은 인생을 행복하게 만든다는 관점에서 다루었다. 그야말로 관상과 손금의 혁명이라고 할 수 있다. 여러분도 관상과 손금을 통한 예지력으로 인생의 참주인이 되기 바란다. 용기를 불어넣어 주고 행복을 찾게 하는 것이 참다운 관상과 손금술이다. 이 책이 일상사에 고민하는 분들에게 해결방법을 제시해 줄 것이다.

신비한 동양철학 42 | 지창룡 감수 | 332면 | 16,000원 | 신국판

이런 사원이 좋습니다

사원선발 면접지침

사회가 다양해지면서 인력관리의 전문화와 인력수급이 기업주의 애로사항이 되었다. 필자는 그동안 많은 기업의 사원선발 면접시험에 참여했는데 기업주들이 모두 면접지침에 관한 책이 있으면 좋겠다는 것이다. 그래서 경험한 사례를 참작해 이 책을 내니 좋은 사원을 선발하는데 많은 도움이 될 것이라고 믿는다.

신비한 동양철학 90 | 정도명 지음 | 274면 | 19,000원 | 신국판

핵심 관상과 손금

사람을 볼 줄 아는 안목과 지혜를 알려주는 책

오늘과 내일을 예측할 수 없을만큼 복잡하게 펼쳐지는 현실에서 살아남기 위해서는 사람을 볼줄 아는 안목과 지혜가 필요하다. 시중에 관상학에 대한 책들이 많이 나와있지만 너무 형이상학적이라 전문가도 이해하기 어렵다. 이 책에서는 누구라도 쉽게 보고 이해할 수 있도록 핵심만을 파악해서 설명했다.

신비한 동양철학 54 | 백우 김봉준 저 | 188면 | 14,000원 | 사륙판 양장

완벽 사주와 관상

우리의 삶과 관계 있는 사실적 관계로만 설명한 책

이 책은 우리의 삶과 관계 있는 사실적 관계로만 역을 설명하고, 역에 대한 관심과 흥미를 갖게 하고자 관상학을 추록했다. 여기에 추록된 관상학은 시중에서 흔하게 볼 수 있는 상법이 아니라 생활상법, 즉 삶의 지식과 상식을 드리고자 했다.

신비한 동양철학 55 | 김봉준·유오준 공저 | 530면 | 36,000원 | 신국판 양장

사람을 보는 지혜

관상학의 초보에서 실용까지

현자는 하늘이 준 명을 알고 있기에 부귀에 연연하지 않는다. 사람은 마음을 다스리는 심명이 있다. 마음의 명은 자신만이 소통하는 유일한 우주의 무형의 에너지이기 때문에 잠시도 잊으면 안된다. 관상학은 사람의 상으로 이런 마음을 살피는 학문이니 잘 이해하여 보다 나은 삶을 삶을 영위할 수 있도록 노력해야 한다.

신비한 동양철학 73 | 이부길 편저 | 510면 | 20,000원 | 신국판

한눈에 보는 손금

논리정연하며 바로미터적인 지침서

이 책은 수상학의 연원을 초월해서 동서합일의 이론으로 집필했다. 그야말로 논리정연한 수상학을 정리하였다. 그래서 운명적, 철학적, 동양적, 심리학적인 면을 예증과 방편에 이르기까지 상세하게 기술했다. 이 책은 수상학이라기 보다 바로미터적인 지침서 역할을 해줄 것이다. 독자 여러분의 꾸준한 연구와 더불어 인생성공의 지침서가 될 수 있을 것이다.

신비한 동양철학 52 | 정도명 저 | 432면 | 24,000원 | 신국판 양장

이런 집에 살아야 잘 풀린다

운이 트이는 좋은 집 알아보는 비결

한마디로 운이 트이는 집을 갖고 싶은 것은 모두의 꿈일 것이다. 50평이니 60평이니 하며 평수에 구애받지 않고 가족이 평온하게 생활할 수 있고 나날이 발전할 수 있는 그런 집이 있다면 얼마나 좋을까? 그런 소망에 한 걸음이라도 가까워지려면 막연하게 운만 기대하고 있어서는 안 된다. 좋은 집을 가지려면 그만한 노력이 있어야 한다.

신비한 동양철학 64 | 강현술·박흥식 감수 | 270면 | 16,000원 | 신국판

점포, 이렇게 하면 부자됩니다

부자되는 점포, 보는 방법과 만드는 방법

사업의 성공과 실패는 어떤 사업장에서 어떤 품목으로 어떤 사람들과 거래하느냐에 따라 판가름난다. 그리고 사업을 성공시키려면 반드시 몇 가지 문제를 살펴야 하는데 무작정 사업을 시작하여 실패하는 사람들이 많다. 그래서 이 책에서는 이러한 문제와 방법들을 조목조목 기술하여 누구나 성공하도록 도움을 주는데 주력하였다.

신비한 동양철학 88 | 김도희 편저 | 177면 | 26,000원 | 신국판

쉽게 푼 풍수

현장에서 활용하는 풍수지리법

산도는 매우 광범위하고, 현장에서 알아보기 힘들다. 더구나 지금은 수목이 울창해 소조산 정상에 올라가도 나무에 가려 국세를 파악하는데 애를 먹는다. 따라서 사진을 첨부하니 많은 활용하기 바란다. 물론 결록에 있고 산도가 눈에 익은 것은 혈 사진과 함께 소개하였다. 이 책을 열심히 정독하면서 답산하면 혈을 알아보고 용산도 할 수 있을 것이다.

신비한 동양철학 60 | 전항수·주장관 편저 | 378면 | 26,000원 | 신국판

음택양택

현세의 운·내세의 운

이 책에서는 음양택명당의 조건이나 기타 여러 가지를 설명하여 산 자와 죽은 자의 행복한 집을 만들 수 있도록 했다. 특히 죽은 자의 집인 음택명당은 자리를 옳게 잡으면 꾸준히 생기를 발하여 홍하나, 그렇지 않으면 큰 피해를 당하니 돈보다도 행·불행의 근원인 음양택명당에 관심을 기울여야 한다.

신비한 동양철학 63 | 전항수·주장관 지음 | 392면 | 29,000원 | 신국판

용의 혈 | 풍수지리 실기 100선

실전에서 실감나게 적용하는 풍수의 길잡이

이 책은 풍수지리 문헌인 만두산법서, 명산론, 금랑경 등을 이해하기 쉽도록 주제별로 간추려 설명했으며, 풍수지리학을 쉽게 접근하여 공부하고, 실전에 활용하여 실감나게 적용할 수 있도록 하는데 역점을 두었다.

신비한 동양철학 30 | 호산 윤재우 저 | 534면 | 29,000원 | 신국판

현장 지리풍수

현장감을 살린 지리풍수법

풍수를 업으로 삼는 사람들이 진가를 분별할 줄 모르면서 많은 법을 알았다고 자부하며 뽐낸다. 그리고는 재물에 눈이 어두워 불길한 산을 길하다 하고, 선하지 못한 물)을 선하다 한다. 이는 분수 밖의 것을 바라기 때문이다. 마음가짐을 바로 하고 고대 원전에 공력을 바치면서 산간을 실사하며 적공을 쏟으면 정교롭고 세밀한 경지를 얻을 수 있을 것이다.

신비한 동양철학 48 | 전항수·주관장 편저 | 434면 | 36,000원 | 신국판 양장

찾기 쉬운 명당

실전에서 활용할 수 있는 책

가능하면 쉽게 풀어 실전에 도움이 되도록 했다. 특히 풍수지리에서 방향측정에 필수인 패철 사용과 나경 9층을 각 층별로 설명했다. 그리고 이 책에 수록된 도설, 즉 오성도, 명산도, 명당 형세도 내거수 명당도, 지각형세도, 용의 과협출맥도, 사대혈형 와겸유돌 형세도 등은 국립중앙도서관에 소장된 문헌자료인 만산도단, 만산영도, 이석당 은민산도의 원본을 참조했다.

신비한 동양철학 44 | 호산 윤재우 저 | 386면 | 19,000원 | 신국판 양장

해몽정본

꿈의 모든 것

시중에 꿈해몽에 관한 책은 많지만 막상 내가 꾼 꿈을 해몽을 하려고 하면 어디다 대입시켜야 할지 모르는 경우가 많았을 것이다. 그러나 최대한으로 많은 예를 들었고, 찾기 쉽고 명료하게 만들었기 때문에 해몽을 하는데 어려움이 없을 것이다. 한집에 한권씩 두고 보면서 나쁜 꿈은 예방하고 좋은 꿈을 좋은 일로 연결시킨다면 생활에 많은 도움이 될 것이다.

신비한 동양철학 36 | 청암 박재현 저 | 766면 | 19,000원 | 신국판

해몽 | 해몽법

해몽법을 알기 쉽게 설명한 책

인생은 꿈이 예지한 시간적 한계에서 점점 소멸되어 가는 현존물이기 때문에 반드시 꿈의 뜻을 따라야 한다. 이것은 꿈을 먹고 살아가는 인간 즉 태몽의 끝장면인 죽음을 향해 달려가고 있는 인간이기 때문이다. 꿈은 우리의 삶을 이끌어가는 이정표와도 같기에 똑바로 가도록 노력해야 한다.

신비한 동양철학 50 | 김종일 저 | 552면 | 26,000원 | 신국판 양장

명리용어와 시결음미

명리학의 어려운 용어와 숙어를 쉽게 풀이한 책

명리학을 연구하는 이들은 기초공부가 끝나면 자연스럽게 훌륭하다고 평가하는 고전의 이론을 접하게 된다. 그러나 시결과 용어와 숙어는 어려운 한자로만 되어 있어 대다수가 선뜻 탐독과 음미에 취미를 잃는다. 그래서 누구나 어려움 없이 쉽게 읽고 깊이 있게 음미할 수 있도록 원문에 한글로 발음을 달고 어려운 용어와 숙어에 해석을 달아 이 책을 내게 되었다.

신비한 동양철학 103 | 원각 김구현 편저 |300면 | 25,000원 | 신국판

완벽 만세력

착각하기 쉬운 서머타임 2도 인쇄

시중에 많은 종류의 만세력이 나와있지만 이 책은 단순한 만세력이 아니라 완벽한 만세경전으로 만세력 보는 법 등을 실었기 때문에 처음 대하는 사람이라도 쉽게 볼 수 있도록 편집되었다. 또한 부록편에는 사주명리학, 신살종합해설, 결혼과 이사택일 및 이사방향, 길흉보는 법, 우주천기와 한국의 역사 등을 수록했다.

신비한 동양철학 99 | 백우 김봉준 저 | 316면 | 24,000원 | 사륙배판

정본만세력

이 책은 완벽한 만세력으로 만세력 보는 방법을 자세하게 설명했다. 그리고 역학에 대한 기본적인 내용과 결혼하기 좋은 나이·좋은 날·좋은 시간, 아들·딸 태아감별법, 이사하기 좋은 날·좋은 방향 등을 부록으로 실었다.

신비한 동양철학 45 | 백우 김봉준 저 | 304면 | 사륙배판 26,000원, 신국판 19,000원, 사륙판 10,000원, 포켓판 9,000원

정본 | 완벽 만세력

착각하기 쉬운 서머타임 2도인쇄

시중에 많은 종류의 만세력이 있지만 이 책은 단순한 만세력이 아니라 완벽한 만세경전이다. 그리고 만세력 보는 법 등을 실었기 때문에 처음 대하는 사람이라도 쉽게 볼 수 있다. 또 부록편에는 사주명리학, 신살 종합해설, 결혼과 이사 택일, 이사 방향, 길흉보는 법, 우주의 천기와 우리나라 역사 등을 수록하였다.

신비한 동양철학 99 | 김봉준 편저 | 316면 | 20,000원 | 사륙배판

원심수기 통증예방 관리비법

쉽게 배워 적용할 수 있는 통증관리법

『원심수기 통증예방 관리비법』은 4차원의 건강관리법으로 질병이 악화되는 것을 예방하여 건강한 몸을 유지하는데 그 목적이 있다. 시중의 수기요법과 비슷하나 특장점은 힘이 들지 않아 어린아이부터 노인까지 누구나 시술할 수 있고, 배우고 적용하는 과정이 쉽고 간단하며, 시술 장소나 도구가 필요 없으니 언제 어디서나 시술할 수 있다.

신비한 동양철학 78 | 원공 선사 저 | 288면 | 16,000원 | 신국판

운명으로 본 나의 질병과 건강

타고난 건강상태와 질병에 대한 대비책

이 책은 국내 유일의 동양오술학자가 사주학과 정통명리학의 양대산맥을 이루는 자미두수 이론으로 임상실험을 거쳐 작성한 자료다. 따라서 명리학을 응용한 최초의 완벽한 의학서로 질병을 예방하고 치료하는데 활용하면 최고의 의사가 될 것이다. 또한 예방의학적인 차원에서 건강을 유지하는데 훌륭한 지침서로 현대의학의 새로운 장을 여는 계기가 될 것이다.

신비한 동양철학 9 | 오상익 저 | 474면 | 26,000원 | 신국판

서체자전

해서를 기본으로 전서, 예서, 행서, 초서를 연습할 수 있는 책

한자는 오랜 옛날부터 우리 생활과 뗄 수 없음에도 잘 몰라 불편을 겪는 사람들이 많아 이 책을 내게 되었다. 이 책에서는 해서를 기본으로 각 글자마다 전서, 예서, 행서, 초서 순으로 배열하여 독자가 필요한 것을 찾아 연습하기 쉽도록 하였다.

신비한 동양철학 98 | 편집부 편 | 273면 | 16,000원 | 사륙배판

택일민력(擇日民曆)

택일에 관한 모든 것

이 책은 택일에 대한 모든 것을 넣으려고 최선을 다하였다. 동양철학을 공부하여 상담하거나 종교인·무속인·일반인들이 원하는 부분을 쉽게 찾아 활용할 수 있도록 칠십이후, 절기에 따른 벼농사의 순서와 중요한 과정, 납음오행, 신살의 의미, 구성조견표, 결혼·이사·제사·장례·이장에 관한 사항 등을 폭넓게 수록하였다.

신비한 동양철학 100 | 최인영 편저 |80면 | 5,000원 | 사륙배판

모든 질병에서 해방을 1·2

건강실용서

우리나라는 아주 오랜 옛날부터 건강과 관련한 약재들이 산천에 널려 있었고, 우리 민족은 그 약재들을 슬기롭게 이용하며 나름대로 건강하게 살아왔다. 그러나 오늘날 현대의학에 밀려 외면당하며 사라지게 되었다. 이에 옛날부터 내려오는 의학서적인 『기사회생』과 『단방심편』을 바탕으로 민가에서 활용했던 민간요법들을 정리하고, 현대에 개발된 약재들이나 시술방법들을 정리했다.

신비한 동양철학 102 | 원공 선사 편저 |1권 448면·2권 416면 | 각 29,000원 | 신국판

참역학은 이렇게 쉬운 것이다② — 완결편
역학을 활용하는 방법을 정리한 책

『참역학은 이렇게 쉬운 것이다』에서 미처 쓰지 못한 사주를 활용하는 방법을 정리한다는 의미에서 다시 이 책을 내게 되었다. 전문가든 비전문가든 이 책이 사주라는 학문을 이해하는 데 도움이 되고, 사주에 있는 가장 좋은 길을 찾아 행복하게 살았으면 합니다. 특히 사주상담을 업으로 하는 분들도 참고해서 상담자들이 행복하게 살도록 도와주었으면 한다.

신비한 동양철학 104 | 청암 박재현 편저 | 330면 | 23,000원 | 신국판

인명용 한자사전
한권으로 작명까지 OK

이 책은 인명용 한자의 사전적 쓰임이 본분이지만 그것에 국한하지 않고 작명법들을 그것도 일반적으로 통용되는 기본적인 것 외에 주역을 통한 것 등 7가지를 간추려 놓아 여러 권의 작명책을 군살없이 대신했기에 이 한권의 사용만으로 작명에 관한 모든 것을 충족하고도 남을 것이다. 5,000자가 넘는 인명용 한자를 실었지만 음(音)으로 한 줄에 수십 자, 획수로도 여러 자를 넣어 가능한 부피를 줄이려고 노력하였다. 그리고 작명하는데 한자에 관해서는 다양하게 활용할 수 있도록 하였고, 일반적인 한자자전의 용도까지 충분히 겸비하도록 하였다.

신비한 동양철학 105 | 임삼업 편저 | 336면 | 24,000원 | 신국판

바로 내 사주
행복한 인생을 만들어 갈 수 있는 방법을 소개하는 책

역학이란 본래 어려운 학문이다. 수십 년을 공부해도 터득하기 어려운 학문이라 많은 사람이 중간에 포기하는 일이 많다. 기존의 당사주 책도 수백 년 동안 그 명맥을 유지해왔으나 적중률이 매우 낮아 일반인들에게 신뢰를 많이 받지 못했다. 그래서 지금까지 30여 년 동안 공부하며 터득한 비법을 토대로 이 책을 내게 되었다. 물론 어느 역학책도 백 퍼센트 정확하다고 장담할 수는 없다. 이 책도 백 퍼센트 적중률을 목표로 했으나 적어도 80% 이상은 적중할 것이라고 자부한다.

신비한 동양철학 106 | 김찬동 편저 | 242면 | 20,000원 | 신국판

주역타로64
인간사 주역괘 풀이

타로카드는 서양 상류사회의 생활상을 담은 그림으로 되어 있다. 그 속에는 자연과 인간이 겪을 수 있는 경험과 역사가 압축되어 있다. 이러한 타로카드를 점(占) 목적으로 사용하는 것인데, 주역타로64점은 주역의 64괘를 64매의 타로카드에 담아 점 도구로 사용한다. 64괘는 우주의 모든 형상과 형태의 끊임없는 변화의 원리로 나타난 것이다. 그리고 주역타로는 일반 타로의 공통적인 스토리와는 다른 점이 많으나 그 기본 이론은 같다. 주역타로의 추상적이며 미진한 정보에 더해 인간사에 대한 주역 괘풀이를 보탰으니 주역타로64를 점 도구로 활용하는 데 도움이 되었으면 한다.

신비한 동양철학 107 | 임삼업 편저 | 387면 | 39,000원 | 사륙배판

주역 평생운 비록
상수역의 하락이수를 활용한 비결

하락이수의 평생운, 대상운, 유년운, 월운은 주역의 표상인 괘효의 숫자로 기록했고, 그 해석 설명은 원문에 50,000여 한자 사언시구로 구성되어 간혹 어려운 글자, 흔히 쓰지 않는 낯선 글자, 주역의 괘효사를 인용한 것도 있어 한문 문장의 해석은 녹녹치 않은 것이어서 원문 한자 부분은 제외시키고 한글 해석만을 수록했다.

신비한 동양철학 109 | 경의제 임삼업 편저 | 872면 | 49,000원 | 사륙배판

사주 감정요결
세운을 판단하는 방법

사주를 간명하는 데 조금이라도 도움이 되었으면 하는 마음에서 『정법사주』에 이어 이 책을 내게 되었다. 여기서는 사주를 간명하는 데 근간이 되는 오행의 왕쇠강약을 세분해서 설명하고, 대운과 세운, 세운과 월운의 연관성과 십신과 여러 살이 운명에 미치는 암시와 십이운성으로 세운을 판단하는 방법을 설명했다.

신비한 동양철학 110 | 원각 김구현 편저 | 338면 | 36,000원 | 신국판

명리정종 정설(1·2)

명리정종의 완결판

이 책의 원서인 명리정종(命理正宗)은 중국 명대의 신봉(神峰) 장남(張楠) 선생이 저술한 명리서(命理書)다. 명리학(命理學)의 5대 원서는 어느 것 하나 귀하지 않은 것이 없지만 명리정종(命理正宗)은 연해자평(淵海子平)을 깊이 분석하며 비판한 것이 특징이다. 따라서 초학자는 연해자평(淵海子平)을 공부한 후 이 책을 공부하는 것이 좋다.

신비한 동양철학 108 | 역산 김찬동 편역 | 648/400면 | 49,000/39,000원 | 신국판

清岩 朴在鉉

본명 박청묵(朴淸默)

경북 영천시 고경면 단포리 133번지 출생
신의 계시로 입산수도 7년 만에 사주팔자 득도
사주팔자를 자연의 기(氣)과학으로 정립
격국과 용신을 새로운 측면에서 해석
음파메세지(氣) 성명학·한글이미지 성명학 창시
PSB TV 출연
MBC TV「우리 이름 가는 길을 묻다」단독출연
울산 매일신문 오늘의 운세 연재
울산 제일일보 오늘의 운세 연재
여성문화대학 생활역학 강사
사회단체 민족정신계승회 수석연구위원
한울경제연구소 자문위원
(주)행복한결혼 자문위원
전 음파이름학회 회장
전 음파메세지성명학회 회장
현재 한글이미지 음파작명원 운영

저서 : 『참역학은 이렇게 쉬운 것이다』(삼한)
『참역학은 이렇게 쉬운 것이다② | 완결편』(삼한)
『해몽정본』(삼한)
『음파메세지(氣) 성명학』(삼한)
『스스로 공부하게 하는 방법과 천부적 적성』(삼한)
『한글이미지 성명학』(삼한)

검색어: 음파메세지, 음파작명
홈페이지 http://www.음파.kr, www.dao119.com

변함없는 전화 0505-516-2626
휴대폰 010-3566-0344

참역학은 이렇게 쉬운 것이다

초판 1쇄 2002년 12월 16일 | 초판 6쇄 2016년 11월 16일

발행처 삼한출판사 | 발행인 김충호 | 지은이 박재현
신고년월일 1975년 10월 18일 | 신고번호 제305-1975-000001호

411-776 경기도 고양시 일산서구 일산동 1654번지 산들마을 304동 2001호
대표전화 (031) 921-0441 | 팩시밀리 (031) 925-2647

ISBN 978-89-7460-052-5 03180
책값은 뒤표지에 있습니다.
잘못된 책은 바꿔드립니다.